全脳思考

結果と行動を生み出す
1枚のチャート

神田昌典
Kanda Masanori

ダイヤモンド社

はじめに

本書の目的をひと言で言えば、クオリティの高い思考を行い、顧客や同僚、そして自分自身の期待を超える企画・提案ができるようになることです。理性と感性の双方を満たす思考プロセスを、「行動シナリオ」にまで落とし込みます。

単なる「形のない思考」に終わらせるのではなく、「行動する思考」を行うのです。とてもシンプルな、一枚のチャートを活用。そのチャートを前にして、自分自身に質問を投げかけたとたん、頭はフル回転しはじめます。ダイレクトに結果に繋がる思考プロセスなので、経営者でも社員でも、あるいは学生でも、今までより高いステージに立てるようになります。このような能力を身につけたあなたの成功は、時代の流れに後押しされるはずです。

知識の創造が価値を生む「知識社会」では、誰もが高い頻度で、新しい企画・提案をまとめることが求められています。新規事業や業務改善のプレゼンテーションはもちろんのこと、マーケティングやブランディングの観点から、講演会・説明会・セミナーを開催したり、書籍を出版したりするケースも増えています。ブロードバンドが社会的インフラとして浸透した結果、映像、コミュニティサイト、ゲーム、eラーニングをはじめとしたウェブコンテンツの制作も、多くの企業にとって優先度の高い課題となっています。

こうした試みが、顧客そして社員を魅了するようなエキサイティングなプロジェクトになり、期待どおりの成果を生むかどうかは、まさに思考のクオリティにかかっています。現在、一流デザイナーやCMプランナー、経営コンサルタントらが、企業経営者とともにトップダウンでビジネスモデルをつくりあげることが目立ってきたように、今や、ひとつの優れた企画が事業にもたらすインパクトは絶大です。ほんのちょっとの気づきや視点の違いが、顧客そして社員を魅了し、短期間でブランドを創造してしまうのです。

こうしたクオリティの高い思考にもとづく企画・提案は、一部の才能を持った、もしくはトレーニングを積み長年実績を重ねたプロフェッショナルにしかできないと思われてきました。しかし本書は、彼らのようなレベルの高い思考が、一枚のチャートで可能になると言い切るのですから、編集者もハラハラの、綱渡りに挑戦です。まさに無謀と思われそうですが、私にはそんなチャレンジをしなければならない理由があるのです。

なぜ今、「思考クオリティ」を引き上げることが急務なのか?

あなたも実感しているとおり、ここ一〇年で仕事は高度に情報化しています。手足を動かす仕事よりも、頭を使う仕事があまりにも増えています。提案営業、市場分析、競合分析、顧客属性分析、広告効果測定、予実管理、財務分析等々。以前であれば、経営コンサルタントや広告代理店がやっていた知的作業を、新入社員ですら求められる。そして外資系コンサルタントが使うようなさまざまな分析手法が駆使され、カラー印刷の提案書が量産されます。しかし、その結果は……、悲しくなるほど。

具体例を挙げてみましょう。

先日、ある一流企業が、私どもの会社に対して営業の提案を行いました。

プロジェクターを通してプレゼンソフトで作成された資料が提示されると、さすが一流企業です。そこには美しいチャートが整然と並んでいました。課題が論理的に分析され、解決プロセスもクリア。

しかし、どうしても身を乗り出すことができません。何か新しい可能性に触れたという感動がまったく起こらないのです。

その提案書は、表紙には私どもの社名が掲げられていますが、内容は、他社向けにつくった資料のコピペ集としか思えない。結局、私の関心事は、「どうやって席を立つタイミングを見つけるか？」だけになってしまいました。

あなたにも同じような経験があるはずです。あちこちで行われているプレゼンの九割は、見た目の印象はいい。しかし、なんの驚きもない陳腐な内容です。「よくまとまっていますね……（で、なんなの？）」というお世辞を言うのが精一杯です。

プレゼンをしている担当者は、手を抜いたわけではありません。懸命に頭を働かせてはいるのですが、結果はコピペの集大成。だから、悲しいのです。

いったい、なぜ、こんなことになってしまうのでしょう？

それは使っている思考モデルが、知識社会で求められる仕事に最適ではないからです。現在、ビジネス上の決定をしていく際に広く使われる論理思考は、そもそも工業社会を成り立たせてきたモデルです。過去のデータの整理・分析が主たる目的であり、改善を積み重ねる場合には、非常に効果的な思考法でした。

しかし知識社会では、新しい知識の創造が付加価値となります。今までの経験の延長線上を超えた、意外性のある提案を生み出すためには、過去のデータの整理・分析をベースにした思考モデルだけでは限界があります。顧客も自分も驚くほどの未来を出現させる、新しい思考モデルが必要になるのです。

数々の成功を生み出した、過去一〇年間の思考を結晶化

「論理」と「感性」の双方を満たす、クオリティの高い思考——私は、この一流の知的プロフェッショナルが持つ能力を、あなたの内面から目覚めさせることができると、

断言できます。

私はマーケッターとして、過去一〇年間、ピーク時には年間二〇〇〇件もの経営相談を受けてきました。クライアントから求められていたのは、短期間に結果を出す具体策。しかも行動に繋がらなければ、意味はありません。こうして積み重ねてきた仕事を、過去にさかのぼって分析してみたとき、私は、成功した提案を生んだ思考プロセスには必ず共通したパターンがあることに気づきました。その思考の根源にある共通パターンをシンプルな一枚のチャートに凝縮させたものが、「全脳思考モデル」です。

全脳思考モデルをガイドとして発想していくと、まず個人の場合、自分自身が驚くほどのアイデアを得ることができます。単なる面白いアイデアではなく、実現したくなるアイデアが浮かんでくるのです。その思考の道筋は、そのまま行動シナリオになりますので、机上の空論ではなく、前に一歩踏み出すための計画ができあがります。

全脳思考モデルは、会議の共通フレームワークとして活用できますので、参加者から情報と知識を効果的に引き出し、相乗効果を生みます。シンプルなチャートなので、ビジネス経験のない社員でも、まったく問題なく議論に参加できます。その結果、トップダウンではなく、ボトムアップの思考が可能になります。トップ二割だけではなく、残りの八割の思考クオリティをも引き上げるのです。

全脳思考モデルは、私がＭＢＡを取得し、経営コンサルティングというロジカルな分野で経験を積みつつ、「マインドマップ」や「フォトリーディング」というクリエイティブな思考メソッドをマスターしてきたからこそ実現できた知の統合モデルです。このモデルを使いはじめたとたん、すべての情報と知識が、一気に顧客視点に統合されていきます。枠を超えたソリューションを生み出すだけではなく、同時に、今まで難しく考えていたロジカル思考を、簡単に使いこなせるようになります。つまりロジカル思考からクリエイティブ思考までの一連の良質な思考を、最短で身につけられるのです。

不安のはじまり

本書を執筆するにあたって、私が想定した未来は——本書を読み終えた段階で、あなたに「なるほど、この方法で考えたらすごいプロジェクトになった。早速、実行しよう」と言ってもらうことでした。その結果を高い確率で実現していくには、企業が取り組んでいる最新の企画テーマを知ることが大切だと、私は考えました。

そこで二〇〇八年九月。私は企業の経営企画、または営業企画担当者に対して、今取り組んでいるテーマに関してアンケート調査を行いました。四八五社から回答が寄せられたのですが、その回答用紙を手にしたときから、私は言葉にならない不安を感じはじめました。

はじめは、小さな染みのような、とるにたらない不安に思えました。

しかし、それについて考えれば考えるほど、小さな染みが頭一杯に広がりはじめ、そのうちに、どんよりとした暗い海に漂っている気分になっていきました。

その小さな不安は——実はビジネスの問題を超えて、大きな社会的な問題に繋がっていることに気づいてしまったのです。

まずは、その不安の正体を明らかにすることから、始めたいと思います。

全脳思考——結果と行動を生み出す1枚のチャート

目次

第2章 論理的に正しい提案は、なぜ実行されないのか？　37

第3章

営業せずとも顧客が集まる、五つの新原則

第4章
全脳思考モデル——クイック・スタート　137

第5章 発想・行動・結果を生み出すストーリーの法則 199

第6章
行動するための、ロジカル思考とは？

第1章

見えない、触れられない、感じられない世界で

見えない水槽

これから書くことは、的外れだと、あなたに大笑いされるかもしれない。いや、むしろ、笑い飛ばされたいと願っている。

「そんな当たり前のこと、指摘されるまでもない」と。

しかし私は、書かずにはいられない。なぜなら、この当たり前の――いつもそこにあるから、あえて意識する必要もない空気のような――ものを表現するために、ポツリポツリと言葉を見つけはじめたとたん、頭の中で警報アラームが鳴ったからだ。麻痺していた感覚がよみがえり、私は出口を探しまわった。すると突然、見えないガラスの壁がひび割れ、自分が今どこにいるのかを悟ることになった。

私は、まさに、ゆでガエルだった。

熱湯に飛び込んだカエルはすぐに飛び出すが、冷水からゆっくり温められた水槽の中にいるカエルは、飛び出すことなく死んでしまうという。変化の中にいるから、変化を感じることができない。変化に無自覚だからこそ、手遅れになってしまう。

本章は、当初は書く予定がなかった内容だ。にもかかわらず、執筆を準備しているうちに、最も伝えなければならない内容となった。とるに足らない不安と笑われたとしても、私はそれを、あなたにぶつけてみたい。

理解できない、四八五社からの企画

その日、私はアンケートの回答の束を目の前にしていた。

「はじめに」で伝えたとおり、本書をまとめるために現場の意見を取り入れようと、経営幹部・企画担当者四八五人に、現在、抱えている企画テーマについて回答してもらったのである。そして、そのテーマに対して、「全脳思考モデル」を活用して、突破口を見いだすためのサポートを行う勉強会の開催を約束していた。

五センチほどの書類の厚みを感じながら、私は一件一件の企画に目を通しはじめた。どれも単純にアンケートに回答したという次元の文面ではなく、自分が推進している仕事に対する熱意が表れたものばかりだった。しかしながら、私はページをめくる指が重くてしかたなかった。

普段、どんなに厚い書類でも、三〇分もあれば処理できる。しかし、この企画の束だけは頭に入ってこない。途中であきらめ、机の隅にそっと置いた。

その後、一週間……。書類を横眼で見ながらも、私はあえて他の仕事を優先した。今から思えば、その書類に、私は「妙な不安」を感じていた。それを直視したくなかったのである。

勉強会の開催期限が迫り、もはや先延ばしにはできなくなった。再度、厚い書類を手にして、文字を目で追う。だが、依然として重苦しい感じが消えず、その内容に集中できない。またしても書類を途中で閉じたとき、ようやく溜息とともに、「妙な不安」が言葉になって口から吐き出された。

「書かれていることが……わからない……」

直視できなかったのも、当然。自分のプライドに関わることである。認めてしまえば、経営コンサルタントとして無能であることを自分に許してしまうことになる。

私は今日まで一〇年にわたり、相当数の経営相談をこなしてきた。その経験の結果、ビジネス上のほとんどの課題に対応できると自負していた。しかし、時代の流れは速すぎて、一〇年分の蓄積ですら、使いものにならないほどに風化してしまったのか？わからないものは、わからない。もはや引退かと、私は開き直るしかなかった。

開き直ったのはいいものの、勉強会は開催しなければならない。わからないものでも、なんとか、わかるようにしなければ……。

一件一件の企画案件に書かれた、一文字一文字を声に出しながら読みはじめたとき、私は自分が勘違いしていたことに気づいた。

そこに書かれていることは、わからないのではなかった。一件一件の企画については、問題なく理解できるのだ。突き詰めれば、多くのビジネスパーソンが事業を成長させていくうえで躓きやすい課題――今まで私が慣れ親しんできたマーケティング上の課題となんら変わらなかった。

しかし、集合体として四八五件の企画を見たときに、それは、なんとも捉えどころのないものだったのだ。私が思い込んでいたビジネス像とは異なるものがそこにあった。言ってしまえば、ページをめくるたびに、「いったい誰がこんな商品を必要とするのか?」「なんで、こんなものが売れるのか?」という気持ちが抑えられなくなったのである。

おそらく業界をちょっと離れれば誰もがチンプンカンプンなことを、多くの企画担当者は課題として抱えていたのだ。現在検討中のテーマだけに、実例を紹介することは控えるが、あくまでもイメージを挙げてみると、

- 当社のバリューチェーンを前提に、中小企業向けＳＦＡ事業に対するＫＳＦを見いだすために４Ｐを議論したい。在庫予測プログラムとの相乗効果をいかに結びつけるか？
- 標準化テンプレートをレコメンデーション機能として活用し、ＩＴ成熟度のＫＳＦの実現を効率的に行うプロセスデザインの切り口を知りたい。
- ＩＤ監査業務をペーパーレスで行うことを依頼されているが、エンドポイント向けソリューションを見いだす情報ネットワーク活用を同時に提案するには、どんな切り口が最適か？

どうだろう？　一件一件はともかく、四八五社が押しなべてこのような調子だった

ら……。あなたも投げ出したくなるのではないだろうか？

これから付加価値を生む、ビジネスの姿

私は、そのわけのわからない企画の集合体から読みとれることを考えはじめた。まずノートに書き留めたのは、当たり前すぎるほど当たり前のことだった。

10年前と比較して、今のビジネス上の課題は急速に変化している。

たとえば、一〇年前はハイテク分野と言っても、携帯電話や産業ロボットの販売網をどう広げるかということが課題だった。ところが今は、携帯ＳＮＳを活用して、営業マンのトータル・サポートサイトをどう立ち上げるか、産業ロボットの動作を制御するＩＴソリューションの営業プロセスを、ネット上でどうシームレスに構築していくかという課題である。

健康食品であれば、一〇年前の定期宅配制度をどう立ち上げるかという課題に対し

て、今は業界のデファクトスタンダードになるために協会を設立したいのだが、ビジネスと社会貢献性を両立させるモデルをどのように設計すればいいか？　農業であれば、一〇年前の、産地直送の野菜をネットで全国販売するには、という課題に対し、今は都市と農家を繋げ、サステナブルな社会を実現するために教育を中心としたビジネスモデルをどう構築するか？　ＩＴであれば、一〇年前は顧客との取引が長続きする顧客データベースをどう設計するかという課題だったが、今は顧客とのインターフェイスで収集した情報を、どのように経営戦略・商品企画に生かしていくかというソリューションを企業は求めている。

要するに、一〇年前は、その取り組みからどう売上があがるのかは直感的にわかるような企画だった。しかし今は、何をどうすれば、どう売上があがるのかが見えにくいのだ。

こうした分野・業界を超えた一〇年間の変貌を見たときに、先ほど私が書いた文章――［10年前と比較して、今のビジネス上の課題は急激に変化している。］――では、まったく真実を表現しているとは思えなかった。そこで、私は横線を引き、次のように書き直した。

10年前と比較して、今のビジネス上の課題は急速に変化している。事業推進者たちは、今まったく異質なビジネスを始めようとしている。

こちらの表現のほうが、私の不安感を正確に反映していた。そこで、その「異質なビジネスの姿」をさらにあぶりだしたいと考え、私は四八五件を整理・分析しはじめた。その結果をまとめたものが、次頁の図表1－1と1－2のチャートである。

チャートを見てわかるように、企画担当者たちは、今、高度に抽象・情報化されたビジネスに向かうために、急速に思考を回転させはじめたと言ってもいい。言い換えれば、「見えない」「触れられない」「感じられない」事業を推進する企業が多くなってきているのだ。

一社だけで見れば、その経営幹部は、「うちは他社より一歩進んでいるから、企画の内容も高度に抽象・情報化している」と個別事例のように感じているかもしれない。

図表1-1 │ 485社の課題調査の結果(1)

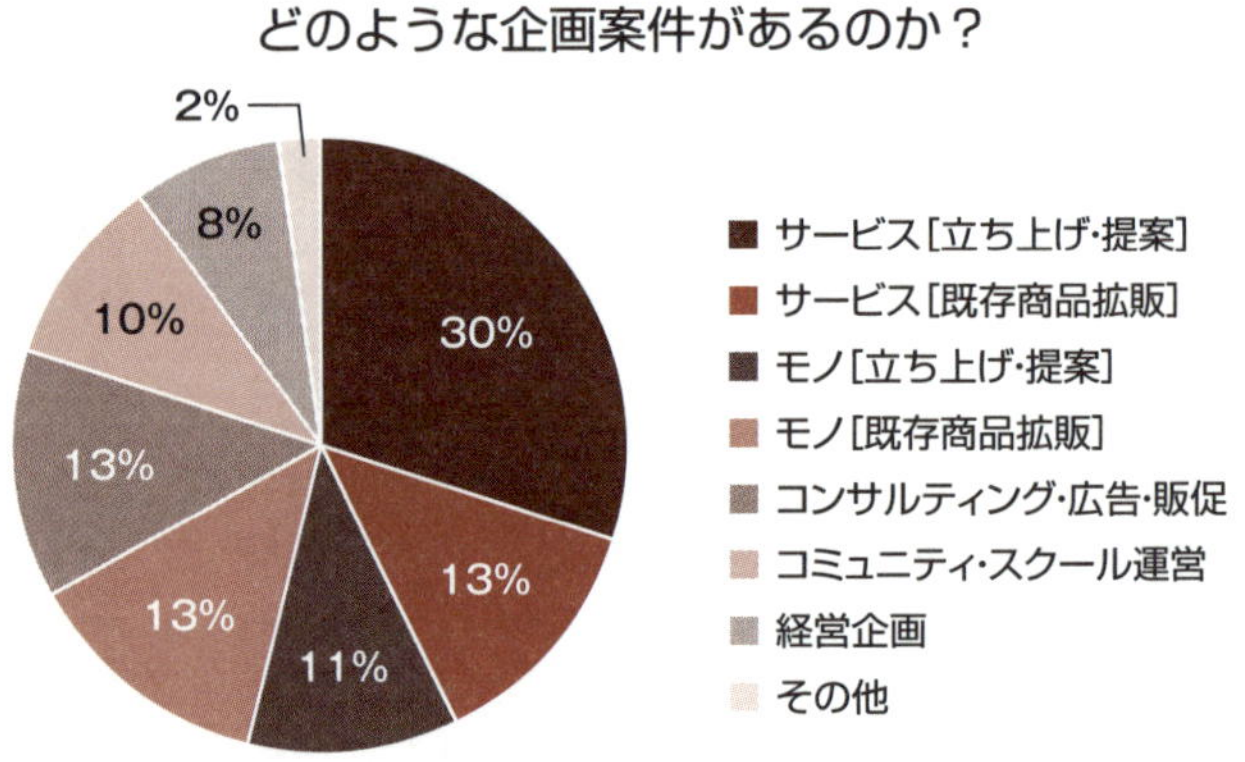

図表1-2 │ 485社の課題調査の結果(2)

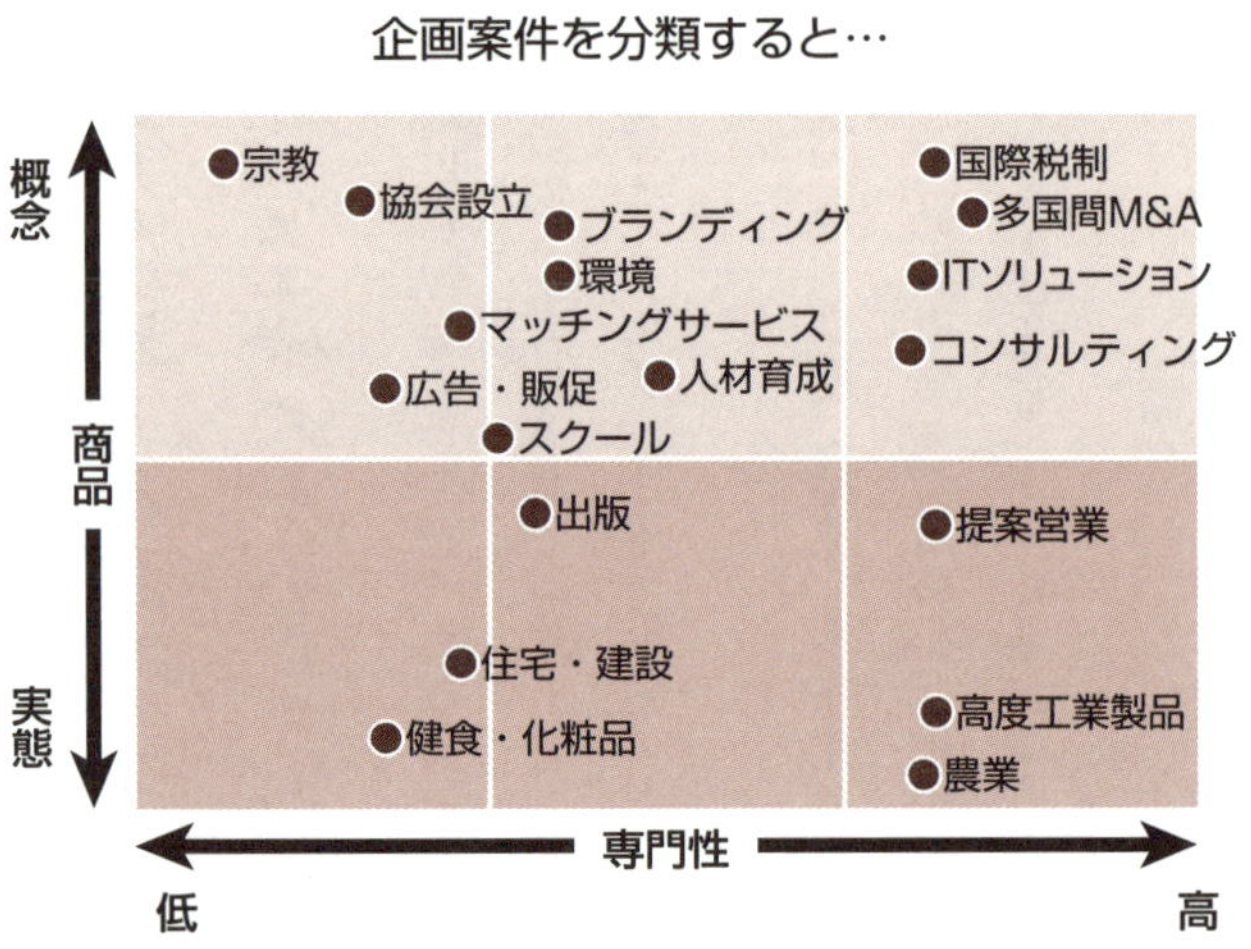

しかし、今回の企画書の束からは、実際には、どの企業も似たり寄ったりで、「他社にはわからないこと」に取り組みはじめていることがわかる。

私は、七年ほど前、米国のマーケティング・カンファレンスに参加したときのことを思い起こした。米国では、当時からこうした変化が顕在化しており、セミナーやカンファレンス参加者の大多数の事業は、「見えない」「触れられない」「感じられない」ものであった。日本では、たとえば、住宅リフォームやイージーオーダー紳士服の顧客をどう経済効率的に集めるかという相談が寄せられていたときに、すでに米国では、環境問題の法令に対応するためのＣＤ－ＲＯＭや、ファイリングシステムのソフトウェアとコンサルティングを組み合わせたサービスを販売するための仕組みの構築が主たる関心事項だった。もちろん当時から、日本でも一部のＩＴ関係や金融関係の企業では、高度な知的情報サービスを企画しはじめていた。ところが現在では、それが過半数の企業が取り組む課題となった。

さらにアンケートの中には、二〇代の社員から、新規事業の販売戦略を上司に提案しなければならないとして寄せられた課題も含まれていた。こうした企業業績をダイレクトに左右する提案は、これまでは経験を積み重ねた管理職になってはじめて行うものであったが、今では、新入社員を含め、幅広い年代層にアウトプットを求めるように企業は変貌してきている。

われわれは、見えなくなる世界で、見えない顧客に対して、見えない商品を提供しはじめている。言い換えれば、ビジネスは、高度に抽象化された世界に、急速に移行しようとしているのだ。そして、その変化に誰もが対応するよう求められている。*1

インターネット社会なのだから、そんなこと当たり前だ、と流してしまうこともできる。だが、時間軸を長くとり、視点を高くして、われわれが置かれた状況を歴史的に見てみると——抽象的な概念を生産し、物理的に人と対面することもなく生産物を交換し、経済を成り立たせようという社会へのシフトは、人類史上始まって以来のことである。

数百万年前に人類が誕生し、狩猟社会、農耕社会、工業社会と続いてきたが、そこではすべてにおいて人間の身体を使うことが前提となってきた。その身体性のあり方が、このほんの十数年で大きく変わろうとしている。そしてこの変化が、どのような影響をわれわれに及ぼしていくのか、客観的に考えるゆとりも余裕もなく、急流に身をまかせるのみなのである。

私は、視点を高くして見たとき、自分が水槽に入ったカエルであったことに気づいて、驚いた。

誰もが、「何かが変化していること」は知っていた。だから、今、われわれが体験しつつある変化に驚いたのではない。

その変化に対して無感覚・無自覚・無思考・無行動で、ここまで飛び出さずにいられたことに驚いたのである!

アトラス世代が、天空を背負うのをやめるとき

この変化を、事業の推進者である企画担当以外は、どのように感じているのだろうか? 私は変化する企業の姿をより明確に捉えるために、さらに営業職、事務職の社員二〇八人に対してインターネット調査を行った。

図表1-3 | 10年前と現在の仕事を比べて感じる変化の大きさ

高度な仕事で、面白くもない？

現在のほうが当てはまる		10年前のほうが当てはまる	
1．ストレスがたまっている	26.0%	1．仕事に対してやりがいを見いだせる	18.3%
2．給料が割に合わない	22.1%	1．仕事に対するモチベーションが高い	18.3%
3．自分勝手な人が多い	20.7%	3．残業が多い	14.4%
4．処理する情報量が多い	20.2%	4．決断・判断が求められる仕事が多い	8.2%
5．決断・判断が求められる仕事が多い	19.7%	5．単純作業が多い	7.7%
6．一人で、またはデスクで昼食をとることが多い	18.3%	5．同僚の担当業務や状況についてよく知っている	7.7%
7．求められるスキルが多い	17.3%	7．人間関係が難しい	5.8%
8．コミュニケーションが不足している	16.3%	7．細分化された仕事をしていると感じる	5.8%
9．人間関係が難しい	15.9%	7．求められるスキルが多い	5.8%
9．不必要と思える仕事が多い	15.9%	7．自分勝手な人が多い	5.8%

＊調査概要および質問項目については、章末に掲載。

アンケートの内容は、企画テーマを調べたときと同様、一〇年前からの仕事の変化を問うものだ。過去からの変化を感じてもらうことによって、今感じている仕事上の悩みを、より客観的に位置づけようとの試みである。調査概要については章末に掲載するが（図表1－4参照）、結果の全体像をスピーディに把握していただくために、一〇年前と現在の仕事の間で、感じる変化が大きかったものから順にランキングすると図表1－3のようになる。*2

調査結果から読みとれる全体的な傾向は、次のようにまとめることができるだろう。

> 一〇年前と比べて、今は仕事上で処理する情報があまりにも多くなった。残業時間は少なくなったが、決断・判断を求められるような企画・提案の仕事が多くなった。**やりがい、モチベーションは、一〇年前のほうが高かった。今は仕事も面白くないし、給与も割に合わない。**

あなたは、どう感じるだろうか？

私は、懐かしのヒット歌謡曲メドレーを聞いたときの、「ああ、あの頃はそうだったよね」という感じである。一〇年たって、ようやく時代が客観的に見えるようになった。

一〇年前は「終身雇用崩壊」と叫ばれていたが、それでも「終身雇用」という言葉はまだ生きていた。プレゼンテーションは大企業や外資系のＭＢＡなどがするもので、まだ一般化したものではなかった。「パソコン一人一台、全社メール体制」はニュースとなり、「インターネットでは、ものが売れるのか?」ということが真剣に議論された。「成果評価主義」も、その負の側面は過小評価され、前向きに導入。あ、そうそう、「グローバルスタンダード」という言葉もあった。

合理的経営に向かって、日本企業も変わろうとしてきた。その中で、個人も変革を迫られた。結果、求められるスキルが高くなり、処理する情報量は増し、週末も勉強しなければならず、高度な仕事をするようになったはずだ。

高度な仕事、判断を任される仕事は、かつては「やりがい」のある仕事と思われていた。しかし実現してみれば、残念なことに、そうはならなかった。以前のほうが、

「やりがい」も「モチベーション」もあった。現在は「仕事がつまらない」のである。

とくに、こうした仕事の変化が深刻な影響を与えているのが、年齢にして三五歳から四四歳。現在のほうが「ストレスが大きい」「ややストレスが大きい」との回答数が、六五%を超えている。他の年代が、一〇年前のほうが残業時間が多かったと答えているにもかかわらず、この年代は、現在のほうが残業時間が増えているとの回答数が多い。

さらに顕著なのは、モチベーション。現在のほうが「モチベーションが高い」とはっきりと答えている回答数は、なんとゼロ%である。

この年齢層の回答だけを取り出し、彼らの置かれた立場をひと言で描写するなら、次のイラストが適切だろう。

天空を背負うアトラス

神話によれば、アトラスは戦いに敗れたため、ゼウスによって世界の西の果てで天空を背負う仕事を負わされた。それは、あまりにも苦痛を伴うものであった。アトラスは重荷から解放されるために、ペルセウスに頼んでメデゥーサの首を見せてもらい、石となった。

現在、三五歳から四四歳の世代を名づけるなら、まさに「アトラス世代」となろう。彼らは溢れる感情を押しとどめ、石になっているように思える。急激な変化から生じるさまざまな矛盾、そしてシワ寄せを目の前にして、石にならなければ仕事を続けることができない。

この印象を裏づけるように、大手企業のマネジャーたちと話したときには、次のような本音が漏れた。

「新しいことをしようと動けば、後ろから刺されるだけではなく、前からも横からも刺される」

「USBメモリーをパソコンに差すと、それだけで本社に連絡がいく」

「半年先のこともわからないのに、三年先のことを言ったら笑われる」

つまり、先のことを考えることが許されず、周りと意識を共有することもできず、とにかく支えつづけるという役割を担っているのである。

実際に彼らと会って話をすると、一人ひとりが一流の経営コンサルタントなのではないかと思うほど、豊富な知識、優れたスキルを持っている。現状の問題点を論理的に把握しており、将来に対する危機意識も高い。企業のため、社会のためにより大きな役割を担い、変革を成し遂げたいという情熱も高い。

しかしながら、その役割はあまりにも重い。そしてこれから、その役割は軽くなるどころか、ますます重圧を増していくことだろう。

過去一〇年間、仕事内容が高度に情報化していく過程で、コンピュータスキルだけをとってみても、世代間には大きなギャップが生じた。キーボードが使えない上司がいて、彼らの仕事の面倒を見なければならない一方、中学から携帯を持ち、卒論を携帯で書いた「ゆとり教育世代」の新入社員もいる。

急速に変化した情報社会に対応しきれていないのだ。にもかかわらず、さらに企業は、付加価値を高めるために、見えない商品を、見えない顧客に販売していくという新しい世界へ向かって、再び速度を上げなければならない。

われわれが置かれた立場を客観的に見れば、もはや沸騰寸前の、切迫した状況だ。アトラス世代が支えることなくしては、持ちこたえることはできない。彼らが倒れれば、企業は倒れ、おそらく天空もまた、崩れ落ちるのである。

知的蟹工船の時代

アンケート調査についての報告会を、私が経営する会社の幹部社員向けに開いたときのことだ。私は先ほどの見解を伝えながら、ほんの冗談で、たまたま週刊誌に掲載された一枚の白黒の写真をミーティングの机上に置いた。

中国のジーンズ工場での写真。一〇代の少女が、カメラのファインダーを笑顔なく、じっと見つめている。

目をとらえたのは、目の上にある洗濯バサミ。

少しでも多くの製品を仕上げるためには、寝る時間が惜しい。そこで眠くなっても目を閉じないように洗濯バサミで、無理矢理、目を見開いているのであった。もちろ

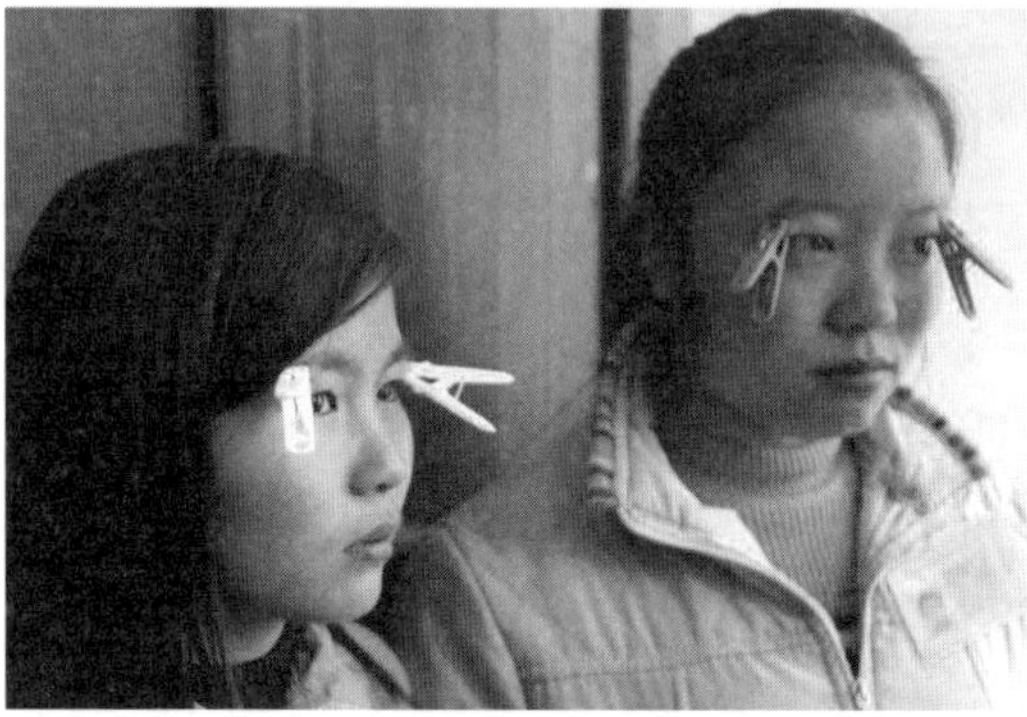

ドキュメント映画『女工哀歌（エレジー）』のワンシーン。

ん、その記事の目的は、中国の労働環境がいかに劣悪なものであるかを知らしめることにある。

私は笑いながら言った。

「アンケート結果の状況は、もしかして、この中国の状況とさほど変わらないんじゃないかと思うんだよね」

同調して周りも笑うだろうと、私は期待していた。だが予想に反して、笑いは吸い込まれていった。

同僚のコンサルタントは、うつむきながら呟いた。

「これって、知的蟹工船じゃないか……」

私は耳を疑った。知的蟹工船だっ

て？

ご存じのとおり『蟹工船』とは、小林多喜二によって一九二九年に発表されたプロレタリア文学の代表作。カムチャツカの沖で蟹を獲り、それを缶詰にまで加工する蟹工船の中で、労働者が酷使される状況を描いた小説である。

私はむきになって反論した。

「そこまで酷くはないですよ……、いくらなんでも、そこまでは……」

言い終える前に、マーケティング担当が口を挟んだ。

「あっ、それには思い当たるふしがあります」

彼女はいきつけのカイロプラクティック治療院で、整体師からこう伝えられたそうだ。

「あなた、首の骨が曲がっていますね。それにしても、どうしてこういう曲がり方をしたんだろう？　もしかして体を前に向けたまま顔だけ左右に動かしてませんか？」

それを聞いて、彼女はハッとした。彼女のデスク上には、作業効率を上げるために二台のパソコン・ディスプレイが左右に置かれている。そのために首を前後上下には動かすことなく、左右にばかり動かしていたというのだ。整体師によれば、この動きは非常に首に負担がかかるとのこと。

つまり、効率を重視すること――ライン上に乗った商品を縫製しつづけるのと、コンピュータ回線により送り込まれてくる情報を素早く処理すること――の違いは、あまりないのではないかと彼女は言うのだ。

私は気弱になりながらも、反論した。

「そう解釈できないこともないけれども……、さすがに洗濯バサミまでは……」

今度は、ＩＴ担当が追い打ちをかけた。

「いや、実は昨日まで、私もまぶたを絆創膏で上げて仕事していました」

中国のジーンズ工場と、何も違わない。

違いは、ジ、ジーンズか情報か、だけである。

ジーンズ工場の女の子たちは、自分たちの職場が悲惨だとは思っていないはずだ。写真を見る限り、それほど悲壮感は漂っていないし、瞳も死んではいない。今までの農家での仕事に比べれば衛生的で、おそらく賃金もいいのだろう。ジーンズというファッショナブルな製品をつくり出していることに誇りを感じているかもしれない。つまり、彼女たちは上昇志向を持って、仕事に取り組んでいるはずだ。しかし、客観的に見れば、それは過酷な労働環境である。

それでは客観的に、われわれ自身の仕事を眺めた結果はどうなるか?

事態は、さらに深刻かもしれない。

ジーンズ工場の仕事は、指示が明確で、やり方が決まっているのに対して、われわれの場合には、何が正しいやり方なのかを把握することなく、流れてくる仕事(二四時間三六五日途切れなく入ってくる電子メールによって指示される仕事)に対応しなければならない。

仕事が情報化された結果、失ったものは大きい。

身体を同じ空間で共有しているからこそ、できることもある。たとえば、一〇年前の職場環境においては、隣の人が電話で話している会話ひとつからでも、部内で何が起きているかを理解することができた。上司の電話対応を聞いて、自分もいつの間にかスキルを身につけることができた。

この変化がどれだけの仕事の違いを生んでいるかは、顧客との接点を見ればわかる。以前は、若い社員が青い顔をして電話に出ていれば、周りもだいたいの察しがつき、やがて上司が電話を替わることで解決できた。さらに、その様子を見ることで多くの社員がクレーム対応のスキルを自然に身につけた。

それが今は、メールの下で、匿名の、見えない相手からの、攻撃的な言葉が飛びかうだけである。電話であればそこまでは言えないだろうというような言葉。匿名性のもと、相手にできるだけダメージを与えるような言葉が選ばれていく。担当者は誰からもサポートを受けることなく、いよいよブレイクダウンするまで会社も気づかない。その結果どうなるかと言えば、担当者の突然の退職や著しいパフォーマンスの低下。企業自体に対する不信感が生まれ、内部告発。

対面することなく業務が進み、身体を通して学ぶことがなくなったとき、われわれは共有するネット下の情報が多くなる一方で、共有できなくなってしまったものも少なくない。周りの顔色を気遣ったり、顧客の声のトーンを聞き分けたりといった身体感覚が希薄になりはじめている。

今の企業を小学生が職場訪問で訪れたなら、何を見るだろう?

朝、出社すると、コンピュータの前に座る。コンピュータによって、次々と仕事が指示される。仕切りで区切られ、見えないものを生産し、見えない顧客に提供し、得られるものは見えない貨幣《データ》。ファイルを持ち出してはならない。対面コミュニケーションの時間は限られる。数年先のことを考えるのもいけない。

まさにコンピュータに使われているのは、人間ということになる。

今のわれわれを一〇年後に見たとき、思わずこうつぶやく可能性はかなり高いと私は思っている。

「よく、こんな劣悪な状況で働いていたね」

情報社会から、知識社会へのはざまで

私は、この状況を糾弾しようというのではない。無自覚な変化に翻弄されてしまうのは、社員に限ったことではない。現在は、経営者、役員等の幹部の方も追い立てられるように仕事をしているというのが現実だろう。地位が上がれば上がるほど、TO

B、コーポレートガバナンス、ワークライフバランス、ダイバーシティ、企業の社会的責任と、数年前には考えられなかった課題に日々対応しなければならなくなった。

いったい、何が起こっているのか？

結論から言えば、時代の底流では、「情報社会」から「知識社会」への急速な転換が起こっている。

どちらも使い古されている言葉であるから、「何を、今さら……」という気持ちはわかる。だが、もうしばらく耳を傾けてほしい。

実は、わかっているようでわからないのが「情報社会」と「知識社会」の違いである。多くの人が「情報社会」＝「知識社会」であると混同している。ところが、この二つを切り離したとたん、現在の状況がすっきり見通せるようになる。

私の見解では、情報社会とは、情報を収集・整理することが付加価値となる社会。それに対して知識社会とは、収集・整理された情報から生み出された新しい気づき・アイデアを実際に、行動に移すことが付加価値となる社会だ。

それぞれの概念について、簡単に説明しておこう。

情報社会が本格展開しはじめたのは、一九七七年にアップル社が家庭用コンピュータ〈アップルⅡ〉を発売したときにさかのぼる。その四年後、ＩＢＭが標準化されたオペレーティング・システムを開発し、パソコン市場は一気に拡大した。当初普及したソフトがワープロと表計算であったことからもわかるように、パソコン利用の主たる目的は、文書や伝票・帳票の整理だった。繰り返し定型文書を書いたり、同じパターンの計算をしたりしなくてもすむように、それまで手書きだった書類をデータ化し、仕事の能率を大幅に高めることができた。このように情報を効率的に整理・処理することにより付加価値が生じる時代に入った。ハード、ソフトを合わせたコンピュータ業界が爆発的に成長したのは、その潮流のためである。

情報社会の最終章は、インターネットの誕生によって始まった。パソコンがネットに繋がった結果、情報を収集するソースが爆発的に増えていった。この段階で寵児となりうる事業は、まず情報収集のインフラを構築する事業、すなわち検索エンジンと、ネットで収集される情報の仲介会社である。現在、ネットで成功している会社の本質を見ると、オークション、金融、旅行代理店、ショッピングモール、人材派遣、ＳＮＳ等をはじめとした情報仲介事業であり、いまだにネットからまったく新しい概念が生まれるにはいたっていない。その意味で、ネットも根本的には、情報収集・整理が価値を生む時代の延長線上にある。

情報社会は、いったん二〇〇八年末で終焉しつつある。大手コンピュータ会社が凋落し、大リストラを行ったのは、その幕引きを示す象徴的な出来事である。背景には、二〇〇七年にブロードバンドの世帯普及率が五割を超え、またネット自体の普及率が上限と言われる八割を超えたという状況がある。これは社会インフラとして情報網が全国に張りめぐらされたわけで、その意義は大きい。

交通網がインフラとして整備されることが、高度成長期を成立させるための前提だったように、情報網がインフラとして整備されたということは、知識社会を成立させるための前提が、二〇〇八年中にはほぼ整ったと言ってもいい。人体にたとえてみれば、交通網が血管であり、そこを通って物資（栄養）が巡ったのであるが、ようやく神経網ができあがったことになる。脳が成長する、知識社会が成立するタイミングが整ったのだ。

知識社会は——ピーター・ドラッカーやアルビン・トフラーをはじめとする高名な学者が四〇年以上も前から、その誕生を想定していたが——ようやく概念論を脱して、現実にその幕開けを体験できることになったのである。

知識社会の先行きについては、われわれの想像をはるかに超えていくことは間違いない。一九八〇年代当時に、現在のコンピュータ、インターネットの状況を正確に予測したならば一笑にふされていたように、今、知識社会について正確な予測をした者は、変人扱いされるだろう。

当初は、一般的に言われてきたように、金融、法律、医療、ビジネス等の分野のナレッジワーカーたちや、科学者、エンジニア、デザイナー、教育者、アーティスト、ミュージシャン、エンタテイナー等のクリエイティブ・クラスが社会的に脚光を浴びる。しかしながら、それは過渡期である。本格的な知識社会の到来は、その後になろう。

クリエイティブ・クラスが増えると同時に、「情報仲介」のインフラではなく、「知識創造」のインフラができるようになる。これが、知識社会が本格的成長期に入るティッピング・ポイントだ。知識創造のインフラを使って、知識の相乗効果が絶え間なく起こるようになる。高度専門化した知識は、単独ではなく、他分野と相乗効果を持ったときに爆発する。その結果、今は解決不可能と思われている難問——環境、エネルギー、食糧危機、高齢者介護、障がい、難病等々——の解決策が、あっけないほど簡単に見いだせるようになるだろう。

しかしながら、知識社会は夢物語ばかりではない。蟹工船が象徴するものが、農業社会から工業社会への移行における痛みであったならば、現在の状況は、情報社会から知識社会への急速な移行の痛みである。

おたまじゃくしがカエルに変態するときには、外見が変わるだけではなく、エラ呼吸から肺呼吸となり、消化管をはじめ内臓器官も根本から変わる。そして変態が始まると、もう逆戻りはできない。変態というよりも進化である。

同様に、知識社会への移行は、もはや社会変革《REVOLUTION》ではない。社会の進化《EVOLUTION》なのである。

変わりゆく世界で、変わりゆく自分自身を生きようとしたとき、はじめてカエルは、水槽の外に跳ね出ようと試みる。

おそらく、それが、知識社会を本格的に始動させる、第一歩になる。

1　四八五社の調査は、著者のメールマガジンに登録している方からの回答をベースにしている。特定メールマガジンに登録しているサンプルだけに、日本企業の全体像を正確に示す調査とは言えない。まずビジネス書を熱心に読んでいる層だけに、情報に敏感な方が多いだろう。さらに著者の、過去の著作の傾向から、マーケティング戦略、時代予測に興味・関心を持つ経営者、経営幹部が多い。そのために高度抽象化経済に移行しているという結論は、学術的に十分であるとは言えない。しかしながら、大企業から中小企業までが、今実際に課題として取り組んでいる企画のサンプル数の多さを前提にすれば、企業が向かう先を見通すうえでは重要なヒントを与えてくれると考え、共有させていただいた。今後の、さらなる調査のたたき台としていただければ幸いである。

2　回答項目のうち、心理的な変化をよりわかりやすく描写するために、「やや当てはまる」を除外し、「当てはまる」との回答を得たものだけをカウントした。また仕事の変化にフォーカスするため、「健康」に関する質問もあったが、ランキングからは除いて集計している。

- 求められるスキルが多い。
- コミュニケーションが不足している。
- １人で、またはデスクで昼食をとることが多い。
- 細分化された仕事をしていると感じる。
- 給料が割に合わない。
- 会議時間が息苦しく感じる。
- 自分勝手な人が多い。
- 健康に気を使っている。
- 不必要と思える仕事が多い。
- ストレスがたまっている。
- 仕事がつまらない。
- 勉強しなくてはいけないことが多い。
- 同僚の担当業務や状況についてよく知っている。
- 抽象的な（考える）仕事が多い。

Ｑ６　1ヵ月あたりでの平均的な残業時間をお知らせください。

Ｑ７　残業時間にどのような業務をしていますか？

Ｑ８　残業が増えた理由は？

Ｑ９　あなたにとって、残業時間とはどのような時間ですか？

Ｑ５の回答は、次の五つの項目のいずれかを選択してください。

- 10年前のほうが当てはまる。
- 10年前のほうがやや当てはまる。
- どちらとも言えない。
- 現在のほうがやや当てはまる。
- 現在のほうが当てはまる。

調査質問項目の詳細および結果の全プレゼンテーション資料は、
http://www.kandamasanori.com/zen-nohに掲載。

図表1-4｜仕事の変化に関するインターネット調査

【調査概要】

サンプル数：計208

対象：10年前・現在ともに働いており、現在、営業・事務職関連に従事している人。

	男性	女性
35〜44歳	52	52
45〜54歳	52	52

地域：関東圏、近畿圏

手法：インターネット

調査時期：2008年11月11日〜11月13日

調査機関：株式会社マクロミル

【質問項目】

Q１　あなたは現在仕事に対して悩みがありますか？

Q２　あなたの仕事に対する悩みを教えてください。

Q３　仕事に対しての悩みを相談する相手をすべてお知らせください。

Q４　資料やデータをまとめる仕事をする際のことについてお聞きします。

Q５　10年前と今の状態を比較して、どちらが当てはまりますか？

- 単純作業が多い。
- 人間関係が難しい。
- 決断・判断が求められる仕事が多い。
- 仕事に対してやりがいを見いだせる。
- 残業が多い。
- 処理する情報量が多い。
- 仕事に対するモチベーションが高い。

第2章

論理的に正しい提案は、なぜ実行されないのか？

あなたはどんな思考モデルを使っているか？

「処理しなければならない大量の情報」「求められる高いスキル」「深刻化するストレス」。そして「やりがいのない仕事」。

この行き場のない状況を打開するには、どうすればいいだろう？

努力と精神力で、乗り切る？

それは、やめてほしい。沸騰寸前の水槽の中にいるカエルに、「元気があれば、熱湯でも大丈夫！」と活を入れるようなものである。

日に日に高くなるハードルを前にして、われわれが何に向かって走っているのかと言えば、それはシンプル。仕事で結果を出すことだ。ただ、求められる結果が変わってしまったから、これまでと同じ走り方では前に進めなくなっている。

知識時代へと急速にシフトしている過渡期には、今までの経験が役立たない課題が与えられたり、想定したことがない問題が起こったりするのが、日常茶飯事である。

しかも仕事が抽象的で見えにくくなったために、課題や問題が明確にしにくく、状況が切迫するまで誰も気づかない。今階層を問わずすべてのビジネスパーソンに期待されているのは、積極性を持って、日常仕事の中から本質的な課題・問題を見いだし、新たな価値を生む創造的な提案・解決を行っていくことだ。

問題に接したときに、解決へのアプローチ法——何を、どの順番で、どのように考えるかという思考モデル——をあらかじめ持っている場合には慌てないですむ。たとえば、数学の問題を解くときに最初の一手を知っていれば、問題はスムーズに解ける。ところが、最初の一手が間違っていたら、その後、何をやってもうまくいかず、ストレスばかりが鬱積する。

ビジネスも同様で、複雑な問題に対してアプローチするための思考モデルを持っていれば、解決策をスムーズに考えられる。それは上司や同僚から教わったものもあるだろうし、ビジネス書を通じて勉強したり、または仕事を通じて経験的に学んだりした結果、身につけたものもあるだろう。

あなたは仕事上で課題が生じたとき、どんな思考モデルで提案を見いだそうと考えるだろうか？　使っている道具を知らなければ、道具をうまく使いこなすことはできない。そこで、よりよい提案を導き出せるようにするために、まずは現在、自分がどのような思考法を使って、ビジネス上の課題に対応しているのかを客観的に把握してみることから始めよう。

そのための簡単な演習を用意した。正答を求めているのではないので、クイズだと思って気軽に取り組んでみてほしい。まずは次頁の課題文を読んでみよう。

さあ、商品に関する情報はこれだけだ。

少ない情報量で新規事業を提案しなければならないことに戸惑ったかもしれない。ネットで「クッシュボール」を検索して、さらに情報収集してから販売方法を考えたいという誘惑にかられたかもしれない。

しかし、限られた情報、限られた時間にもかかわらず、優れた提案を生み出さなければならないのは、まさに、今の仕事で求められている状況と同じだ。またクッシュボールは、「目に見える」そして「触れられる」商品でありながら、機能が単純。だから活用法についてはさまざまな発想が可能となるので、知識社会におけるビジネスの演習としては最適だろう。

【課題】次の商品を販売する新規事業を提案してください。

【商品説明】　クッシュボール　Koosh Ball

クッシュボールは、多数の輪ゴムをボールの形にまとめたおもちゃです。

スコット・スティンガーという人物によって1986年に開発されました。1988年には、クリスマスギフトのおもちゃ人気ナンバーワンになりました。クッシュボールというネーミングは、床に落ちたときに「クシュ」という音がすることにちなんでいます。

もともと彼が自分の５歳の娘と８歳の息子のために、簡単に楽しく持てたり投げたりできるようにという理由で考えたものです。米国の学校や企業では、このおもちゃが、発言のきっかけづくりのツールとして用いられることもあります。教室や会議室で、なんとなく意見が出にくいときに、クッシュボールを投げ合いながら、受け取った人物が発言するというものです。

それでは課題がわかったところで、演習を始めてみよう。

目的は、優れた提案がほしいのではない。提案するためのアイデアを見いだそうとするとき、自分の思考がどうように働くのかを、客観的に観察してみることだ。

制限時間は一〇分間。それでは、スタート！

今までの戦略立案の定石が使えない⁉

このような課題が現れた場合、ビジネス上の問題解決のプロである経営コンサルタントは、どのように頭を使うだろうか？

彼らは、ビジネス上の複雑な問題解決についての事例を蓄積し、その解決方法をパターン化してきた。そのパターンを活用すれば、似たような問題が生じた際に、誰でも高いレベルでの解決策を見いだしやすくなるからである。こうした問題解決のための思考モデルを「フレームワーク」と呼んでいる。「枠組み」という意味であるが、図表という枠の中に入れて情報を整理することによって、ごちゃごちゃになった頭の中も同時に整理できるからである。

ビジネス上の提案をまとめる際に、最も活用される頻度が多いフレームワークは3C分析である。経営コンサルタント、広告代理店が事業戦略の提案書を持ってくると、見た目は異なるものの、3Cの思考の流れで資料をまとめていることが多い。

3Cとは、顧客（Customer）、競合（Competitor）、自社（Corporation）の頭文字。

この三つの視点からダイナミックに考えることで、事業の成功要因（ＫＳＦ）を導き出す。

わかりやすく言い換えれば、事業というゲームで勝つためには、

1. ルール（＝顧客が求めるもの）を深く理解した後に、
2. ライバルが弱い場所（市場セグメント）を見つけ、
3. 自分の強みを最大限に活かしながら戦う。

この三つの要因だけで、事業戦略をつくる際に重要な要素を押さえてしまっているのだから、ビジネスパースン必携のフレームワークではあるはずなのだが……。

この３Ｃをはじめて学んで、クッシュボール事業に当てはめた人の頭の中を想像すると、おそらく次のようになる。

「まずは、顧客（Customer）を考えるんだな。ビジネス書によると、顧客を分析するには、まずは市場規模、成長率等を把握すればいいのか……。クッシュボールの市

場規模？　米国でおもちゃナンバーワンになったそうだけど……二〇年前の話だし。成長率？　これも手掛かりがないな……」

「次は競合（Competitor）を考えてみよう。クッシュボールの競合？　似ている商品なら、ストレスボールだな。すると次は、ストレスボールに対する差別化を考えるのか？　ストレスボールよりも、クッシュボールは……カラフルだし、滑りにくいし……」

「最後は、自社（Corporation）の強み。うーん、まったくの新規事業を始めるのだからなぁ……。あえて強みを言えば、既存のしがらみがない？」

どうだろう？　正直、出口のないトンネルに迷い込んでしまいそうだ。

もちろん最近のビジネスパーソンは優秀だから、きっとあなたは、このフレームワークから、より充実した答えを引き出せると思う。……だが、……それにしても、なかなか出口が見えそうもないのは、なぜなのだろう？

経営コンサルタントやＭＢＡが使うロジカルな戦略立案フレームワークは、本当に、使えるのだろうか？

結論から言えば、もちろん使える。とくに抽象的な仕事が多くなる知識社会では、情報を誰にとっても誤解がないように整理して見せることが、問題解決に向けて極めて重要であることに疑問はない。

しかしながら、すべての方法論と同様、戦略立案フレームワークも万能薬ではない。方法論が広がる過程においては、必ずと言ってもいいほど、その本質を忘れてテクニックに走ってしまう。そのため表面的に活用され、最後には、ロジカルに「押し売り」するツールにさえなってしまう。

知識社会において、フレームワークによる思考のメリットを最大限に生かし、誰もが短期間に使いこなせるようになるためには、その本質を理解しなければならない。どういう場合に活用すべきなのか、逆に、どういう場合には活用すべきでないのかについて知っておくことが大切だ。フレームワークという名の薬も、使用上の注意を知ることが大切。胃が痛いときに、頭痛薬を飲んでも治らないのである。

戦略立案フレームワークを効果的に使うための、四つの前提条件

そこで、ビジネスで頻繁に使われる戦略立案フレームワークの本質を掘り下げて考え、それが有効に機能するための条件を挙げてみると、次の四つの点に集約される。

・【目的】競争戦略の立案
・【対象】経営者・経営幹部
・【プロセス】事実の整理・分析
・【実行】トップダウン

それぞれについて説明しよう。

【目的】 競争戦略の立案

まずは、図表2－1を見ていただきたい。

ここに掲げたフレームワークは、事業戦略を導く際のスタンダードになっており、多くのビジネスパーソンが学んでいるが、こうして一覧にしてみると、開発者の意図がよくわかる。とくに二つの点に着目してほしい。

第一に、戦略立案フレームワークが開発された年代を調べると、一九五〇年代から七〇年代、すなわち工業社会のピークに向かう過程で開発されている。目的は、企業戦略や事業戦略を策定することであるが、その大前提は――商品を製造しさえすれば、目の前には旺盛な需要が存在することだ。

当時は、快適な生活を送るために必要な物資が足りていなかった。戦後の資本主義における企業は、まさに新大陸を発見したような状況で、ライバルからテリトリー（市場シェア）を奪うことに血眼になっていた。このように競争戦略全盛の時代に開発されたフレームワークが、先ほどの3Cであり、ハーバード大学教授マイケル・ポーター氏のファイブ・フォース（5 Forces）[*3]である。

図表2-1 ｜ビジネスでスタンダードとなっているフレームワーク（例）

多くのフレームワークは工業社会で開発された

フレームワーク	開発年代	開発者	目的
PDCAサイクル	1950年代	エドワード・デミング	業務効率の向上
PPM分析	1960年代	ボストン・コンサルティング	事業ポートフォリオの方向性決定
マーケティングの4P	1961年	ジェローム・マッカーシー	メーカー主導のマーケティング
SWOT分析	1965年	ハーバード・ビジネススクール／ケネス・R・アンドルーズ	企業内部の能力と外部環境を適合させる戦略
組織の7S	1970年代	マッキンゼー	効率的組織構築
戦略の3C	1982年	大前研一	企業戦略の立案
バリューチェーン	1985年	マイケル・ポーター	競争優位
MECE	2000年代	元マッキンゼー・コンサルタント	問題解決

実はこのファイブ・フォースも、先ほどの3Cと同様、クッシュボール事業に当てはめると迷宮入りしてしまう。なぜなら、クッシュボールを製造しても——子供向けゴムのおもちゃ市場を考える限り——潤沢な需要など期待できないし、また市場シェアを奪う競争相手もいない。

このように需要がない状況でも成功する企業は明らかである。それは顧客がほしいと思うものをつくり続けられる企業である。

アツアツのパイをめぐってライバルと顧客を奪いあうのではなく、食べてみたいと思わせるパイをつくりつづけなければならない。そしてまた、パイを顧客に食べてもらった後には、生涯にわたって、自社のパイを食べつづけてもらえるようでなければならない。

つまり知識社会では、市場を奪うための「競合戦略」より、市場自体をつくり出す「需要創造戦略」、そしてまたライバルから「市場シェア」を奪うことより、自社のことを顧客からどれだけ考えてもらえるかという「顧客マインド・シェア」を確保することが重要になってきているのだ。

もちろん新しい事業環境になったからといって、競争がなくなったわけではない。

既存市場がある場合――とくにそれが成長期に入っている場合には――今の時代も熾烈な競争が行われており、競争戦略のフレームワークにより成功要因を見いだすことは必須である。しかしながら、取り組んでいる仕事が、抽象度の高い新規市場を創造するという、前章のアンケートで回答された多くの課題では、競争戦略時代のフレームワークを活用する限り、トンネルの出口を見通すことは困難だ。ビジネスパーソンたちが、現在の仕事で求められるスキルを補おうとフレームワークを必死に勉強しても、方向性が異なるために、高いストレスに悩むのは当然であることが理解できるだろう。

【対象】 経営者・経営幹部

戦略立案に使われる代表的なフレームワークには、3Cやファイブ・フォースのほかにも、図表2－1に掲げたSWOT、4P、PPM等のさまざまなものがあるが、ここで確認しておきたいのは、こうしたフレームワークは、そもそも誰に向けて、誰が活用するものだったのか、ということである。

この答えも明らかだろう。その多くは、経営者または経営幹部に向けて、学者やコンサルタントが戦略を提案するためのものだ。ところが現在は、経営者・経営幹部向けの説明ツールを、営業や社内での提案にも使うようになってきている。このように論理的フレームワークが、当初の想定者とは異なり、階層を超えて使われる場合、大きく二つの問題が生じる。

まずコンサルティング営業の名のもとに、営業担当者が初対面の相手に対して、問題解決のフレームワークを使うことは逆効果になりやすい。なぜなら、よほど心理的に計算されたプレゼンテーションを行わない限り、顧客は購入に対する心理的障壁を高めてしまうからである。

経営者がコンサルタントにお金を払って経営診断を依頼したのであれば、客観的な分析は歓迎される。しかし、たまたま名刺交換しただけの他社の営業担当から、いきなり分析を聞かされた場合——それが論理的に正しければ正しいほど——顧客は感情的に反発する。聞く耳を持っていない人にとって、論理的な提案は押し売りになってしまうのだ。

実際に、企画のプロは、初対面の相手に企画書を持っていくことはない。ある企画の大家に尋ねたことがある。

「先生は、営業するときに、企画書を持っていくのですか？」

間髪入れず、先生はお答えになった。

「まさか。持っていくはずがないでしょう。そもそも相手が何を望んでいるかわからないのに、まともな企画ができるはずがない」

営業にとっての第一段階は、顧客への丁寧なヒアリング。顧客が何を望んでいるのかを深く理解した結果としての、提案なのである。その過程で、信頼関係が築かれるからこそ、深いレベルの情報が得られ、深いレベルの提案が可能となる。フレームワークを表層的になぞり、顧客の事業について分析・判断するプレゼンテーションは、かえって信頼関係の構築を遅らせることになりかねないのである。

次に、経営者・経営幹部向けのフレームワークを、実務担当者が使う場合にも注意すべきである。まったく使えないというわけではないが、本来、長期戦略を策定するべき性質の思考ツールであるから、実務担当者にとっては、使用する機会がほとんどないはずなのだ。しかし、学んだら使いたくなるのが人の常。そこでフレームワークを使うための分析を始めてしまうのである。

たとえば、学びたてのビジネスパーソンがよくプレゼンテーションで使いたがるのが、図表2－1にも掲げられているSWOT分析である。この分析法は、社会・業界全体の長期的趨勢を把握し、長期的な企業戦略を見直すことが目的だ。それを「三年先を考えると笑われる」と言う実務担当者が使って、意味ある結果を出すのはかなり難しい。にもかかわらず、なぜSWOT分析がよく使われるのかと言えば、私はそのネーミングがSWAT（特殊火器戦術）部隊を連想させて覚えやすいからではないか、と推測している。

実務担当者がさまざまなフレームワークを学びはじめると、次に生じる典型的な疑問は、「戦略立案するためには、どのフレームワークを、どの順番で活用すればいいのか？」ということである。たとえば、マーケティングにおけるフレームワークとして著名な4P（Product［製品］、Price［価格］、Promotion［販促］、Place［立地］）は、それ単体で使っても、戦略や戦術を導き出すことはできない。なぜなら顧客ターゲットによって、考慮すべき情報がまったく異なってくるからである。すると、4Pは3C分析を行った後でなければ意味がないことになる。

フレームワークは、三〇年～四〇年にもわたって、さまざまな立場のコンサルタントや学者が、さまざまな状況に応じて開発してきたものの集積である。その結果、さまざまなフレームワークが混在しているのであるが、それを使いこなせるようになるためには、経営コンサルタントや広告代理店の企画担当であっても、二年程度の時間がかかると言われている。一般のビジネスで、担当者が日常の仕事でフレームワークを使いこなせるようになるためには、社内コンサルタントを養成するほどの、長期にわたるトレーニングを行うことを覚悟する必要があろう。

【プロセス】事実の整理・分析

なぜ戦略を立案する際にフレームワークを使うのかと言えば、それは複雑な情報を整理することにより、本質的な問題を炙り出し、根本的な解決策を見いだすためである。しかし、ここに知識社会における二つのジレンマが生じる。

第一のジレンマは、知識社会においては、情報が整理しやすい市場はそれだけで魅力に乏しいということだ。フレームワークで市場分析ができるということは、その市場には複数のライバル企業がすでに存在しているということ。つまり、ライバルと比較される市場にあえて参入することになるのだが、次章で述べるように、知識社会では、比較されるポジションをわざわざ狙うのは愚の骨頂なのである。知識社会では、購入前にネットで情報検索されることがほとんどであり、比較される商品は価格競争に巻き込まれ、利益は限りなくゼロに近づいていくからだ。

第二のジレンマは、フレームワークを使う分析により、発想に旧来の枠をはめてしまいかねないことだ。たとえば、あなたの会社がウェブサイトのリニューアルを行うことになったとしよう。３Ｃのフレームワークを使い、競合分析を行う。具体的には、業界・分野ごとに同業とみなされる会社のウェブサイトとの比較を行っていく。縦軸に「信頼性」、そして横軸に「洗練度」といったチャートを制作。業界における自社のポジションを客観的に把握していく。その後、チャートを見ながら、できるだけ同業者に負けないポジションに移動しようと戦略の方向性が決められる。極めて論理的なアプローチだ。

たしかに、このような分析により、自社の位置づけを客観的に把握することは非常に重要である。しかし、他社との比較結果をもとに戦略を決定していくことは、知識社会においては、すでに負け戦を始めている危険性がある。なぜなら、他社よりも少し優位のウェブサイトをつくろうという発想は、すでに他社に追従しようというフォロアーのポジションである。似たり寄ったりのカテゴリーにわざわざ参入し、どんぐりの背比べをすることになる。

知識社会では、顧客に新しい世界を見せることができた先駆者は、常に語り継がれるブランドになる。そのためには、今存在するものと圧倒的に違うものをつくり出していかなければならない。ライバルに勝つという小さな競争ではなく、顧客のマインドを勝ち取るという大きな競争をしなければならないのだ。

以上の二つのジレンマを考えれば、知識社会においては、フレームワークで明快に説明しているプレゼンテーションを聞いた瞬間に、われわれは危惧を感じなければならない。旧来の枠に整理されたとたん、旧来の思考に染まり、未来に向かって発想することが困難になってしまうからである。

【実行】 トップダウン組織

工業社会の戦略家たちによってつくられたフレームワークは、今や企業トップが戦略を決断する際の必需品となった。しかし開発された時代に比較すれば、現在の組織では、戦略を実行するためにはより大きな努力が伴うようになっている。

その原因のひとつは、競争戦略時代は組織がトップダウン型であったのに対し、現在の組織はフラット型になってきていることによる。トップダウン型組織における戦略の実行は、「戦争」のたとえがそのまま当てはまる。上官である企業トップの指示を、下士官・兵である部下が実行する。事業戦略は、決定までには時間がかかったとしても、その後は一気に命令として組織に浸透し、スピーディに実行できる。

しかし現在のフラット化した組織では、戦略の浸透そして実行は、じれったいほど時間がかかる。階層がフラットになったのだから、組織内における戦略の浸透も速くなったような印象がある。たしかにITインフラの社内整備により、同じ情報を共有するのは簡単になった。だが、事業推進に関わる情報・権限が分散した結果、同じヴィジョンを共有するのはひどく難しくなってしまった。

戦略を決断するプロセスのみならず、浸透、実行するプロセスでも、さまざまな関係者の足並みをそろえなければならない。そのためには、論理的に戦略の正しさを伝えるだけでは十分ではない。結論にいたった背景やプロセスが、実務担当者にとって納得のいくものでないとならない。軍隊式に命令しても、論理的に説得しても、担当者が納得しなければ、スムーズに動き出すことがなくなってしまったのである。

また、知識社会においては、さらに多様性を尊重する組織文化が重要になるが、これも戦略のスムーズな浸透を妨げる。競争戦略時代の企業幹部は、ほとんどが男性である。その単一文化の中で、事業を推進するための理想的な思考モデルは、論理的フレームワークだった。箇条書きと黒の直線で描かれたチャートは、多くの男性にとって自然に受け容れられる思考の形だった。

しかし現在、男性優位の企業文化は崩れてきている。知識社会では――異なる視点の相乗効果が新しい需要を創造する源となるために――多様性が競争優位を生む。となると、現在の日本においては、女性社員の積極的な参加が必須となるのだが、彼女たちにとって論理的フレームワークは、必ずしも自然な思考の形ではない。

男女によって、優先する思考は明らかに異なることがわかっている。脳波計を使った生理学的テストによる研究と、一〇万人以上の個人データベースをもとに開発されたハーマン・モデルによれば、男性は、計数的、論理的、分析的、診断的な思考を優先するが、女性は、感情理解、対人関係処理、コミュニティ形成に関する思考を優先するという顕著な結果が出ている。もちろん男性であっても女性であっても、トレーニングによって、いずれの能力も伸ばすことができる。しかしながら、競争戦略時代の延長線上で、論理をベースとしたフレームワークが当然のこととして要求されることは——女性の思考にとって、必ずしも自然なあり方ではないことを理解しておく必要がある。

私は、組織内で当然とされる思考モデルと、組織メンバーの自然な思考のあり方の不一致は、将来、深刻な問題を引き起こすと危惧している。知識社会において、新しい需要を創造するためには、多様な立場から発せられた情報を事業モデルの開発に直結させ、コンスタントに活用していくことが重要だ。そのためには、対人関係処理を生まれつきの能力として身につけている女性がその力を自然に発揮できる環境が、どうしても必要となる。

現実に、女性はその対人関係スキルを生かして、顧客、そして社員とのコミュニケーションのハブとなる仕事に携わるケースが多い。そこにはコンピュータ回線下のデータでは把握しきれないリアルな顧客の声、そして社員をとりまく空気がある。その声を聞き、空気を感じとった結果を経営幹部が事業の舵取りにどう反映できるかによって、新しい市場を永続的に生みつづける、創造性高い組織になれるかどうかが決まってくる。

まさに女性の自然な力は、経営幹部と社員、経営幹部と顧客を結ぶ架け橋と言ってもよい。ところが、論理的な問題解決フレームワークが社内での共通の思考モデルにされてしまうと、女性担当者からの貴重なヒントは、枠の中に収めることができないために、会議の中の沈黙に吸い込まれ、経営幹部には届くことがない。結局、経営幹部がどんなに正しい論理で、どんなに具体的、かつ詳細に組み立てられた事業計画を発表しても、女性の実務担当社員からは、「それで、いったい現場はどうすればいいってことですか?」と言われることになるのである。

知識社会へ向かう組織の中で生じる思考モデルの齟齬は――経営幹部から現場までの階層が少ないがために、深い知恵や技術の伝承が自然に行われてきた日本にとっては――ひどく痛手になろう。競争戦略時代に開発されたフレームワークを、欧米よりも三〇年以上も遅れて盲目的に導入することは、自ら重い足枷をはめることになる。おそらくそれは、成果主義を導入する以上の劇薬であったことを、日本企業は体力を消耗しつつある中で、将来、気づくことになろう。

以上のように、工業時代に開発されたフレームワークを現在使うには、さまざまな限界がある。現在の状況で、初心者が戦略フレームワークを効果的に使うためには、まず「競争戦略」を考慮すべき市場のみに限定して使うのがよいだろう。「需要創造戦略」を提案しなければならない場合、工業社会の戦略フレームワークを使っても不可能ではないが、その際には、組織内に生じるさまざまな混乱を乗り越える覚悟が必要となろう。競争戦略のツールを使いながら、創造戦略をつくろうとするのは――まるで鉄砲で脅しながら、お祭りに参加者を集めるようなものだからである。

切れた鎖の輪を繋げる「U理論」

このような工業社会で開発された戦略立案フレームワークの限界にもかかわらず、一流の経営コンサルタントや企画担当者たちは、当然のように毎回、優れた提案を行う。同じ不十分な情報に接し、同じ限界あるフレームワークを使いながらも、目を見開かされるような新しい視点をスパっと提示できるのは、なぜなのだろう?

その理由を尋ねると、彼らはチャートによる分析を指し示しながら、問題解決の方法論を理路整然と説明してくれる。ところが彼らと仕事をしていると、彼らが説明する方法と実際にやっている方法とでは大きく違う。ひとつの論理的フレームワークを使いながら、まったく枠から外れたアイデアを加えるために、また別のフレームワークを持ち出す。枠があるから彼らの思考が生まれるのではなく、彼らの思考はすでにそこにあって、その思考が見えるようにするために枠を持ち出すのだ。

どうやらクオリティの高い思考にたどりつくまでには、われわれが今まで見過ごしてきた重大な鎖の切れ目があるようだ。そして、その切れ目にこそ、優れた企画・提案の秘訣がある。その切れ目で起こる思考を、人によっては「非連続思考」「ゼロベース思考」と呼んできた。そして、その思考が起こる特別な状態を「フロー」と呼ぶ人もいた。つまり、クオリティの高い思考には、論理の積み重ねだけでは説明できない領域があることは、経験上わかっていたのであるが、どうすればその高みにいたれるのかを説明する明確な体系は、これまでなかった。

しかし、ようやく着想から行動をへて、実現にいたるまでの一貫した知的プロセスを非常にシンプルな形で表現できるフレームワークが表れた。それは、ＭＩＴスローン校経営学部上級講師のＣ・オットー・シャーマー氏が体系化した「Ｕ理論」である。

この理論は、私にとって、まさに思考の世界において元素の周期律表を発見したに等しいインパクトだ。周期律表が物質を体系化したように、U理論は思考を体系化したと言ってもよい。

体系化することによって、それ以前とはまったく世界が違うことを実感するには、ジグソーパズルを思い浮かべればいい。ジグソーパズルの完成後の全体像を見た後は、どんな小さなピースにも全体が見いだせるようになる。「現在」において、見えているのはほんの一部にもかかわらず、同時に、「未来」に組み上がる全体像を見ている。つまり、一度、全体像を理解してしまうと、部分には全体を完成させる強烈なエネルギーが宿りはじめるのである。

ビジネスにおいても同様に、全体像が見えたときには、まったく違った世界が出現する。現在の、小さな思考のピース（気づき）が、未来に描くことになる大きな一枚の絵の一部分であることを実感したときに、同じ現在でありながらも、その現在には、すでに未来に向かって開いていく種が宿されているのである。

ぜひシャーマー氏の大著『THEORY U（U理論）』をお読みいただきたいが、現時点では未邦訳なので、まずはU理論の概要について、私が彼の著作から理解したところを共有させていただきたい。

シャーマー氏の意図するU理論とは、社会変革プロセスにおける思考のあり方を体系化したものだ。ここでビジネス上のアイデアを見いだすという実際的な目的のためにU理論を参考にするのは、高尚な理論を矮小化して伝えてしまうリスクが生じるかもしれない。しかしながら、ビジネスにおけるこの実践は、シャーマー氏が見ている未来に繋がることを確信するので、批判を覚悟のうえでお伝えすることにしたい。

本質的な問題に触れるまでの四段階

U理論を理解するには、図表2－2を見ていただくのが早いだろう。

この図が示すのは、現実認識を掘り下げるほどに、その思考から導かれる行動は深くなるということだ。別の言い方をすれば、内面の思考を深めるほどに、実際にとる行動は力強く、思考は実現しやすくなる。哲学的とも聞こえるが、実際には、われわれの誰もが経験していることである。

たとえば、表層的な理解しかしていないのであれば、行動に移した場合でもおざなりになる。また、その結果についてもこだわりはさほどない。つまり、忘れ去られる

図表2-2 | 深い認識にいたるための四段階

思考レベルが深まると、本格的な変革が起こる

出典：C. Otto Scharmer, *Theory U*, Berrett-Koehler Publishersより作図

ような仕事の連続となる。しかし、目の前の現実を深く掘り下げて、それが自分の人生にとって重要な節目であると認識した場合には、どうだろう？　いったん動きはじめたら、一挙一動が真剣になり、全力を尽くす結果、ありえないほどの成果を実現していることが多くなるはずだ。

このように問題に対しても、その現実における意味を深く理解すればするほど、解決策については、単なるアイデア・レベルではなく、本質的な変革をもたらすものになる。

シャーマー氏によれば、現実認識、あるいは問題についての理解には、四つの

図表2-3｜現実認識のレベル

思考レベルには四段階ある

	現実認識における視点の位置		典型的な反応
レベル1 I-IN-ME	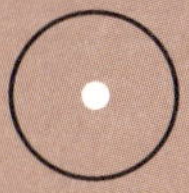	自分という境界内に視点があり、過去の情報をダウンロードするだけの状態	「ああ、それならもう知っているよ」
レベル2 I-IN-IT	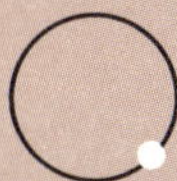	自分という境界の周辺に視点があり、事実にもとづく判断をしている状態	「なるほど、事実はこうなんだ」
レベル3 I-IN-YOU		自分という境界線の外側に視点があり、他者に感情レベルで共感できる状態	「あなたの気持ちがわかります」
レベル4 I-IN-NOW	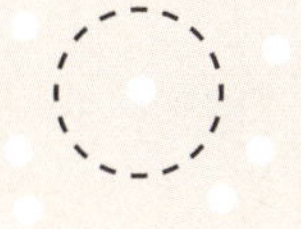	境界線は開かれており、自由な視点でより大きなものと繋がっている感覚	「私が体験したことは、うまく言葉で説明できないのだけれども、何か大きなものと繋がった感じがします」

出典：C. Otto Scharmer, *Theory U*, Berrett-Koehler Publishersより作図

レベルがある。それをまとめたのが図表2－3である。

この四つのレベルを指針として深く掘り下げるほどに、行動の質そして結果の質が高まってくる。それぞれのレベルを説明してみよう。

【レベル1】　ダウンローディング

過去の思い込みから脱することができない段階。たとえば、担当分野について提案をもらったとしても、「ああ、それならもう知っているよ」「それは以前やったことがあるけど、うまくいかない」というように、すでに馴染みのある現実以外は見る必要がないというスタンスである。

このレベルは、新しい情報も、単純に今までの思い込みの枠の中に流し込むだけなので、ダウンローディングと呼ばれている。図表2－3を見てもらうとわかるように、自分という境界線がはっきりしていて、自分の視点も自分の領域の中央に固定したままである。

この思考法は、過去にうまくいった方法を繰り返せばいいので、未来が過去からの延長で続いていく場合には効果的である。しかしながら、過去の延長線上に未来がない場合――まさに今、情報社会から知識社会へ向かってシフトしていく時代には――問題は解決することがない。むしろ壊滅的になるまで、状況は悪化していく。

【レベル2】 事実的《ファクチュアル》

客観的なデータをもとに、現状の問題を解決しようとする段階である。過去の経験に頼るだけでなく、現在の自分の位置を客観的なデータにもとづいて判断する。図では、自分の視点が、今まで慣れてきた境界線の周辺にまで移動している。つまり、自分の置かれている状況を客観的に見ることができるようになる。

ビジネスで言えば、市場規模・成長率、競合分析、そして顧客ターゲットの年収、属性、居住地域等の定量的なデータを積み上げて考え、論理的に問題解決策を見いだそうとする。平均的なコンサルタントが提案を説明する際にとってきた論理的なアプローチである。

このレベルでは、事実関係は見事に整理されるために、新たな発想も浮かぶことがある。ただし、未来が過去の延長線上に続く場合は十分な解決策が得られるのだが、そうでない場合には一時的な対症療法となってしまう。問題の本質にたどりつくまで、モグラたたきのように問題が形を変えて繰り返し発生することになる。私の観察によれば、一流のコンサルタントや企画担当者は、問題の本質を突き詰めて考えるために、例外なく次に説明するレベル3以上の深いレベルまで認識を深めている。

【レベル3】 共感的《エンパセティック》

この段階では、大きな変化が訪れる。図を見てもわかるように、自分という境界線が点線になっており、自分の視点は境界線の外側に移動している。つまり自分という殻が崩れ出して、相手の立場から新たな現実を眺めることができるようになる。

これは単に顧客データを詳細に集めたところで、できることではない。もちろん顧客に対してアンケートをとったり、パネルディスカッションをやったりという定性的データを集めることは一定の成果を生む。しかしながら、その段階では、まだ顧客を、利益を得るためのターゲットとして扱っていて、本当の意味での共感にはいたらない。

違いが生まれるのは、顧客の悩み、喜び、悲しみ、怒り等の感情を、顧客が日常使っている言葉で表現できるようになったときだ。顧客の姿を見ながら、そこに自分の姿を見いだすことができるほどに一体化したときである。その際には、顧客と会社とは、単なるビジネス取引の関係を超えて、感情的な結びつきを感じられるほどになる。

現在、社会的インフラとしてのネット環境が整い、商品情報を得る際には顧客に完全に主導権が移った結果、共感は、他社と差別化し、付加価値を生んでいくための必須の条件となった。そして共感とは、顧客そして自分をどこまで深く理解できるかによって決まるので、今後のビジネスで安定的な収益をあげていくためには、レベル3まで自然に掘り下げて思考する習慣・文化を社内に築くことが極めて重要であることがわかるだろう。

【レベル4】創造的《ジェネラティブ》

「なんとも表現できない。しかしあえて言葉で表現するならば、何か大きなものと繋がったような感じがする」

このように表現されているレベル4は、哲学的なレベルで、とても到達できないと思えてしまうほどである。しかしながら、このレベルも、実は多くのビジネスパーソンが一度は体験していることであろう。

はじめは、いつもの仕事のように提案書をつくりはじめたのだが、思いがけず苦戦。

突破口が見えず、締め切りぎりぎりまでアイデアが浮かばない。諦めそうになったとき、突然、ハッと気づいた後は、時間の感覚がなくなるほど没頭する。提案には、単に積み上げられた論理ではなく、今まで生きてきた体験、そして知識がすべて映し出されている。この提案が採用されることにより、顧客はもちろん自分も成長できることを確信する。たとえお金をもらえないとしても、提案しないことはもはや考えられない。思考と行動が切り離せないレベルにまで密接に関わりあっている。まさに仕事を通じて、自分の使命を感じられた瞬間であり、それはビジネスという形をとりながらも、顧客と自分が出会ったことに感謝できる瞬間でもある。

レベル4は、自分が想定した以上の未来が、思いがけず出現する段階である。シャーマー氏は、この瞬間をプレゼンシングと呼んでいる。未来を前もって（PRE）感じる（SENSE）という言葉と、存在する（PRESENCE）という意味をかけ合わした言葉である。つまり「未来」が「現在」に出現する瞬間と考えるとよいだろう。

図を見ていただくと、この場合には自分という境界線はほとんどなくなり、自分の視点はいたるところに存在する。すなわち、単なる顧客と自分との取引ということを超えて、よりよい社会の構築に向けて、この取り組みが影響力を持っていくことが感じられるようになる段階である。

レベル4の概念は、今はなんとも理解しにくいかもしれない。だが本書を読み終えるころには、このレベル4に到達することこそが、知識社会で成功するビジネスをつくるうえで重要な鍵であることがわかっていただけるだろう。

さて、以上の四段階を把握することにより、ビジネスではどのような違いが生じるのだろうか？　クッシュボールに当てはめることにより、問題の掘り下げ方がどう変わってくるのか、感じてみることにしよう。

レベル1　「えっ、こんなの売れやしない。一時、流行ったけど、もうすたれたよ」

レベル2　「代替市場の規模を調べてみれば、ある程度の市場は確保できるかもしれないけど……。それでもニッチ・ビジネスにしかならないな」

レベル3　「顧客との共感？　どうやって得ればいいのかな？」（説明は第4

章で）

レベル4　「より大きなものと繋がる？　いったいどういうこと？」（説明は第8章で）

このように問題認識には四段階あることがわかると、現時点で思いついている解決策がどの段階まで思考を深めた結果なのかが、わかりやすく見えるようになる。そのために具体的な行動を導き出すためには、さらにどの程度、思考を深めていく必要があるのかもスムーズに理解することができる。

上記のクッシュボール事業を見れば、問題解決アプローチがレベル2にとどまる限り、周りを巻き込むほどワクワクする提案はできそうもない。もちろんレベル2でも、きちんと関連情報を収集・整理することをきっかけとして、説得力のあるアイデアは生まれるかもしれない。しかしながら、本章ですでに述べたとおり、どこまでデータを収集・整理したとしても、その枠組みがあくまでも競争戦略であるならば、結果として、生まれる提案を無理なく現在のビジネス環境に当てはめるのは難しいだろう。論理的には正しいのかもしれないが、周りが納得して自主的に行動するレベルに到達するには、レベル3、レベル4にまで認識を深めなければならない。

レベル2とレベル3との間には深い断層がある。レベル2までは自分の領域を強固に守っている段階で、自分の正しさを証明し、外部の正しくないものを変えるというアプローチである。提案を実行するには、自分だけではなく周りとの協調が必要だということを考えれば、正しく論理を積み上げてもプロジェクトは動き出さない。事実、一時流行した社内変革の方法論であるリエンジニアリングは、事後調査の結果、七割が失敗であったという。それは方法論が間違っていたのではなく、現実認識の掘り下げが十分ではなく、行動へのコミットメントがとれなかったためである。

ブラックボックスから、ドリームボックスへ

これまで見てきたとおり、U理論によれば、論理の積み上げだけではレベル2までしかたどり着かない。このレベルの提案は、ライバルも同じようなフレームワークを使った提案を持ってくるので、差別化できるのは価格だけである。その結果、一番安

い金額を提示した会社が、ありふれた仕事として、そのプロジェクトをこなすことになる。何も新しいものを生み出さないために、次第に利益は減り、体力を失っていくのは目に見えている。

それでは、どうすればレベル2で終わることなく、現実を変えてしまうようなレベル3から4の提案ができるのか?

U理論では、レベル3から4に行くまでの間に、「手放す」という段階があるという。「手放す」とは、文字どおり、既存の経験や知識をすべていったん、役立たないものとして忘れ去ってしまうことである。一流の人たちは、誰もが例外なく、この「手放す」という感覚を味わっている。さらには「手放す」ことを、すでに思考のプロセスの中に組み込んでいる人もいる。

具体例を挙げてみよう。

ある戦略系コンサルティング会社の女性社長に招かれ、彼女の部下たちと夕食をともにしたときのことである。彼女は普段とは違うひっそりとした声で、私に向かって話しはじめた。

「今まで誰にも言ったことがなかったんだけど……、私ね、プレゼンの準備には、ある方法を使っているのよ。この方法を使うと、準備にほとんど苦労することがないのよね」

「へぇ、どういう方法？」

「寝る前に、プレゼンに使うプロジェクターを思い浮かべるわけ。そこにプレゼンのスライドを投影するんだけど……」

「それから？」

「クライアントがうんうんとうなずいて、とても満足しているイメージを思い浮かべながら眠る。それで朝、目覚めたときに、スライドに何が書かれていたかを考えて、思いついたことをバーと書き出す。そうすると、ほとんどプレゼンの内容に苦労することはないんだよね」

つまり、「夢を使ってプレゼンの準備をしている」と、彼女は言うのだ。部下のコンサルタントたちは、普段はとても論理的な彼女が突然語りだした不思議な話に、どう反応していいのかわからず、言葉を失っていた。

しかし考えてみれば、彼女ほど意図的ではないにしろ、判断を「手放す」ことによってアイデアを得ることは、誰でも体験していることである。考え尽くした挙げ句、どうしても行き詰まってしまい、シャワーを浴びたり、散歩に出かけたりしたとたん、一瞬にして解決策が浮かんでくる。このようにリラックスしたときにアイデアが浮かぶことは、よく知られた現象であろう。しかし問題解決のために、思考プロセスのどの段階で、どのように手放せばいいのかについての、信頼に足るガイドラインはなかった。

U理論は、思考から行動に向かう全体像の中で、「手放す」ことが必要になるタイミングを位置づけた。その結果、一流のプロたちがアイデアを生むためのブラックボックスが明らかになった。今までは「見えなかったもの」を全体の中で位置づけることによって、今まで「見えていたもの」も明確に位置づけられたのである。

こうして全体像が見えてくるとわかることは、今までの多くの表面的なビジネス・ノウハウは、そのほんの一部を取り出してみたにすぎないということだ。その結果、現実を深く洞察することもできないし、行動に向かってのコミットメントを得ることもできない。

誰もが思いつく月並みな思考では、誰も行動に向かって奮い立つことはできない。

思考が思考だけで完結してしまって、その先に向かわない。行動に繋がらない提案書は、多大な時間と労力、そして人件費というコストをかけてつくった、単なるゴミである。

本来、思考と行動とはコインの表と裏である。未来を明確にイメージできるほどに思考のクオリティが高まれば、行動しないほうが難しい。しかしながらビジネスが複雑化するにつれ、思考する人と行動する人が専門化した。その結果、思考が行動へと一貫して繋がるプロセスが断ち切られてしまった。

知識社会で付加価値を生んでいくためには、多様な視点を統合する深い認識を得て、行動へと繋げられる一連の思考プロセスが必要である。その際には、一部の幹部社員のみが使いこなせるツールにより、階層間格差を広げるのは致命的だ。

工業社会につくられた論理的フレームワークだけを駆使して乗り越えようとするほど、ストレスが増大してしまうのは当然のことである。知識社会では、性別そして階層を問わず、誰もが自然に、レベル2からレベル4へと認識を深められる思考モデルを組織のインフラとすることが必要なのである。

3　ファイブ・フォースとは、五つの要因――「新規参入」「代替品」「供給業者」「買い手（顧客）」「競合」――に対して有利に影響力を及ぼせられるように、業界内で自社の位置づけを確保することが成功の鍵であるという考えだ。理解してもらうために、あえて単純化すると、業界にはいつも五人の敵がいるので、その五人の力関係を見据えたうえで、自社にとって最適な成功要因を見いだしなさい、ということである。

第3章

営業せずとも顧客が集まる、五つの新原則

成功する会社の不可解な特徴

情報社会から知識社会に向かって漂流する、知的蟹工船。情熱を秘めたアトラスたちが必死に支えているけれども、その耐えがたき重さに無自覚な乗員たち。

荒れ狂う波を漕ぎ進むために渡されるのは、今にもひび割れそうな石器時代のオールである。漕げば漕ぐほどに、船は前進するどころか重みを増して、血に染まった赤い大海に飲み込まれそうになる。

まったく先の見えない豪雨の中で、いったい何をすれば嵐は静まり、どこに向かえば新たな大陸にたどりつくことができるのか?

本章では、その答えをもたらすヒントを――こうした激しい嵐の中にあっても、あたかも順風満帆に進んでいるように見える事業の内に探ってみたい。

言うまでもなく企業の収益は、最終的には顧客からしかもたらされない。どんなに素晴らしい経営戦略を持っていようと、どんなに魅力的な人材育成プランを実施していようと、顧客が集まらなくなったとたん、会社は一気に赤字に転落する。そのシンプルなメカニズムは、自社ビルを擁した大企業でも、屋台を引く零細企業でも同じだ。

収益をもたらす源泉である顧客を集めるための活動、すなわちマーケティングに注目したとき、最近、飛躍している事業には、いったいどんな共通項があるのだろう？

こうした疑問をふと感じ、ここ数年、とみに目立ちはじめた事業を、私はランダムに考えはじめた。

グーグル、パタゴニア、ディーンアンドデルーカ、キッザニア。そして、ｉＰｈｏｎｅ、フライターグ、アヴェダ、マインドマップ、東京マラソン、デザインタイド……。

会社だけではなく、最近、よく話題になる商品やイベント等の事業も含めてランダムに挙げてみたとき、私は、ある不可解な特徴に気づいたのである。

それは、目立った営業活動をほとんど行っていない、という事実である。

営業という言葉が、営業マンを想像するのであれば、広告やチラシを含めたプロモーションと言ってもいい。先ほどの事業では、積極的な営業活動がほとんど見られないのである。もちろん、それぞれの事業に営業担当はいるだろう。しかしながら、グーグルの営業マンから「検索広告はいかがですか?」と電話がかかってくることもなければ、ユーザーに対して販促メールを送ってくることもない。iPhoneについても、広告は「iPhoneが入荷」という告知がメイン。店頭に行っても、たいそうなデモやパンフはない。ディーンアンドデルーカという「カフェ」は、非常に限定的な店舗展開にもかかわらず、なぜか、そのロゴがプリントされたトートバックは、いたるところで目にするようになった。つまり会社はほとんど広告宣伝することなく、顧客自身が最大の広告塔になっている。

このような事例について、ひとつひとつ考えはじめたとき……、私がとった結論は、自己否定だった。

営業している会社は、もはや時代遅れ。営業しなきゃならないようじゃ、先行き暗い。

これを認めるのに、私は抵抗せざるをえなかった。なぜなら過去一〇年間、私は営業テクニックのプロ、広告宣伝やセールスレターのプロとして活動してきたからだ。その営業のプロが、「営業はもはや集客エンジンにはならない」という事実を認めたなら、今までの苦労と経験の蓄積がすべて水の泡になってしまう。

しかし、自分に嘘をつくことはできない。気づいてしまったものは仕方がない。

そこで私は、なぜ営業しなくてすんでいるのか、客観的に考えはじめた。もちろん先ほど挙げた事業はランダムにピックアップされただけであり、すべてを語れるわけではない。わかりやすさを重視するばかりに、消費者向け事業に偏っているという指摘もあろう。

しかしながら、いったいなぜ、これらの事業は、営業も広告もほとんどすることなく、市場における圧倒的なポジションを短期間に確保できたのか？　よりシンプルに言い換えれば——「なぜ営業しなくても、顧客が集まるのか？」。

この質問を突破口に、知識社会における新しい集客のメカニズムを探求したところ、今までとは大きく異なる五つの原則が見えてきた。これらの原則を踏まえれば、核心をとらえた本質的な事業戦略をスムーズに企画・提案できるようになるだろう。

五つの原則について、わかりやすく説明するため、まずは私的なエピソードから共有したい。あなたも、おそらく似たような経験をしたことがあるだろうから、現在、そしてこれからの顧客がどのような行動をとるのか、そして結果として、企業は何に力を入れなければならないのかが見えてくるはずである。

東京マラソンに出たいという衝動

二〇〇八年八月二〇日、午後一〇時三三分。

パソコン画面に向かって仕事をしていた私は、突然、東京マラソン原則2に出たいと思い立った。理由は、とくにない。別に走ることが好きだというわけではない。思いがけない唐突な欲求原則5に、自分が戸惑うほどだった。

どうすればエントリーできるのかもわからない。だが私は、水を飲むときに水道の蛇口をひねるように、検索エンジンに「東京マラソン」と入力。原則1部屋中に響くほどに、リターンキーを叩いた。

トップページが開く。一直線に「エントリー」と書かれたタブをクリックした。

「なるほど。抽選らしいが、このままインターネットで応募原則4できるようだ」

私は躊躇することなく、申込フォームにタイプしはじめた。昨年は抽選倍率が八倍だったと言う。客観的に考えれば、当選する確率は低い。しかし私には、東京マラソンを走れという雷のような啓示が降りてきたのだから、当選するのは確実だろう。

ポジティブ思考の私は、根拠のない確信を抱きながら、勝ち誇ったように【規約に同意して応募する】のボタンを押した。

東京マラソンという言葉が頭に浮かんでから、ほんの三分ほどの出来事だった。


こうして私はすでに四二キロを完走したかのような充実感を抱いたが、話はこれで終わりではない。抽選に申し込んだという満足感のために、私は、このことを誰かに話したくなったのである。原則5 そこで即座に、数人の友人に応募完了メールを転送した。もちろん興奮のあまり、ひと言添えたことは言うまでもない。

「東京マラソンに応募したんだけど、一緒に走る?」

それから三八分後、さっそく返信がきた。内容は、それじゃ、私も出ようかな、ということではなかった。

「私も、申し込みました！」原則4
考える間もなく、申し込んだという返事が相次いだのである。

さらに翌日。当然のことながら、私は会社の朝礼で再び応募を宣言し、人に会うた

びに「どう、出ない？」と誘い、東京マラソンに出場することの意義を得々と語りはじめた。原則3

マラソンを走るからには、練習しないわけにはいかない。ここ十数年、ジョギングなどやったことがない私は、着るものがない。そこで全身にぴったりフィットするプロ・アスリート用のパンツとTシャツをインターネットで即座に検索、購入。「これで、この横腹の贅肉がなくなるにちがいない」とほくそ笑みながら、近所の公園でジョギング・デビューした。その帰りのことである。

ローカルシティに住んでいる私は、古ぼけた掲示板に一枚のポスターを見つけた。どうやら市のマラソン大会があるらしいのだ。開催は、ほんの数ヵ月後である。家に帰り、そのマラソン大会をネットで検索したが、どこで申し込めるのかわからない。「市役所の業務時間中に電話しなければならない」原則4との印象を持って、応募は後回しにすることになった。

それから一ヵ月半。開催日が近づいて、さすがにもう申し込みは難しいだろうとは思いながらも、ようやく重い腰をあげて、市役所に電話で問い合わせた。すると、

「お申し込みはネットでお願いします」と言われ、申し込みのウェブサイトを教えてくれた。

そのサイトを訪問してみると、それは以前訪問したものと同じだった。申込ページが見つからなかったのは、お問い合わせ先に指定されていたリンク先をクリックしても市全体のホームページが表示され、どこにマラソン大会の情報があるのかわからなかったからだ。つまり、リアル空間だけでなくヴァーチャル空間でも、たらい回しにされていたのである。なんとか申込フォームを掘り起こし、申し込みを完了するまで一〇分程度ではあったが、私にとっては永遠のような時間だった。

ただ、こちらのマラソン大会は大きなメリットがあった。なんと抽選ではなく、開催間近になっても参加者大募集中なのである。

私は、この落差にポカンとした。

やることは同じである。走るだけだ。

しかし、申し込んだときの満足度はまったく違った。こちらのマラソンにエントリーしたことは、誰にも言わなかった。

この体験から、私は気づいてしまった。私は、マラソン大会に出たいのではなかった。

マラソン大会に出たいのであれば、検索エンジンに「マラソン大会」と打ち込んだはずである。しかし私は、「マラソン大会」と打ち込むことなど考えもしなかった。

私が出たかったのは、「東京マラソン」。東京マラソン以外に存在するのは、地元のマラソン大会ではなく、次はホノルル・マラソンなのである。

事業成長のための、五つの新原則

個人的なエピソードをお話しさせていただいたのは、このようなありふれた日常の中にも、営業が集客エンジンになりえない時代におけるビジネスの成否が見通せるからだ。

〈いったいどのような事業が顧客に選ばれ、どのような事業が不況に飲み込まれるのか?〉

答えは、すべてアンダーラインが引かれたところに隠されている。そして、それを事業成長における五つの新原則とするならば、図表3-1のように表現することがで

図表3-1 | 知識社会における成長事業の五つの原則

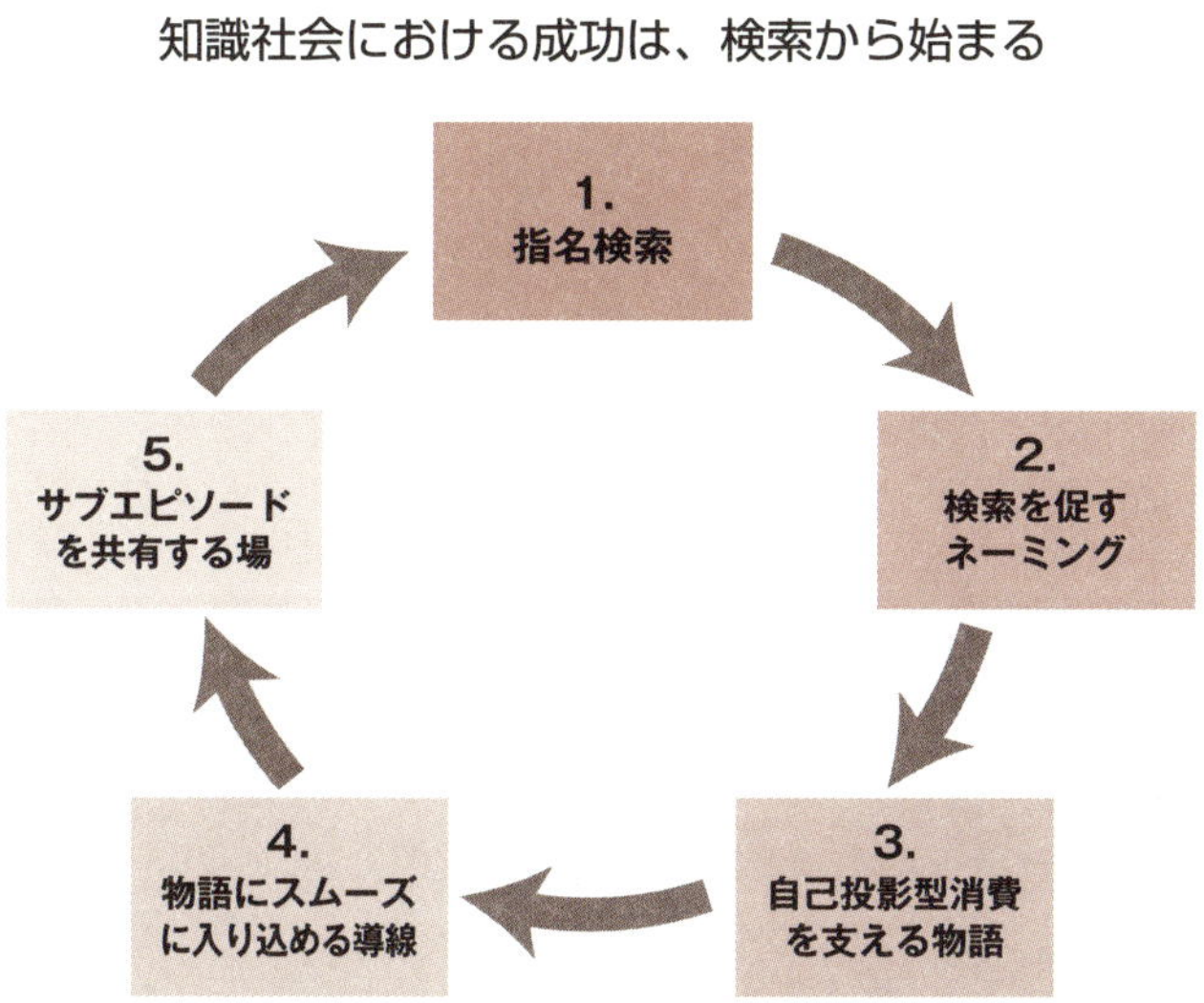

きる。

五つの原則の中には、今までの常識的な経営者のスキルというよりは、「検索」「ネーミング」「物語」といった専門家のスキル、芸術家的な感性を必要とするものが含まれている。これらの条件は、単に目を引くためだけに入れたのではない。今から詳しく述べるように、知識時代の事業成長のためには優先的に検討しなければならない項目だからだ。今までなら、どちらかと言えば枝葉末節であったスキルが、今や事業経営の根幹に関わる本質的なスキルになってきている。

これに気づいていない経営者のハンディキャップは大きい。なぜならば、従来のビジネススキルだけをどんなに使って努力したとしても、また従来の価値尺度で優秀だと判断されている人を何人採用したとしても、その事業は、顧客に選ばれるどころか、存在することすら意識されないからだ。しかしながら、一〇〇の努力ではなく、新しい時代の消費行動にマッチした新しいスキルを身につけたならば、次から次へと面白いように高収益の新規事業を生み出すことができる。それが知識社会における成長事業の五つの原則を、あなたと共有する目的である。

【第1原則】　指名検索

東京マラソンのエピソードの中で、「水道の蛇口をひねるように検索する」という比喩を使ったが、それは実態をかなり正確に表している。飲料水の確保がインフラとして整ってから近代社会が始まったように、情報の確保、すなわち「検索」がインフラとして整ったときに知識社会は本格的に幕開けする。その新しい舞台でのビジネスの変化をたとえていうならば、水の中に棲んでいたおたまじゃくしが、陸に上がらざるをえなくなったようなものだ。おたまじゃくしのままで生き残ろうとしても、ほどなく干上がってしまう。

左記の統計から、現在のビジネスが置かれた状況を眺めてみれば、もはや慣れ親しんだ水の中にいること自体が不可能であることが再認できるだろう。

- 購入のために重視する情報源として、インターネットの重要度は突出。テレビの二・四倍、雑誌の三・八倍。
- 一日平均三回以上検索する人は六六・三％
- 一時間以上インターネットに接する人は七四・四％。テレビの七一％を超えて最長メディアに。
- インターネットにより利用が減ったメディアは、一位がテレビで二九・一％、二位が雑誌で二六・一％。
- 移動中によく使うメディアは、「携帯電話による情報閲覧」が二二・六％でトップ。「書籍閲覧」は一七・一％。

（出典：財団法人インターネット協会監修『インターネット白書２００８』インプレスＲ＆Ｄ）

とくに注目してほしいのは、購入するために最重視する情報源が、テレビでも雑誌でもなく、インターネットであること。また検索エンジンを一日三回以上使うと答える人が六割を大きく超えたことである。

これらの数字を眺めて、今後のビジネス環境をひと言で要約するならば……、検索されなければ、あなたの事業は存在しない、ということだ。

NHKが特集した『グーグル革命の衝撃』という番組では、検索された結果の一頁目に掲載されなければ、八割の買い手を失うことがレポートされ、検索エンジン最適化技術の父と言われるブルース・クレイ氏は、次のように答えている。

「理想的には検索トップ五位で、確実なラインで言えばトップ一〇位。一五位以下では、あなたは存在していないも同じです」

これは、何も今はネットがすべてで、他の伝統的な集客メディアであるダイレクト・メール（DM）や新聞折り込みチラシは効果がないと言っているわけではない。事実、DM市場はいまだ堅調であるし、また地域性が重視される健康や住宅関連事業等は、効果的な折り込みチラシによって、ビジネスがスムーズに立ち上がることも確かである。

しかし重要なことは、今まで取引したことがない会社について、買い手は他のメディアによって注意を引かれることはあっても、実際に購入しようと興味を高める際には、ネット検索による情報入手を始めるということだ。たとえば、治療院への集客は、新聞折り込みチラシは効果的であるが、以前のようにチラシの情報だけでは買い手は決断できない。売り手側の一方的な視点からの情報だけではなく、多面的な情報を入手するためにネットに向かい、その治療院は「本当に信頼できるのか」「自分に合っているのか」を確認してから最終判断を下すのだ。つまり、真実の瞬間は、「検索」にある。

消費者向けビジネスはともかく、法人向けビジネスの購入判断は、従来と変わらず、人脈や紹介、プレゼンの善し悪しが重要だという声もあろう。しかしながら、法人向けビジネスで取引を検討する際に、取引相手のウェブサイトをまったく調べないことは、もはや考えにくい。以前、私の会社で、検索エンジンから一切情報が出てこない会社との取引を稟議にかけたときには、役員全員が猛反対したほどである。つまり取引可否の判断の際には、ネット上の情報で会社の信頼性が判断されてしまうのである。

本書のテーマではないので詳細は割愛するが、消費者向け、法人向けの営業プロセスを詳細に検討しても、購入判断において、検索は極めて重要なポイントに位置づけられるようになっている。その理由は、広告宣伝や紹介によって注意を引かれる際には買い手はまだ受け身なのに対して、検索をする際は、自ら行動するはじめの一歩だからである。「購入に興味あります」と買い手が意思表明する瞬間が、まさに「検索」なのだ。

比較検索 vs. 指名検索

このように検索が事業成長の鍵として重要になってきていることは疑いようのない事実であるが、検索そのものよりも、もっと重要なことがある。それは検索のされ方である。

新規事業の企画に立ちあったときに、事業担当者に聞かれることがある。「このカテゴリーで検索されたときに上位に来るためには、どうすればいいのですか？」と。

そうした際、私は冗談交じりに答える。

「残念ですが、すでにあなたの事業は失敗しています」

なぜなら、カテゴリーで検索される限り、すでに競合ひしめく市場《レッドオーシャン》に参入することになるからだ。

検索には二通りある。それは比較検索と指名検索である。そして、ほとんどの会社は比較検索される事業を選択する。

比較検索とは、顧客がなんらかの商品に興味を持ったときに、そのカテゴリーを検索エンジンに入力することだ。たとえば、「ダイエット」「審美歯科」「海外航空券」「金婚式　ギフト」「学習塾　個別指導」「行政書士　地域名」といったパターンだ。このようにカテゴリーで検索する場合、そもそも顧客は商品を比較検討することにニーズがある。だから結果として、特定カテゴリーの検索上位になろうと考える会社は、はじめから競争が必然となってしまうような事業を選択しているのだ。

この選択は、インターネットの場合、楽ではない。なぜならリアルの場に比べて、価格弾力性がかなり高い、すわなち、落ちはじめたら価格の下落に歯止めがかからないからだ。たとえばコンピュータソフトの場合、発売初日の段階で、ネット販売のほうが五%ほど安いのはざらである。時間がたつにつれ、リアル店舗は価格下落が一段落するが、ネットは利益がなくなる寸前まで下落する。価格比較サイトが当然のように使われるので、自社よりも安いところが現れたとたん、売上が下がる。リモコンでテレビのチャンネルを変えるように買い手は購入先を変えるので、検索エンジン最適化《SEO》対策に大変な労力とコストがかかる。さらに買い手は浮気しやすく、安定的なビジネスが築きにくい。

一方、指名検索は、直接、「商品名」「会社名」で検索する。「マラソン大会」と検索するのではなく、「東京マラソン」と入力するパターンである。買い手はあれこれ考えたうえで指名するのではない。頭の中では、東京マラソン以外のマラソンがあること自体、忘れてしまっている。存在しないのである。

冒頭に挙げた、営業活動をしていないにもかかわらず注目されている事業は、すべて指名検索だ。キッザニアは、職業をテーマにした子供向けテーマパークであるが、キッザニアに行くときには「テーマパーク」と検索したり、また「東京ディズニーランド」や「日光江戸村」と比較したりしない。キッザニアは、その商品名で、すでにカテゴリーなのだ。

フライターグは、ヨーロッパの貨物トラックの帆をリサイクルしてつくったバッグである。腕時計のスウォッチのようにデザインが何百種類もあり、はじめから少し汚れていることに一点ものの希少性がありブレイクした。「メッセンジャーバッグ」と呼ばれるカテゴリーのバッグが人気であるが、顧客は「メッセンジャーバッグ」と検索するのではない。「フライターグ」と入力するのである。

デザインタイドは、東京の青山・原宿・渋谷近辺で毎年秋に開かれるアートイベント。新鋭アーティストの作品が一斉に、インテリアショップやファッションブティック、ギャラリー、カフェといった一般店舗に展示される。開催三年目には約五万人が来場する世界的アートイベントになった。その立ち上げを担当した方に話をうかがう機会があったが、当初の予算は、驚くほど少額だったという。企画コンセプト次第で、低予算でもこれだけ世界的なイベントがつくれるのかと、当初、企業経営者の間では話題になったほどだった。こちらももちろん、「展示会　原宿」や「アートイベント青山」というキーワードでは検索しない。「デザインタイド」と検索。事前にメールマガジンに登録し、詳細に情報を集めてから来場するのである。

指名検索された場合、ＳＥＯ対策をさほど講じなくても、当然のように検索上位トップ五番以内に入る。競争がほとんどないため、価格競争は経営者の関心の外になる。

価格を下げるどころか、ブランド維持のため、類似商品の中で最高価格を目指す。そもそも指名なので、当初から顧客との長期的関係を築きやすく、ビジネスとしては急速に安定する。

比較検索とは、まったく異なる優良なビジネスモデルだ。

にもかかわらず、ほとんどの事業が指名検索を考えることなく、いきなり比較される極めて厳しい市場でビジネスを運営しようとする。これは知識社会における成功要因を理解していないために起こることである。

努力ではない。指名されなければ、実力のある歌手がどんなに全国巡業してもミリオンセラーを出せなくなったように、ビジネスもまた指名されなければ、その他大勢に埋もれるのみである。

【第2原則】　検索を促すネーミング

それでは指名検索をしてもらうためには、どうすればいいのか?

答えは誰でもわかるように、顧客が何かに興味を持ったとき、その名前が真っ先に思い浮かぶかどうか。いや、思い浮かぶだけではなく、ｉＰｈｏｎｅ、パタゴニア、キッザニア、東京マラソン……といった事業のように、あまりにも特別で、他の存在を忘れ去るほどでなければならない。

〈指名検索されるネーミングには、いったいどのようなメカニズムがあるのだろう?〉

ネーミング制作の典型的な方法は、分析的アプローチだ。第2章で説明したように、顧客や競合を分析して、自社が有利になるポジショニングを選定する。そのポジションにおいて、ターゲット客が好む印象を見いだし、その印象を与える言葉をさまざまな言語から取り出して組み合わせる。つまり、顧客が好感を持つネーミングをつくりだそうというアプローチである。

これは、企業や商品の認知度を高めればいいだけの時代であれば十分であったが、現在の目的は、購入への関心が高まる瞬間において、そのネーミングが思い浮かび、脇目もふらず検索エンジンに叩き込んでもらわなければならない。つまり、「好印象を持ってもらう」+「常に話題にされる」+「ウェブで検索される」の三つを同時に実現することが、ネーミングの目的になる。

その場合、何が重要かと言えば、私は次のような仮説を考えている。

[指名検索を促し、行動に向かうまでの三つの鍵]

- 問いとしてのネーミング（TITLE）
- 物語の扉を開けるタグライン（TAGLINE）
- 答えとしてのストーリー（STORY）

わかりやすく説明するために、上記の流れを二つにわけて、「ネーミング」から「タグライン」は第2原則、そして「ストーリー」については第3原則で説明しよう。

話題にする人にとって、便利なつかみの文章は？

興味が高まったときに真っ先に検索されるためには、そのネーミングがすでに記憶にこびりついていなければならない。すると広告や新聞で一度目に触れただけではなく、複数回話題にあがっているはずだ。実際、私は衝動的に「東京マラソン」と検索したと前に書いたが、よくよく思い返してみれば、実際には少なくとも数回は新聞、ネットニュース、ブログ等で関連記事を読んでいたし、また三人の知人と話題にしていた。

そこで、どうすれば話題になるのかについて考えてみよう。シンプルに考えれば、話題が広がっていくためには、話をする人が、話がしやすく、相手が話を面白く感じなければならない。

まずは、話をする人――すなわち、話をすることによって、情報が広く伝播していくような影響力のある人は誰か？

マーケティングでは買い手に影響力のある人をインフルエンサーと呼んでいる。代表的には、著名なブロガー、オンライン媒体の編集者やライターをはじめとしたネット上で文章を継続的に書いている人たちである。とくに最近ではブログが書籍として出版され、ベストセラーになり、マスコミに登場することも多いので、ブロガーの消費への影響力は大変大きくなっている。そこで広告代理店からの企画書も以前はマス媒体だけの提案で十分だったが、今は必ずと言ってもいいほどブロガー対策が含まれている。

インフルエンサーの中には、芸能人やファッションモデル、スポーツ選手等の著名人も含まれる。ただ彼らの影響力をビジネスに用いる場合には、原則的には事務所を通した仕事になるために、実際に、企業が草の根的にアプローチしやすいのは、先ほどのようにブロガーやライターたちとなる。

話題が広がっていくために必要なのは、まずインフルエンサーたちが話しやすい内容だ。

〈いったいどんな内容がブログやメルマガ、ＳＮＳで話題にしやすいのか？〉

それは、彼らの立場に立って、文章を書かなければならないことを考えるとわかる。彼らは文章がうまく、書くのに苦労しないとは言いつつも、常に新鮮なネタを提供していかなければ読者に飽きられてしまう。

そこで新鮮なネタとは何か、と突きつめて考えてみると、それは「○○って知っていますか？」という問いかけだ。誰でも「○○って知ってる？」と文章の冒頭に持ってくることで最適なつかみとなり、またその後の文章展開がしやすい。これは単なるテクニックに思われるが、実際にはコミュニケーションの本質に関わっている。背景の見えないコミュニケーションをするためには、質問形式が最もスムーズにいく。クイズ番組が流行るのは、共通の話題が少なくなった人同士での、スムーズなコミュニケーション方法だからだ。

小学生や中学生が、「きのう、○○観た？」とテレビ番組を話題にしてコミュニケーションを始めるように、ブロガーたちは本質的には「○○読んだ？」「○○観た？」「○○って知ってる？」という問いをきっかけに、読者とのコミュニケーションを始めていく。もちろん、このようなつかみの文章がそのままの形で使われるわけではない。しかし書かれている内容を要約してみると、ほとんどがそのパターンであることがわかるだろう。

顔の見えない相手の関心をつかむ文章を書きつづけることは、決して楽なことではない。その際、「○○って知ってる？」の○○があらかじめ用意されていれば、非常に文章が展開しやすいことになる。つまり、○○の部分に、商品名・企業名《ネーミング》が入り、しかも、そのネーミングが相手にとっても面白い話に展開するとき、その商品・企業の影響力が広がっていくのである。

問い―答えの緊張感が、クチコミの原動力

それでは、どうすればネーミングというキーワードが、面白い話題として展開する

のか？　まさにこの答えが、知識社会において話題になるネーミングの極意となる。

それを説明するための最適な例として、累計七〇万部以上もの著書を短期間で売り上げた本田直之氏の「レバレッジ・シリーズ」を挙げよう。

本田氏が処女出版した当時、「レバレッジ」という言葉はどちらかと言えば金融の専門用語で、ビジネス書読者はほとんど知らなかった。このように意味不明な言葉をタイトル（すなわち商品名）に持ってくるのは、常識的に考えればかなり危険な賭けであり、担当編集者はかなりの難色を示していたらしい。しかしながら、本田氏は、「レバレッジ」で、シリーズ化したいと食い下がったのである。

私が、「なぜ認知度がまったくない言葉を、タイトルに持ってきたのですか？」と尋ねたとき、本田氏の答えは確信に満ちていた。

「誰も知らない言葉の背景がわかったとき、一気に浸透すると思ったのです」

まさにこれが話題となるネーミングの真髄だろう。

一度聞けば、わかりすぎてしまうのでは、それ以上興味を持たれない。しかし、ちょっと説明すれば、「なるほど、そういうことだったのか！」というカタルシスを感じられる概念であれば、あたかもクイズを繰り返すように、それは人づてに広がっていく。

「レバレッジ」とはまさに、そのようなカタルシスを感じられる言葉だ。本来、「てこの原理」という意味であるが、仕事において最小努力で最大の結果を出すことの大切さを強調するために、この言葉を本田氏はキーワードとして持ち出した。

ただしネーミングだけだと、あまりにも短く、意味がわからなすぎる。そこで、のちに続く詳細情報（ストーリー）に繋げる橋渡しとして、その言葉の背景を短文で表現したものが、タグラインとなる。タグラインとは、会社名や商品名の後にさらに興味を引くために付加する言葉のことである。最も有名なのは、ナイキの「Just DO IT」だろう。さらにいくつか例を挙げれば……

- ディーンアンドデルーカであれば、「Museum For Fine Food（食の美術館）」。
- キッザニアであれば、「こどもたちの、こどもたちによる、こどもたちのための国」。

・東京マラソンであれば、「東京がひとつになる日」。
・アヴェダであれば、「真の美は行動を伴う」（同社の理念より）。
・グーグルであれば、「〝最高〟に、甘んじない」（同社の理念より）。

まさにタグラインとは、商品や会社のエネルギーを凝縮した言葉の缶詰。短い文章を通じて、会社や商品について、さらにその背景を知りたくなる。その結果、検索動機を最大限に高めることができる。

何もここまで考えなくても、指名検索させるだけだったら、もっと楽な方法があるという意見もあるだろう。たしかに効果的なのは、テレビでよく見かけるようにＣＭの最後に検索の小窓を用意し、そこに商品名を入れて、矢印をクリックする方法である。統計[*4]によれば、小窓付きＣＭ閲覧者の二三・四％が、実際にその後、検索している。チラシやＤＭの反応率に比べると、驚くほど高い数字だ。

ただ、この際にも、単純に商品名を検索するように誘導すれば反応率が高まるというテクニカルな反応ではないことに注意する必要がある。前提として、顧客が共感できる広告メッセージがあり、そのメッセージと一貫したネーミングが記憶に粘りつくからこそ、あとで検索することになる。

たとえば、「天使のはね」というネーミングのランドセルがある。その絶妙なネーミングは、一五秒のコマーシャルで得られる情報よりも、もっと詳しく知りたいと思わせる「問い」として機能する。しかも、「六年間のやさしさ」という殺し文句《タグライン》により興味を高められるからこそ、買い手は自然に、「天使のはね」というネーミングを検索の小窓に入れることになる。これが社名の株式会社セイバンだったら、残念ながら、どんなに誘導しても検索にはいたりにくいのである。

CEOがCNOを兼ねる時代

これまでの考察をまとめると、本質的にネーミングとは、企業や商品が持っている詳細情報を引き出すための「問い」である。そして「問い」と「答え」との間に生じる緊張感が、「タグライン」によって最大限に高められ、エンジンのシャフトを動かすように、検索動機を高めていく。喉が渇けば蛇口をひねるように――知識社会では、商品や企業について知りたくなれば、買い手は真っ先に検索エンジンという蛇口をひねるのである。そして、その渇望を生み出す世界のはじまりには、ネーミングがある。

効果的なネーミングを見いだした場合、検索エンジンの小窓は、極小かつ無償の広告枠になったと考えることもできる。その無償の広告枠に、カテゴリー名ではなく、あなたの商品名が入れられるとき、競争で血みどろのレッドオーシャンで泳ぐか、ひとりで悠々とブルーオーシャンで波乗りするかが決定する。それゆえに、ネーミングの事業戦略上の位置づけは極めて高い。

このようなネーミングに対する戦略的優先度は、今に始まったことではない。ブランド企業は、当然のようにやってきたことだ。化粧品会社や自動車メーカーは、新製品のネーミングを考えるのに、数千もの候補をつくりあげる。なぜならネーミングの善し悪しで、売れ行き、収益率が異なってくることを痛いほど知っているからだ。また、かつて長者番付が公表されていた頃、毎年、納税申告額が実業家トップであった銀座漢方研究所の斎藤一人氏の最も重要な仕事は、神社仏閣めぐりをすることと、商品名を考えることだったという。

知識社会においては、こうしたブランド企業がやってきたことを、すべての企業が求められる時代になってきている。冗談ではなく、CEO（最高経営責任者《チーフ・エグゼクティブ・オフィサー》）は、

CNO（最高ネーミング責任者《チーフ・ネーミング・オフィサー》）を兼ねる感性も持ちあわせなければならなくなるだろう。

【第3原則】 自己投影型消費を支える物語

さて、ネーミングが「問い」であり、その「答え」を探すために検索動機が高まることはわかったと思う。このプロセスによって、買い手は商品や会社に注意を引かれる段階から、興味を高める段階までたどりついたことになる。

それでは、この興味を、その会社あるいは商品への共感にまで高めるためには、どうしたらいいのだろうか？

結論から言えば、それは検索された先に、買い手が共感できる物語が展開されなくてはならない。このように言うと「困難を乗り越えた感動的なストーリーを語れ」というテクニック的な話と勘違いされる。たとえば、究極の味を求めつづける物語が、筆書き文字で飲食店の看板に書かれていたり、特定の顧客層に共感を持たれるキャラクターを中心に商品が開発されていたり……。そのような物語をつくるのも、もちろんテクニックとしては有効であるが、そこに真実味が感じられなければ、同じ映画を何回も観ることがないように、すぐに飽きられてしまう。

営業せずとも、顧客が集まる事業に共通するのは――ことさらに語るわけではないのに、そこにリアルな物語が感じとれる点だ。彼らの物語は、ハリウッド的な商業主義によってつくられた、ハッピーエンドが用意されている物語ではない。大きな世界観に突き動かされた結果として、現在進行中で紡がれている物語である。

彼らのウェブサイトでは、実にさまざまな世界的難問に立ち向かっていることが明らかにされている。アヴェダは、気候変動対策や廃棄物ゼロ運動をはじめとした数多くの非営利団体に助成金を支給。スターバックスは、環境、社会、経済に関する責任を担うコーヒー豆の供給者を優先的に選び、プレミアム価格で豆を買い取る。パタゴニアは、温暖化する地球上で野生動物が生き延びるために、野生のコリドー（移動経路）の設立を目指している。キッザニアは、そもそものビジネスの成り立ちが、「責任を持った行動と創造的な知識を学ぶ」というヴィジョンにもとづいた社会起業であり、共感した多くのスポンサー企業を獲得している。

これらの事業に共通するのは、困難な問題の解決に向けて企業がリーダーシップを発揮できるという物語が、理念から商品づくり、販売にいたるまで一貫して流れていることだ。

いったいなぜ物語が必要なのか、そしてまたなぜ、それが企業の本質に根ざさなければならないのか？　その理由は、知識社会においては、消費の動機、あり方そのものが大きく変わってきているからである。

消費インセンティブの変化

今、企業を乱暴に二つに分けるとすると、ひとつは利益を出すことが目的であり、その余力として社会貢献するというタイプ。もうひとつは、世界的難問を解決することが目的であり、利益はその条件とするタイプとなる。

この二つのタイプの善し悪しを、道義的な観点から述べることもできるだろうが――それとは別に注意を引きたいのは、ここ数年で、消費インセンティブが大きく変化した結果、後者の企業に明らかに追い風が吹いているという現実である。つまり純粋にマーケティング的観点から言うならば、買い手を魅了する企業になるためには、「株主様のために」「お客様のために」というより、「地球のために」と言っているほうが有利であるということだ。

その理由は、現在の買い手は、「より豊かな生活のために買う」のでも、「自分をよく見せるために買う」のでもなく、「本当の自分らしくなるために買う」ようになってきているからである。私はそれぞれの消費のパターンを、「生活付加価値型消費」「自己顕示型消費」「自己投影型消費」と呼んでいるが、今はまさに「自己投影型消費」の時代になったと言ってもいい。

それぞれの消費の違いは、景気後退期にどんなものが売れたかを見ると、特徴がつかめる。一九七〇年代の不況時には、赤やオレンジをはじめとした派手な色の冷蔵庫や炊飯器が大ブームになった。一九八〇年半ばの景気後退期には、ＢＭＷやメンズＤＣブランド、そしてＩＴバブル崩壊後の二〇〇一年にはエルメス銀座店で行列ができるなどが話題になっていた。

このように景気後退といっても、売れるものはあるのであり、その売れているものは、むしろ次の消費トレンドの前兆を示す。カラフル家電のブームは、八〇年代の「おいしい生活」が象徴する生活付加価値型の消費の前兆。ＢＭＷ等の外車ブームは八〇年代後半の自己顕示型消費の前期（バブル消費）、そして二〇〇一年のエルメスは、その後のブランド旗艦店出店ラッシュに象徴される自己顕示型消費の後期（セレ

図表3-2｜マズローの欲求段階仮説と消費パターンの変化

進化する消費を理解する

マズローの欲求段階	キーワード	消費パターン	景気後退期と売れた商品
自己実現	創造性、倫理感、問題解決	自己投影型消費【物語消費】	2008年末：サブプライム問題 高級美容クリーム
自己承認	自信、達成、尊敬	自己顕示型消費（後期）【セレブ消費】	2000年：ＩＴバブル崩壊 エルメス銀座店前に行列 ブランド旗艦店出店ラッシュ
		自己顕示型消費（前期）【バブル消費】	1985年：円高不況 ＤＣブランド、ＢＭＷ、毛皮
所属と愛	家族、友人、恋愛	生活付加価値型【「おいしい生活」消費】	1973年：石油ショック カラフル家電
安全	身体の安全性、職業の安定性	生活充足型消費	※高度成長期にいたるまでの消費活動
生理的欲求	食糧、睡眠、セックス		

ブ消費）への前兆だ。

そして現在、二〇〇八年から始まった不況では、一〇万円以上もする高級スキンケア化粧品が売れている。ブランド品で自己顕示するのではなく、内面から自分らしくなる。本当の自分になるための投資は惜しまない。

これはマズローの欲求段階説と組み合わせて考えると、わかりやすいだろう（図表3－2参照）。生活に必要なものは充足し、その後、拝金主義成功者たちの醜態ぶりを見て、自己顕示願望もなくなったあとに、最後に残った願望が自己実現である。つまり自分らしさを追求する願望をベースとした新しい消費形態が本格化してきているとも言える。

それでは、自分らしさを追求し、本当の自分になるためには、どうすればいいかと言えば――このとき重要になるのが物語なのだ。なぜなら物語は、その主人公に自分を投影することによって、主人公と同じ成長を体験することができるからだ。たとえば、映画が終わるまでに、弱虫だった青年は強敵を倒せるほど強くなる、または垢抜けない少女は恋を勝ち得てハッピーエンドになるのだが、観客はその主人公に自分自身を重ね合わせることを通して、現実を生きていく知恵と力を得るのである。

自己投影型の消費とは、まさに未来において、本当の自分になるために、投影できる物語を持った商品や企業を応援することだ。その商品を購入することによって、可能性と明日への活力が生まれると言い換えてもいい。

もちろん全員が全員、このレベルの消費をするのではない。当然のことながら、生活充足しなければならない場合も、自己顕示することが必要な場合もある。だから、「大幅値下げ！」「年収二〇〇〇万円、即ゲット！」といった欲望に訴えるアプローチもいまだ有効である。しかしながら、時代のトレンドを考えれば、そうした古典的なアプローチでは一時的に成功することが限界であり、長期的に安定したビジネスモデルをつくるのは困難である。富裕層、感性の高いクリエイティブ層、女性、若者といったトレンドをつくりだす層は、急速に「自己投影型消費」にシフトしはじめている。その結果、まったく経済・消費の概念が変わってしまうのは時間の問題である。

物語のベクトルの共有

次に重要な問いとなるのは、「どんな物語に、新しい買い手は自己投影するのか？」

図表3-3　自己投影される物語の三重円構造

個人の幸せを社会の幸せとつなげたとき、
グローバル市場を生み出しやすい

である。なぜなら、その物語に共感することから、買い手は会社や商品に興味を高め、そして未来の自分にとって必要だと確信し、購入にいたるからである。

自己投影される物語の構造は、図で示したほうが、わかりやすいだろう。

図表3－3が示すのは、非常にシンプルな原則だ。買い手が本当の自分になるために歩むべき道を、すでに企業が歩んでいる場合、そこには共感が生まれ、自己投影が始まる。買い手は、自分が進もうとしている道を言

葉で説明できるわけではない。誰も理解してくれない、ひとりぼっちの自分の想いを、すでに言葉に、そして形にしてしまっている企業に出合ったとたん、「そう、そう、こういうのを探していたんだ！」と共感することになる。

そして企業が歩んでいる道と、地球全体が歩まなければならない道が一致すると、その企業は実に多くの人に共感されることになる。なぜならば、多様な価値観を持った買い手が多くなる中で、誰からも支持される、説得力のあるグローバルな物語《ヴィジョン》を唱えた企業は、まず国境が曖昧なウェブ上で話題になり、その後、リアル市場で支持者を増やしていくからである。

この三重円のベクトルを一致させるうえで、環境関連の事業は最強のストーリー素材だ。そこには多様な顧客、そして社員が自己投影するのに十分に大きな世界観があり、またコミットしなければならない緊急性があるからである。その他に説得力のあるストーリーを描くことができる分野は、ＡＩＤＳ等の疫病、貧困、食糧問題、障がい者に対する支援、伝統・文化の尊重、地域性の復活、女性性の尊重等。つまり、世の中をよりよくするためのすべての分野である。

このように記述すると、人道的に行うべき活動を、利益追求の手段と考えているのではないかと誤解する向きもあろうが、私の意図は逆である。今までビジネスの世界では、社会貢献を語ることは青臭いと見られる傾向が強かった。金融機関と話しても、「理念、理念という経営者に限って、利益を出さない」と社会貢献を声高にアピールする経営者を斜めに見ることが多かった。

私が言いたいのは、偽善で社会貢献することがマーケティング的に有利だということではない。事実、環境への貢献をマーケティング・メッセージに入れることは、「グリーンノイズ」と呼ばれはじめ、反応も落ちはじめたことが指摘されている。企業の社会に対する姿勢を、説得力ある、一貫性ある物語にまで昇華すること。体裁をつくろっただけではだめなのだ。重要なのは、真に青臭い理想を語り、実行しつづける経営者でなければ、利益も生みにくい時代にようやくなってきたということである。

今までビジネスにはさほど縁がなかった「物語」であるが、自己投影型消費が高収益を生むようになる時代では、企業活動の中核に世界観を伴った物語が必要になる。言い換えれば、ビジネス自体が、世界を舞台にした良質の物語として構成されなければならないのである。そして、それは企業活動のあらゆる分野において一貫性を保たなければならないために、ビジネスパーソンは、今までとは別種なスキル、シナリオ構成や物語を語る《ストーリーテリング》スキルが必要となるのである。

『ハイ・コンセプト「新しいこと」を考え出す人の時代』（邦訳・三笠書房）で全米ベストセラーになったダニエル・ピンク氏は、「（これから必要となる人材は）ビジネススクールでＭＢＡをとるのではなく、アートスクールに行ってＭＦＡ（Master of Fine Arts、美術修士）をとる」と言っている。そのようなスキルは未来のものではなく、すでに今、求められはじめている。

【第４原則】物語にスムーズに入り込める導線

優れた物語の展開には、共通点がある。

あかがね色の本を読んでいるうちに、物語の中の登場人物になっているミヒャエル・エンデの『はてしない物語』。白うさぎの縦穴に落ちて、ファンタジーの国に迷い込むルイス・キャロルの『不思議の国のアリス』。衣装だんすに入っていくと、雪に覆われた真夜中の森の中に立つことになるＣ・Ｓ・ルイスの『ナルニア国物語』。

どの物語も、主人公が日常の世界とは異なる世界に吸い込まれていって、人間として成長していく。それと同時に、読者は自分を主人公に重ね合わせて、心の中で成長を遂げていく。

物語に吸い込まれる――これと同じことが、営業せずとも顧客が集まる事業では起こっている。ネーミングに注意を引かれ、タグラインで興味が高まり、答えを探そうと検索エンジンに入力したときから、今までとは違った新しい世界が始まる。大切なことは、すぐに物語の世界に入り込めることである。たとえば、東京マラソンの場合には、すぐに抽選に応募ができた。そして、その結果、すぐに友人たちも物語に入り込み、非日常の世界が始まっている。

東京マラソンだけではない。営業せずとも顧客が集まる事業については、検索したあとには、途切れることなく、新しい世界へと繋がっていく。

フライタークは、何百種類もあるバッグを世界のどこにいてもスイス工場から取り寄せることができる。まるでスイスの清々しい空気までも運ばれてくるような感覚だ。iPhoneを販売するアップル社では、ウェブサイトでiPodをオーダーすれば、好きな文字を刻印してくれる。さらにプロダクトレッドという公式ストア限定機種を購入すれば、売上の一部がAIDS、結核、マラリア等の疫病対策に寄付される。パタゴニアでは、ウェブ上でサーフィンアンバサダーと呼ばれるサーフィン界のグルが何人も紹介され、パタゴニアを着ることで彼らと同じ世界に住みはじめた気分になれる。

このようにウェブが新しい世界への扉になっているのである。

新しい世界では、境界線が曖昧である。スキンケア化粧品会社がスパメニューを提供し、食材会社が布製バックやTシャツを売り、そして衣料品会社が、環境問題に関する講習会を開催するといった具合だ。つまり、単純にその事業のメイン商品だけではなく、カテゴリーを超えて物語関連商品が広がっていく。

このような話は、「ウェブサイトで直接買えるようにして、関連グッズをそろえればいいんだな」と表層的に理解することもできる。しかし、実際に、この現象から読みとらなければならないことは、売上を少しばかりあげるための単純な工夫ではない。

底流で起こっていることは、知識社会における買い手の購入プロセスの大変革である。この大きな流れを把握し、今から対応策の準備を進めていないと、現在の営業体制は、ほどなく時代遅れになるにちがいない。そこで今後、営業の現場がどう変わりつつあるのか、現在進行形の姿を簡単に触れておくことにしよう。

「そのうち客」が消滅。「今すぐ客」ばかりに

水道の蛇口さながらに、情報の蛇口がはりめぐらされた結果、営業において何が一番大きく変わったかと言えば、買い手がギリギリまで売り手に接触しなくなったことだ。

以前ならば、何かほしいものがあれば、購入判断をするために売り手に接触しなければならなかった。売り手が一番、商品情報を持っていたからだ。ところが、今や情報は、検索エンジンの蛇口をひねれば出てくる。

たとえば、車を購入するなら、カタログ請求しなくても、ネット画面上のPDFですぐに見られる。YouTubeに行けば、自動車評論家の試乗レポート、全世界のメディアの最新報道が映像ですぐに見られる。つまり商品情報は、営業マンにコンタクトするよりも、ネットで調べたほうが格段に詳細な情報が得られるのだ。

その結果、わざわざ売り込みをかけられるリスクをおかして、売り手に身分を明かす必要がなくなった。売り手側にとってみれば、少し考えてみてから買おうという「そのうち客」がいなくなって、「今すぐ客」ばかりになってしまったのだ。これは、一見、売り手にとってはいいように思えるが、実際には、「今すぐ客」を集めること自体が難しいので、何も対策をとっていない事業では閑古鳥が鳴くことになる。以前

であれば、カタログ請求者に営業努力することもできたのであるが、今や努力のしようがない。

このことをマーケティング用語で説明すれば、購入プロセスが、古典的な「ＡＩＤＭＡ」から「ＡＩＳＡＳ」に変わっているということになる。ＡＩＤＭＡとは、買い手は購入にいたるまでに、「注意（Attention）」「興味（Interest）」「欲求（Desire）」「記憶（Memory）」、そして「行動（Action）」という順番を経るという考えだ。このプロセスでは、「興味」→「欲求」→「記憶」→「行動」という購入に関わる多くの部分で営業マンの努力が活かされた。

ところが、今購入プロセスは、ＡＩＳＡＳ――「注意（Attention）」「興味（Interest）」「検索（Search）」「行動（Action）」「共有（Share）」となる。つまり前に述べたように、「検索」が購入判断の真実の瞬間になるのであるが、この場合、営業マンが今まで最も力量を発揮できた商品説明の部分は、検索エンジンという機械《ロボット》によって代行されてしまっている。

この変化に応じて売上をあげていこうとすれば、買い手が売り手に接触する以前の検索段階で、売り手は影響力を発揮しなければならない。つまり商品流通戦略よりも、情報流通戦略がカギになってきているのだ。

影響力をめぐる競争

情報流通を自社に有利になるようコントロールするには、どうすればいいのか？まず検討していただきたいのが、動画コンテンツの流通である。知識社会が本格的に成長しはじめるのは——ラジオからテレビに変わったときに昭和の高度成長期が始まったように——テキストに変わって映像が中心になるときである。すでに現在、動画の流通では、携帯端末、ゲーム端末、ビデオオンデマンドをはじめとして、さまざまなメディアが急拡大している。この際に、購入判断に必要な情報がまとまっている映像があれば、一気に影響力は高められる。

一例を挙げよう。あるダンス講師が、自作のデモ映像をＹｏｕＴｕｂｅにアップした。デジタルカメラに三脚を立て、一〇分で収録した極めて簡単な映像だ。当初は何も起こらなかった。しかし数週間後、異変が起きた。今まで日に数人しか見なかった映像に、数百人、数千人が殺到しはじめた。いつの間にかＹｏｕＴｕｂｅのおススメ画像にピックアップされていたのだ。訪問者数は爆発しつづけ、三週間で一〇万人、三ヵ月で五〇万人、一年後には一七〇万人を超えた。それまで無名であったダンス講師は、一年も経たないうちに、日本よりも先に世界で著名になり、彼女の公演には海外からもファンが駆けつけるようになった。まさにＹｏｕＴｕｂｅシンデレラの誕生である。

このように映像は、たった一〇分の仕事でも拡大再生産を繰り返し、大量の顧客を集めはじめる。これを営業マンが応用するには、どうすればいいのか？

まずは、今までの提案の中身をより良質なコンテンツにレベルアップし、セミナーを開催する。そのセミナーを映像に収録・編集して、自社のウェブサイトや動画サイトにアップしておく。

もちろん、この作業で、あなたもＹｏｕＴｕｂｅシンデレラになれるわけではない。しかし、そのプロセス自体に大きな副産物が生まれるのだ。なぜなら、今までの一対一の提案営業を、一対一〇〇のセミナー営業に切り替えることができるからである。そしてセミナーに集まった見込み客に対して、その後、購入意欲の高さに応じて個別営業をかけたり、ニュースレターやイベント案内で継続的に営業したりすれば、全体としての営業精度を飛躍的に高めることができる。

また、そのセミナーを映像化すれば、一対一〇〇〇の営業も可能になる。動画サイトにアップしておけば、見込み客はいつでも、あなたのプレゼンテーションを目にすることができる。しかもセミナー内容を書籍として出版した場合には、営業マンが先生と呼ばれることになり、営業をかけるたびに受講料が発生していく可能性がある。

「営業マンに出版なんかできるはずがない」と思われるかもしれないが、書店のビジネス書コーナーに並んでいる本をよく見てみれば、考えが変わるだろう。時代は変わり、今や無名の著者の本が毎月のように出版されている。ちょっとしたパーティに行けば、名刺代わりに自著を渡されるということも特別なことではなくなってきている。

こうなると、今までの顧客獲得コストという概念がひっくり返る。顧客を獲得するためにコストがかかるのではなく、その獲得プロセス自体から利益があがるために、極めて優良なビジネスモデルを構築することができる。

この変化は、予備校の講師に重ね合わせてみるとよくわかるだろう。以前、予備校講師にとって、受講生の数は教室の大きさに限られていた。しかし次第に教室は大教室化し、今ではネットで講義が全国で受けられるようになった。その結果、ひとりの講師が何万人にも教えられるようになり、カリスマ講師なら年収五〇〇〇万円から一億円をあげられるようになった。それと同じ状況が、カリスマ営業マンにも可能となる環境が整いはじめている。

次に検討したいのが、購入判断のための、信頼性が高く、権威ある情報の発信である。情報民主化が進んだ結果、買い手は、売り手からの情報提供に限られることなく、商品情報を入手できることになった。これは自由であると同時に、不自由である。

というのは、買い手は、自分が何を求めているのかわからなければ、買うものを選びようがない。本当の自分を探しているわけであるが、本当の自分が何者なのかもわからない。そこで「何を買うべきなのか?」「自分とは何者なのか?」に関する判断基準を与えてくれる情報を、今度は探すことになる。

そのように不透明なままネット空間に漂うと、そこには、あまりにも多様な、あまりにも矛盾した情報が多い。そこで信頼できる情報源を求めることになるが、それには二つの方法がある。

ひとつは、専門家の意見を聞くということだ。第三者が専門家と認める立場の人からの情報はそれだけで、他のソースがはっきりしない情報より読む価値がある。そのニーズをつかんだのが、専門家が情報提供やナビゲートを行う総合情報サイトＡｌｌＡｂｏｕｔだ。広告事業をメインとして発足。サイトオープン五年で、売上二〇億円を超え、ジャスダックに上場した。専門家によるおススメ商品は、何を買っていいのかわからない買い手を、そのまま購入に直結させる。ＡｌｌＡｂｏｕｔが抱えた専門化集団は、こだわりの商品をお薦めするのに適役だった。そこでＡｌｌＡｂｏｕｔは、二〇〇六年から、「スタイルストア」をネット上で開業。広告事業に並ぶ大きな柱になると期待している。

もうひとつは、専門家を集めるのではなく、専門家を養成してしまう方法である。具体例としては、日本ベジタブル＆フルーツマイスター協会が挙げられる。同協会は「野菜のソムリエ」として知られるベジタブル＆フルーツマイスター認定制度を立ち上げ、短期間で非常に安定的な事業モデルを構築した。受講料一〇万円の講座に、二万人を超える受講生が集まっている。これは食生活に関する情報が氾濫する中で、科学的根拠に裏づけられた栄養情報を学ぶための講座であるが、そこに集まった二万人が食生活に関するインフルエンサーになっていく。つまり認定制度を立ち上げたことによって、インフルエンサーの集団を短期間につくりあげることができたのである。

その影響力は、業界地図を塗り替えるほどである。同協会は、複数の大手食品メーカーと商品を共同開発しはじめている。それは協会マークがつけば、二万人のヘビーユーザーを抱えられるからであるが、マーケッターの視点から見れば、数百年の伝統を持つ大企業が、立ち上げ一〇年に満たない団体の信頼性を頼ることになったと言っても過言ではない。

このように知識社会においては、情報を効果的に流通させるために、知識を体系化して伝える力が買い手に対する大きな影響力を及ぼす。そこで信頼性が高い購入判断基準をわかりやすく教えられる学習コンテンツを、どれだけ良質につくり込めるかがポイントになってくる。

そうした良質なコンテンツは、映像がどこでも取り出せるようになる新しい時代の風に乗って、広く伝播されていく。まさに綿毛がついたタンポポならぬビジネスの種が、遠くまで飛んでいき、花を咲かせられる時代なのである。

【第5原則】 サブエピソードを共有する場

物語に入り込んで、自己投影をした顧客はどこに向かうのか?

物語の主人公に重ね合わせているのだから、そこには観客、もしくは共演者がいなければならない。そこで必然的に、物語を周りと共有しはじめるのである。東京マラソンへの抽選応募後、私が早速、何人もの友人を誘ったのはその典型的な行動である。顧客は、商品の利用を通して、今度は自分自身の個人的な物語を展開していく。その結果、メインストーリーに関連した、顧客一人ひとりのサブエピソードが生まれるようになる。

これはネット時代の強力なマーケティングのテクニックである。なぜなら、サブエピソードが次々と生まれるということは、その商品に関する極めて記憶しやすい情報がいたるところで溢れ、語られはじめるということだからである。その最適な例のひとつとして、ホンダのスポーツカーNSXのブランディング戦略が挙げられるだろう。このスポーツカーは、すでに製造中止になっているにもかかわらず、世界中にファンが多く、今もって季刊のニュースレターが発行され、サーキットでのイベントが毎年開催されている。

ニュースレターには、不定期ではあるが、NSXのオーナーのサブエピソードが紹介されることが多い。二〇〇八年の一〇号では、四〇万キロを走ったオーナーのインタビューが掲載されている。座席が擦り切れた愛車を前に、ＮＳＸとともに過ごしてきた日々を語るオーナーの目にはうっすら涙が滲んでいる。それは、まさに商品とともに成長してきた物語の主人公の姿だ。

このようなエピソードを読み、感動したオーナーたちは、またそれぞれのエピソードを語り出す。何百、何千ものエピソードが紡がれながら、全体として大きな「場」が形成される。そして、その「場」に触れた人々は感化され、「いつかＮＳＸに乗りたい」と思いはじめる。

最も簡単に表現した場合、ブランドとは、熱心なファンの数であることを踏まえれば、サブエピソードの収集は、知識社会でブランドを構築するための最短・最適な方法だ。しかしそのサブエピソードは、メインストーリーが良質でなければ生まれない。

そもそもＮＳＸは、ホンダの創業者・本田宗一郎が開発したスーパーカブを超える車をつくるという夢を形にしたものだ。当時、Ｆ１で連戦連勝を果たしていたホンダが六年の歳月を費やしてつくった車であり、公表されたときには、世界のスポーツカーを過去のものにするほどの革新技術が、モータージャーナリストの度肝を抜いたと言われている。その開発秘話は『小説ＮＳＸ』と題した小説にもなったほどだ。このようにメインストーリーの軸がしっかりしていると、サブエピソードが次々と語られるようになるのだ。

ブランドを重視する事業は、当然のようにエピソードを集めている。たとえば、ナイキについては、「NIKE＋とアナタの素敵なストーリー」と題してユーザーのさまざまな物語を募集。銀河高原ビールは、「銀河高原ビールに出会ったエピソード、大募集！」という企画を実施。そして、パタゴニアは、「ストーリーを語ることで人々に影響を与えることができ、また地域社会での問題を明確に、詳細に提示することができる」と明言し、環境エッセイをサイト上に掲載している。

このようなサブエピソードを集めることは、自己投影消費の社会においては今後、自然な流れとしてますます多くなっていくだろう。サブエピソードが語られるにつれて、ネット空間でもライブ空間でも、あなたの商品そして会社について語られる機会が増えていく。その物語が広がって形成された「場」こそ、私が、衝動的に「東京マラソン」を検索してしまった背景だったのである。つまり、それは単なる衝動ではなく――広がった物語の世界に触れることによって生じる――必然だったのである。

図表3-4｜知識社会のビジネスにおけるマーケティング新五原則

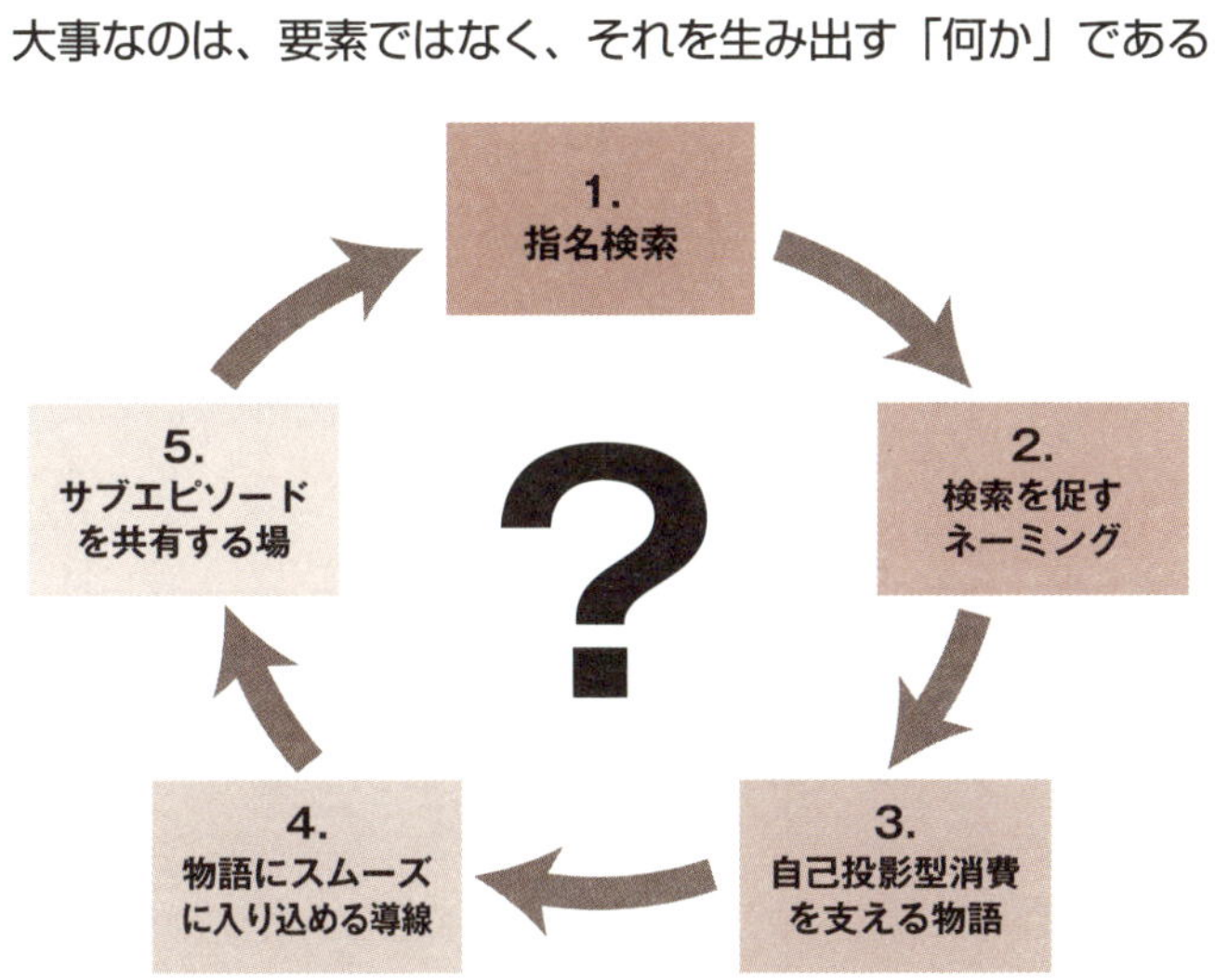

以上、営業しなくとも顧客に選ばれる事業に共通する五つの原則を探ってみた。

第3章の内容をイラストでまとめてみると、図表3－4のようになる。

1. 知識社会において、購入を判断する真実の瞬間には検索がある。

2. 収益をあげるためには、指名検索されるような事業でなければならない。そのためには記憶に残るネーミングが重要となる。

3. ネーミングは、その背景にある物語を「答え」として引き出す「問い」である。
4. 会社や商品が持つ物語は、買い手が自己投影できる内容でなければならない。
5. 企業は、自己投影した顧客がサブエピソードを共有する「場」を用意しなければならない。
6. その「場」に繰り返し触れた新たな買い手は、購入に向けて機が熟したときには、衝動的に指名検索することになる。

このように並べて書いてみると、「風が吹けば桶屋が儲かる」といった無関係なもの同士を結び合わせたような印象もある。しかし、それと大きく違うのは、それぞれがまったく別の事象で相互独立しているように見えながら、すべては、その中核に位置している本質が、必要に応じて形を変えて現れたものであるということだ。

それでは、中核にあるものとはいったい何なのか?

答えは、次章でお伝えしよう。

――4 出典：財団法人インターネット協会監修『インターネット白書２００８』インプレスR&D

第4章

全脳思考モデル

──クイック・スタート

真空の力

人が集まる中核にあるもの——それは真空である。

東京の中央に皇居があり、ニューヨークの中央にセントラルパークがあり、ロンドンの中央にハイドパークがあるように、都会の喧騒が渦巻く中央には静寂をまとった真空がある。

そこには何もないのに、何かに満ちている。すべてが欠けているのに、すべてを集めている。自らは変化しないのに、変化を起こす源になる。普段はそこにあることすら忘れられているのに、圧倒的な存在感を放つ厳粛とした空間。

その真空が——知識社会における事業成長の五原則の——中核にある。

見えるのは、周縁に位置づけられている具体的な「原則」だ。そのひとつひとつをチェックリストのように満たしていけば、うまく事業が組み上がるように思える。しかし周縁にある個々の原則は、すべて真空が形を変えたもの。影響力は、中央に横たわる真空から放たれている。だから表面に見えている原則を真似しただけでは、その本質を手にすることはできない。

しかし時として、深く考えられた言葉の光が真空に穴をあけ、その力を解放する。するとー瞬にして、誰もが想像すらできなかった、新しい世界が出現する。

たとえば、「東京がひとつになる日」という一〇文字の言葉。

この言葉を聞いたときに、人々はどんな光景を見るだろう？　どんな音を聞くだろう？　どんな感情を想い起こすだろう？

それまでには感じたことのなかった新しい世界。準備する者、応援する者、走る者が別け隔てなく集う。都会ではすでに失われていた一体感が、突如として、ビルの谷間に立ち現れる。

たとえば、「Yes, We Can.」という歴史を変えた三語の言葉。オバマ大統領の就任に立ち会うため、厳寒のワシントンＤＣに集まった二〇〇万人は、何を見て、何を聞いたのか？　それは単に史上初となる黒人の米国大統領ではなく、彼の就任演説でもない。そこに見いだしたのは、「どんな困難をも乗り越え、生きつづける」という内なる覚悟と新しい米国の姿だった。

真空の力を解き放つ言葉は、生きることが不透明になっている時代に、再生する力をヴィヴィッドに取り戻させる。一人ひとりの中に封印されていた物語を再び溢れ出させる。このように停滞している世界を、よりよい世界に成長・発展させていく言葉は、どのように生み出すことができるのだろう?

ストーリー・ストリーミング・コンセプト(SSC)
――物語を溢れさせる力の源泉

知識時代の事業成長の本質――五原則の中核にある真空――に、あえて名前をつけるならば、それはストーリー・ストリーミング・コンセプト(SSC)となろう。「物語を溢れさせる中核」という意味であるが、それは顧客が自己を投影し、生きる力を取り戻す源泉である。SSCを持った事業に触れたとたん、顧客の頭の中では、新しい自分になる物語《イメージ》が始まる。

SSCは、言葉で表現されることもあるが、言葉ですべてを表すものでもない。それは言葉に加えて、音、光、色彩、温度、匂い、触覚等の、すべてのイメージの集合

図表4-1｜五原則の中核にあるもの――ＳＳＣ

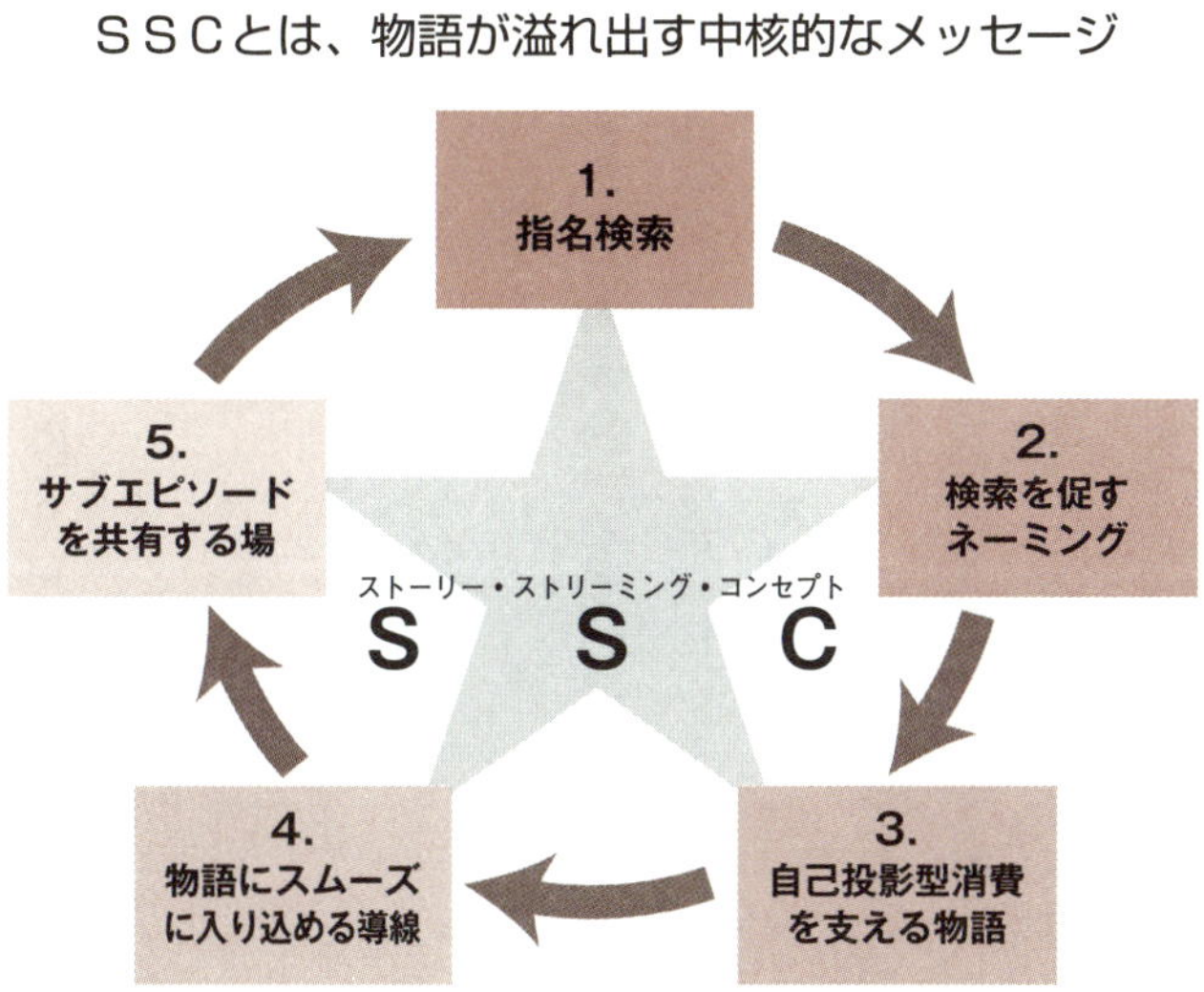

体だ。ＳＳＣがある事業は、関わる者の行動を無理強いすることなく引き出す。一人ひとりの頭の中で、未来に向かう希望のシナリオが描かれるため、自然に行動となって表れる。

「真の美は、行動を伴う」。このメッセージに触れた顧客には、商品に関するイメージだけではなく、自分自身の未来に向けた物語が溢れ出す。その結果、アヴェダの商品を消費するだけではなく、思考と行動が変わり、リサイクルを果敢に行っていく。

「〝最高〟に甘んじない」。このメッセージに真に触れた顧客は、グーグルで検索するたびに、さらに上を目指そうという無意識のメロディを頭の中で聞いている。新サービスを体験するたびに、自分の可能性の広がりを感じ、仕事の現状を打ち破ろうとする。

そしてキッザニアの歴史には、こう刻まれている。


「もう、待てない！」

こどもたちを突き動かす思いは、ひとつの場所だけでなく、あらゆる大陸のさまざま文化に生きるこどもたちの心に宿りました。

「より良い世界を創りたい」

それは、単なる反抗心でなく、理念や責任感にあふれた思いでした。

「ぼくならもっと世の中を楽しくできるのに」「もう、待てない！」

こどもたちの思いは、その時、世界に広がったのです。


このメッセージに触れれば、子供たちが主役となる物語が溢れ出す。その結果、子供たちはキッザニアの空間で時間を消費するのではなく、未来に育つ種を心の土壌に植える。

こうした事業において、顧客は過去に蓄積したものを消費するのではなく、未来に向かって行動・創造することに価値を見いだしている。いったいどうすれば、このように物語が溢れ出し、ポジティブな行動に駆り立てる概念（ＳＳＣ）をつくることができるのだろう？

残念ながら、それはテクニックで生まれるものではなく、意図的に描けるものでもないだろう。おそらくそれは、「アイデアが降ってくる」としか表現できないように、人知を超えたものなのかもしれない。

しかしながら、そのような偶然や奇跡を求めて準備することはできる。土壌を整えておけば、アイデアという種子はそこに舞い降り、自然に発芽・成長しはじめる。結果の違いは、種が降りてくるかどうかではなく、準備を整えているかどうかで決まるのだ。

だからこそ、理想の未来を受け入れるよう準備することが大切。そして、そのためにあなたを最大限サポートするのが、全脳思考モデルである。

全脳思考モデルにできること

全脳思考モデルは、極めてシンプルな一枚のチャートだ。特別な道具や技術は何もいらない。紙とペン、そしてあなたの頭だけで、行動と結果を生み出す良質な思考が始められる。

新しいことを学ぶときの常として、はじめはほんの少し難しいと思うかもしれない。しかし、そのエッセンスは突き詰めるところ、小学校の国語の授業でも教えられていることと同じである。あなたに小学生のお子さんがいるなら、似たような課題を家に持ち帰っているだろう。それだけ単純でありながら、ビジネスに応用した場合、得られるものは大きい。

全脳思考モデルを使うベストなタイミングを知るのは、簡単だ。仕事上で、次のような質問がふと口から漏れたときだ。

「何かいいコンセプトないですかね?」「何かいい企画ないですかね?」

「何かいい解決策はないですかね?」「何かいいネーミングないですかね?」

図表4-2 ｜ 全脳思考モデル活用例（一部）

「何かいい○○ないですか？」が活用の合図

このように「何かいい○○ないですかね？」という質問をしたくなったら、全脳思考モデルの出番である。

知識社会では、こうした抽象的な質問が本当に多くなるのだが、残念ながら、答えは一生得られない。なぜなら、それは「地球を救う何かいい方法ないですかね？」と、あまりにも大きな目的をひとつの質問で解決しようとしているのと同じだからだ。質問があまりに大雑把すぎるので、発想の湧きようがないのである。とくに企画・提案といった創造的課題に対処するときには、思考モデル——すなわち何を、どの順番に考えるかという道筋——がなければ、発想の糸口を見つけにくい。むしろ、「自分はクリエイティブな仕事は苦手だ」と挫折感を強めるばかりになる。

全脳思考モデルは、私の一〇年間にわたるコンサルティング、そして事業経験を通して行ってきた数百件の企画を分析し、うまくいったパターンを図式化したものである。はじめは自分自身の思考の精度と効率を高めるために、個人的に使用していたモデルだ。とくに時間に追われているとき、提案営業のコンセプト、企画書の構成案を考える際に、ほんの一〇〜一五分もあれば、コーヒーでも飲みながらアイデアが生まれてくるので、非常に重宝していた。

しかし、それ以上に効果を実感したのは、クライアントや社員から先ほどの質問——「何かいい○○はないですかね?」と聞かれたときだ。答えを教えてしまっては、いつまで経っても、クライアントがひとりで考えられるようにはならない。そこで私自分が、同じ質問を考えるときに使うモデルを使って、一緒に考えることにしたのである。

すると大きな違いが生じた。こうしたモデルがない場合には、互いに宙を見つめて話をしていた。空気を眺めながら、話が噛み合わない議論になる。ところがモデルがある場合には、お互い同じチャートに向かい、同じ問いについて考え、同じ目標に向かって、同じ段階を踏みながら、議論を進展させることができる。

このモデルを使ってミーティングするようになると、逆にモデルを使わないときに生じていた致命的な間違いに気づくことになった。見えない世界での仕事は、視点が向かう共通の対象がないために、同じ言葉を使っていながら、まったく異なるものをイメージしていることが少なくない。

例を挙げると、クライアント会社が、化粧品のパッケージデザインを大変才能のあるデザイナーに依頼したことがあった。どれも素晴らしい三案をご提案いただいたが、結局、どれも採用にはいたらなかった。理由は、「尖りながらも、洗練されたデザイン」という言葉から感じとるイメージが、担当者とデザイナーとの間でずれていたためである。

また、あるベテラン・ライターは、出版社に出した原稿が全部書き直しになったと嘆いていた。この理由もまた、書籍タイトルから感じとったイメージが、ライターと若い編集者との間でまったく違っていたためである。「同じ言葉を使っていながら、世代が違えば、外国人同士が会話していると考えなければならない」と、ライターは教訓を噛みしめていた。

これは笑い話ではなく、極めて有能なプロたちが繰り返している過ちなのである。膨大な時間を割いてデザイン、文章、プレゼンテーションをつくっても――知識社会では物理的に同じものを見ることができないために――相手が望んでいたものとまったく違うものができてしまうケースが頻発する。工業社会に当てはめれば、大変高価な材料を使って懸命につくった製品が欠陥ばかりになっているということだ。つまり品質管理がほとんどされないままに、「つくっては捨てられ、つくっては捨てられる」という事態を繰り返している。

さらにほとんどのビジネスパーソンは、過去の仕事のパターンを効率的に繰り返そうと考える。一方、経営者は、未来に向かって仕事のやり方を変革することが急務と考えている。そこで何が起こるかと言えば、トップが進みたい方向とは違う方向に、社員が全速力で走り出すのである。トップは「ちょっと考えれば、そんなことわかるだろう」と呆れるが、そもそもインストールされている「考え方のモデル」がお互い違うのだから、当然の帰結である。

考えることがこれほど求められている時代はないにもかかわらず、何をどう考えればいいのかわからない。誰もが懸命に仕事に取り組むものの、考える道筋がバラバラである。そこで意図せず、分裂が起きてしまう。

私は自ら経営者としての仕事をしながら、社員そして関係者全員が思考モデルを共有する必要性を痛感した。良質な思考を生むモデルをインフラとして定着させなければならない。なぜなら第一に、同じゴールを目指していながら、意図しない分裂が起こらないように。第二に、彼らの才能を最大限に生かし、彼らが主人公となる物語を始めるためである。

難解かつ抽象的な議論を、参加しやすい議論に

実を言うと、本書を書いている重要な理由のひとつは、私自身が関連する会社における研修テキストとして使うためである。なぜなら、思考モデルを変えたとたん、社員の思考レベルがそれ以前と比べて一段も二段もレベルアップするからである。

まずは実例を見ていただきたい。

全脳思考によって、具体化された企画（方向性を見いだすまでに必要とされた時間は四〇分程度）

- マインドマップ会議術 → 経験知を引き出すマインドマップ会議術（講座コンセプトの改善）
- 女性エグゼクティブ向け英会話教室 → あなたの未来を共に考える、学びのパートナー『ランシェルジュ』
- クリエイティブ・マネジメント研究会 → 『Creative F1』
- 通勤者向けポータルサイト → 社内ナレッジ検索・知識創造プラットフォーム『魚眼』
- 『フィール・グッド・イングリッシュ』 → 『英語の口ぐせマジック』（書籍タイトル案の改善）
- 『シンプル・ロジカル思考』 → 『ロジカルな落書き』（書籍コンセプトの改善）

・経営者公開講座　→　ブレインスターたちの知的交流広場『マイネクスプラザ』

思考モデルを変えたことにより、企画の具体性がかなり高まっていることがわかると思う。このような見えにくい議論を、短時間で形にするために使っているのが、全脳思考モデルだ。

図表4－3をパッと見てわかるように、全脳思考モデルはイラストとチャートを組み合わせたものだ。イラストを使うことにより、ビジネス経験の有無にかかわらず、誰でも抵抗なく始められる。また何枚ものチャートがあるのではなく、基本的には一枚のチャートだけで全体像が描けてしまう。視点があちこちに飛ぶことがないので、思考が始まったとたんに集中力が一気に高まる。

シンプルなチャートではあるが、内容は深遠だ。スムーズな理解を得ていただくために、段階を追って説明しよう。

図表4－4が、全脳思考モデルの体系図である。どこまで掘り下げるかに応じて、

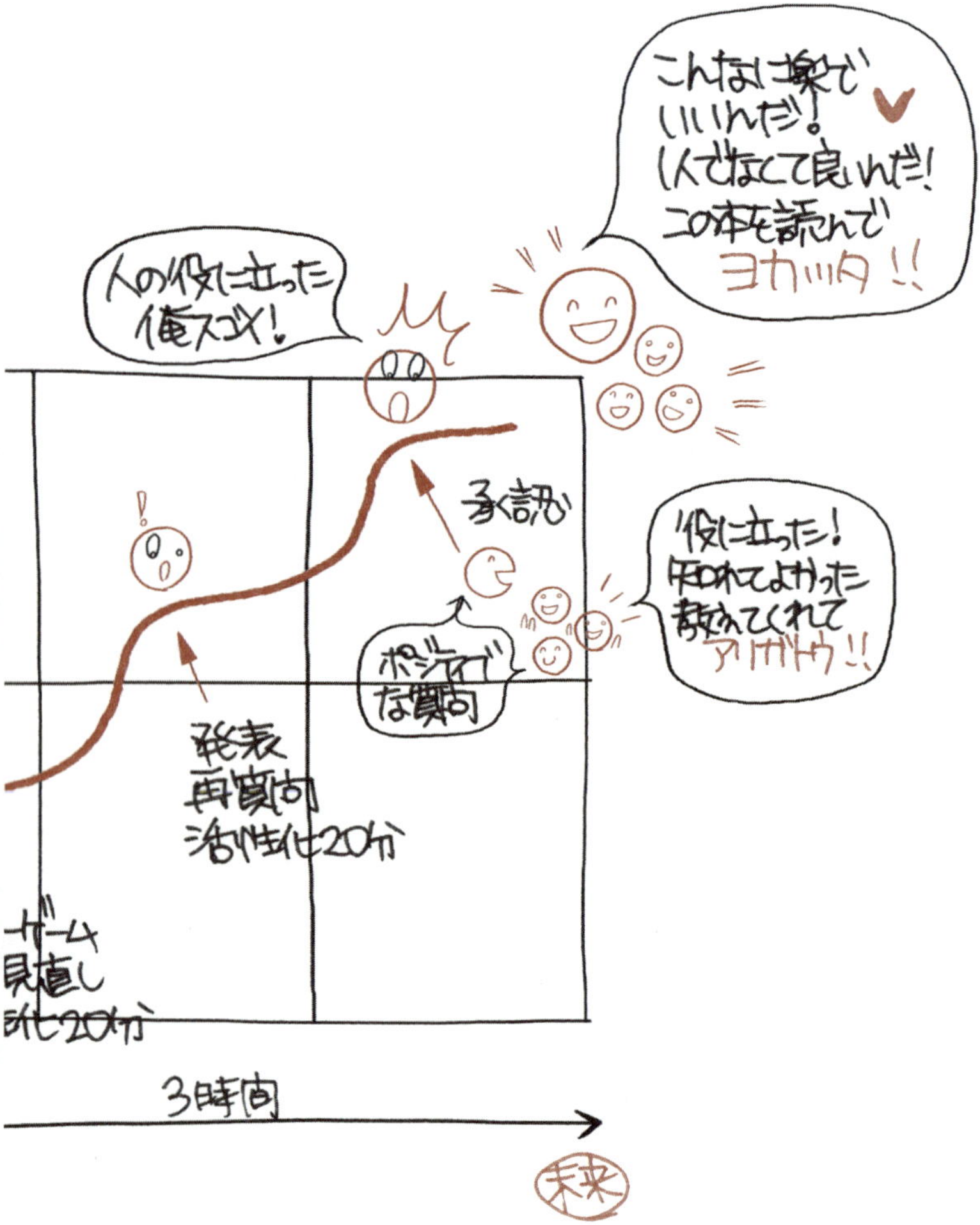
人の役に立った
俺スゴイ!
こんなに楽でいいんだ!
1人でなくて良いんだ!
この本を読んで
ヨカッタ!!
承認
役に立った!
知れてよかった
教えてくれて
アリガトウ!!
ポジティブな質問
発表
再質問
活性化20分
ゲーム
見直し
3時間
未来

図表4-3｜全脳思考モデル・イメージ図

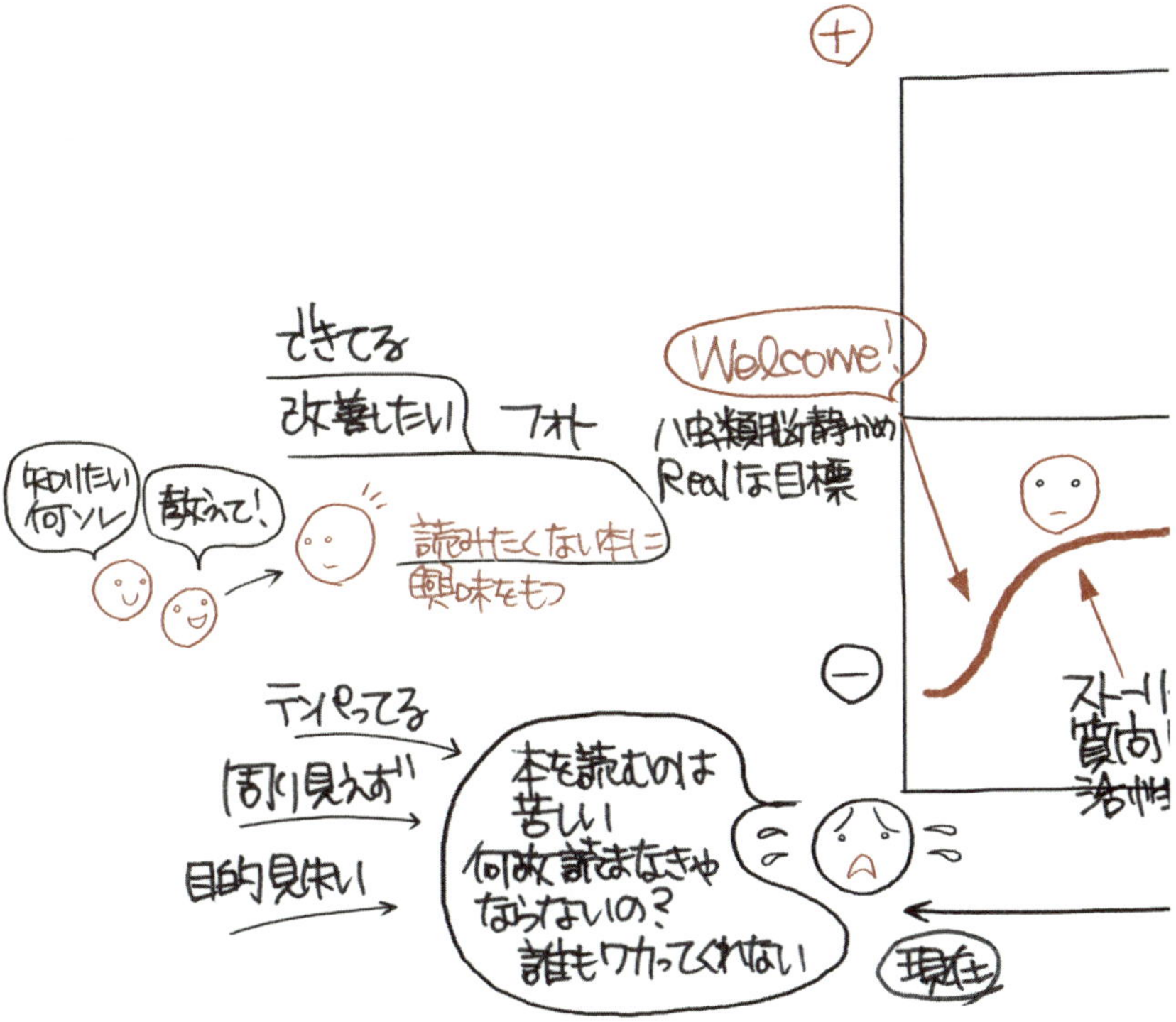

図表4-4 | 全脳思考モデルの体系図

体系として使っても、バラバラに使ってもパワフルな方法論

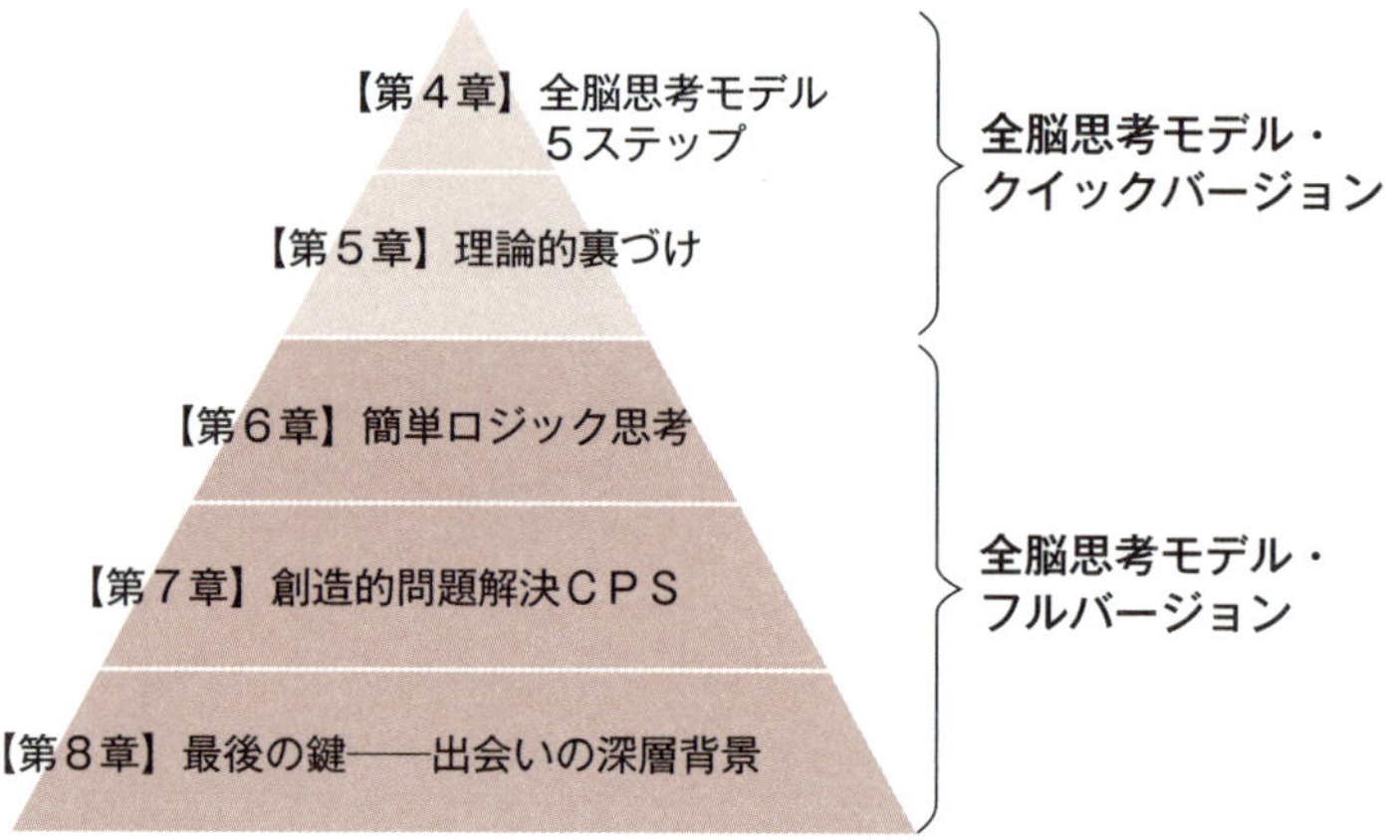

クイックバージョンとフルバージョンがある。

実際には、ちょっとした考えをまとめるような場合にはほとんどがクイックバージョンで事足りる。とくに慣れてくると、ここがポイントだということが直感的にわかってくるようになるので、一五分から三〇分もあれば十分質の高い思考が可能となる。

フルバージョンは、自分ひとりのための思考ではなく、チームを率いるためにプレゼンテーションをしなければならない場合や、また自分自身でさえ驚くような新しいアイデアや世の中に

影響を与えるような企画を生み出したい場合に、非常に効力を発揮する。時間は平均二時間から三時間はかかっているが、しかし時間の流れを忘れてしまうほどに楽しい時間だ。

また第6章から第8章に説明してある内容は、全脳思考モデルの一環として使わなくとも、それぞれがパワフルな方法論である。難しく思えたロジックが実は部屋の片づけと同じくらい自然な作業であること、枠を超えたクリエイティブな発想が実は子供のお絵かきと同じくらい簡単な作業であること、そして人のために働くことが、最も報酬をもたらしてくれることを感じていただけるだろう。

全脳思考モデル——クイックバージョンの5ステップ

それでは、いよいよ全脳思考モデルのステップを共有しよう。より実践的に流れを理解してもらえるように、第2章で取り上げた「クッシュボールの事業計画」を課題として取り組んでみたい。

クイックバージョンのステップは五つである。なぜその順番になっているかについ

図表4-5｜ステップ0　準備

ては、それぞれ論理的な背景があるが、それは次章で解説することにしたい。今はとにかく流れをつかんでほしい。

【ステップ0】　準備

まずは、図表4－5のような横長の長方形を書く。

単純でありながら、このチャートにはビジネスの普遍的な原則が含まれている。縦横のラベルに注目してほしい。横軸は時間、そして縦軸は状態の変化を表す。

事業における、あなたの仕事は次の変化を成し遂げることである。

商品やサービスを通じて、顧客の[*5]「現在の、満たされていない状況《プレゼント・ネガティブ》」を、「将来の、満たされる状況《フューチャー・ポジティブ》」（一二〇%HAPPYになる状況）に変化させること。

この原則には、例外はない。なぜなら、それが成し遂げられなければ、顧客は、期待する変化への対価として報酬を支払うはずがないからだ。たとえば、あなたが今手に取っている本書も同じ法則に従う。仮に二日間で本書を読み終えるとしよう。その場合の私の仕事は、本書を手に取ったときのあなたの満たされていない状況を、二日後に満たされている状況に変化させることだ。

もちろん、あなたは本を読んだ二日後には、ビジネスで大成功しているとは思っていないだろう。しかし、二〇〇〇円を出すことの対価として、「将来、本当の自分になるために必要な情報」を二日後に得ることを期待していたはずである。その期待に十分応えることができなければ、あなたは、すぐに本書を古本屋に出して資金回収に走り、私の本を二度と手に取ることはないだろう。

顧客が支払うのは、期待する変化への対価なので、一時的には、巧妙に期待を吊り上げて買い手を欺くことはできる。しかし、そうした事業は必ず破綻する。とくに情報がスピーディに循環する知識社会では、不評を隔離することができないので、事業が立ち行かなくなるまでさほど時間を要しない。

この原則は、誰でも実行している大前提だろうと思うが、現実は異なる。事業が複雑になればなるほど、すっかり忘れられてしまう。とくに世代によって、ビジネスの第一優先順位は、社会貢献であると教えられたり、利益であると教えられたり、自己実現であると教えられたりしている。多様な価値観が混在している中、事業をスムーズに推進するためには、仕事を進める中で頻繁に、この普遍的な原則に立ち戻る必要がある。

この変化のチャートが、単純な原則を表したものであるにもかかわらず、想像以上に効果をあげるのは、横軸に顧客を満足させる具体的な期限を設定するからだ。たとえば、クッシュボール事業で考えてみると、購入後、いつまでに「期待が満たされる状況」にするのかについて、具体的な期限を設定する。購入してから顧客に変化を感じてもらうまでのリーズナブルな期間が三週間だった場合、あなたはデッドラインに向けて、どうすれば顧客の期待を超えることができるのか、真剣に考えはじめることになる。期限がない思考は、期限のない宿題と同様に、実行は困難である。

さらに付け加えると、このチャートを運用する際には、「将来の満たされる状況」という代わりに、「一二〇％ＨＡＰＰＹになる状況」と言い換えるようにするといい。なぜならば、知識社会における事業の第５原則である〈サブエピソードを共有する場〉をつくるためには、期待を満たすだけではなく、期待を超えることを常に心がけなければならないからだ。

一〇〇％満たされるだけであれば、支払った金額と交換しただけなので、そこに感動は生まれない。わざわざブログに書き込んだり、友人・知人に勧めたりする必要はない。ところが、その商品やサービスを通して得られた体験が自分の期待を大きく上回ったとき、心理学で言う返報性の法則に従って、何かお返しをしようとする。こうした善意の循環が、事業を成長させる行動への原動力になるからである。

【ステップ１】　顧客の未来

ステップ１では、「未来における、顧客の一二〇％ＨＡＰＰＹな状況」を詳細に描写する。作業は大きくわけて二つある。

まず行う作業は、単純だ。チャートの右上に、顧客のＨＡＰＰＹな姿をイラストで描く。絵に自信がなければ、スマイル・マークを書くだけでいい。

ただ大事なのは、「自分は、この事業を通して、いったい誰を喜ばせたいのか？」と問いながら、イラストを描くことである。**ぼんやりと考えながら、あなたが喜ばせたいと思う、特定の人を思い浮かべる。**

商品や事業と直接的な関連がないように思えても、この人が購入してくれたらと想像するとワクワクする人を探してみよう。「ワクワク」いう快の感情にスイッチを入れると、やる気や集中力が高まり、創造性を引き出しやすくなるからだ。できれば、後ほどの作業で詳細なイメージが浮かびやすくなるので、具体的な名前まで挙げてほしい。

逆にやってはならないのは、この段階で抽象的な概念を持ち出すこと。たとえば、マーケティング用語であるＭ２層、Ｆ２層などは持ち出さないほうがいい。なぜなら、多くの人にとっては、その用語を理解することに関心が向いてしまい、具体的な顧客のイメージを浮かべることが後回しになってしまうからだ。抽象的な概念をつくりあげていく作業だからこそ、この段階ではできるだけ具体的な、身体感覚に根ざした思考をしていくのである。

次に行う作業は、イラストに吹き出しをつけて、一二〇%満足している顧客が、その喜びをどのように表現しているかを考えることだ。たとえば、「これ使ってみたんだけど、〇〇〇〇でほんと凄いよ」「こういう会社があるんだけど、〇〇〇〇で感激してね」といった具合である。

ここで重要なのは、顧客の未来の姿を多面的にイメージしてみることだ。そのためには、次のVAKFMの観点を踏まえると、今まで気づかなかった顧客の立体的な姿がスムーズに浮かび上がってくる。

V（Visual）：視覚。目に浮かぶことを想像してみる。どこで喜んでいるのか？　誰にその喜びを表現しているのか？　それに対して、相手はどんな反応をしているのか？

A（Auditory）：聴覚。耳に入ることを想像してみる。どんな具体的な言葉を言っているのか？　声の様子はどんな感じか？　叫んでいるのか、笑い声なのか？

K（Kinesthetic）：感覚。顧客はどんな感覚に浸っているのか？　胸はどきどきしているのか、ジーンと感動しているのか？　急いでいるのか、ゆったりとしているのか？

F（Fame）：名声。どんな名声・評判を得ているのか？　同僚から一目置かれるようになったのか？　マスコミから取材されたのか？

M（Money）：金銭。どういう富を手に入れたのかを具体的に想像してみる。副収入・臨時収入を得たのか？　昇進したのか？　年収が大幅に増えたのか？

以上のように多面的にイメージを広げることによって、顧客の真の欲求をより深く理解できるようになる。

クッシュボール事業にステップ1を当てはめた場合、チャートは図表4－6のようになる。

この結果は、私が開催した全脳思考モデルの勉強会で、ひとりの参加者が実際に書き入れたものだ。

彼が「喜ばせたい」と思った顧客は、自分の娘であった。娘は小学五年生。受験に

図表4-6｜ステップ1　顧客の未来

備え、学習塾に通いはじめたのだが、勉強の習慣がつかない。その娘が、三週間後、このクッシュボールを手にした結果、一二〇％HAPPYになった状態とは、どんな状態なのか？　彼は、VAKFMによって考えてみた。

V：まずテストの結果が良かったことを、母と一緒に喜んでいる。

A：「頑張ったじゃない」と母に言われている。それに対して、「勉強って、意外に楽しいかも……」とにこやかに応えている。

K：自信がふつふつと湧いてくる。温かな感じが家族中に広がっている。

F：塾の先生からの評価が高まる。

M：（子供なので該当しないが、あえて言えば）誕生日プレゼントのときに、ちょっと高いものをお願いできる？

どうだろう？　次第に顧客の姿が立体的になってきたのではないだろうか？

この段階で大事なことは、顧客を誰にするかという決定と、一二〇％HAPPYになった未来に、顧客はいったい「誰に」「何を」「どのように」言っているかである。

ただし現段階ではすべてが明確にできなくても、なんら問題ない。全脳思考モデルは、ジグソーパズルのように、わかるところから手をつけていけばいいのだ。かまわず、次のステップに進もう。

【ステップ2】　顧客の現在

ステップ1と同じ作業を、今度は「現在」の時点で行う。

まず現在、ステップ1で思い浮かべた同じ顧客は、なんらかの理由で満たされていない。だから、図表4－7のようにその表情を左下に描く。しょんぼりマークでもかまわないが、試しに表情の細かい、充実した絵を描いてみると面白いだろう。

常識的には「イラストなどビジネスに関係ないから、時間をかけないほうがいい」と思われるかもしれないが、実際には、あなたのイメージを絵にしている段階から、顧客の内面を掘り下げる作業が始まっている。絵を描くことによって、普段思いつく以上の気づきが得られるはずだ。

顧客の現在の心境を想像する作業は、説得力あるマーケティングプランを考えるうえで極めて重要である。顧客が現在、抱えている問題点に深く共感できればできるほど、あなたが「この事業を通じて何をすべきか？」という問いに対する背景を明確にし、行動への動機を高めることになるからだ。

この作業も、ステップ1と同様、ＶＡＫＦＭの観点からイメージし、セリフを埋めるところまでやってみよう。

先ほどの勉強会の参加者が考えた例を挙げよう。

Ｖ：宿題が進まず、癇癪を起こしている。どのように勉強したらいいのかわからず、ノートやエンピツを投げ出し、母親との口論が始まる。

A：母から、「まず姿勢を正して。落ちついて、ひとつひとつやればいいのよ」と言われている。それに対して娘は、「もう疲れてるんだから、姿勢なんかよくできない……」と泣き顔になっている。

K：緊張する空気。こわばる顔つき。

F：塾の先生から「学習障害かもしれない」とほのめかされる。

M：（子供なので該当しないが、あえて言えば）勉強する習慣が身につかず、ゲームに逃げているから、もうゲームは取り上げるしかない。

ステップ0～2の作業は単純に見えるが、実際には、すでにかなりの情報を引き出している。具体的に言えば、「顧客を喜ばせるまでのリーズナブルな時間」「自分が感情移入できる顧客対象」「顧客が抱える問題点」、そして「顧客満足を実現するための具体的な目標」といった情報を、これまでの作業を通して把握しはじめている。これだけの情報を客観的な調査から引き出そうとすれば、膨大な時間がかかってしまう。しかし仮説構築の段階であれば、全脳思考モデルを使って、内部に蓄積されている体

図表4-7｜ステップ2　顧客の現在

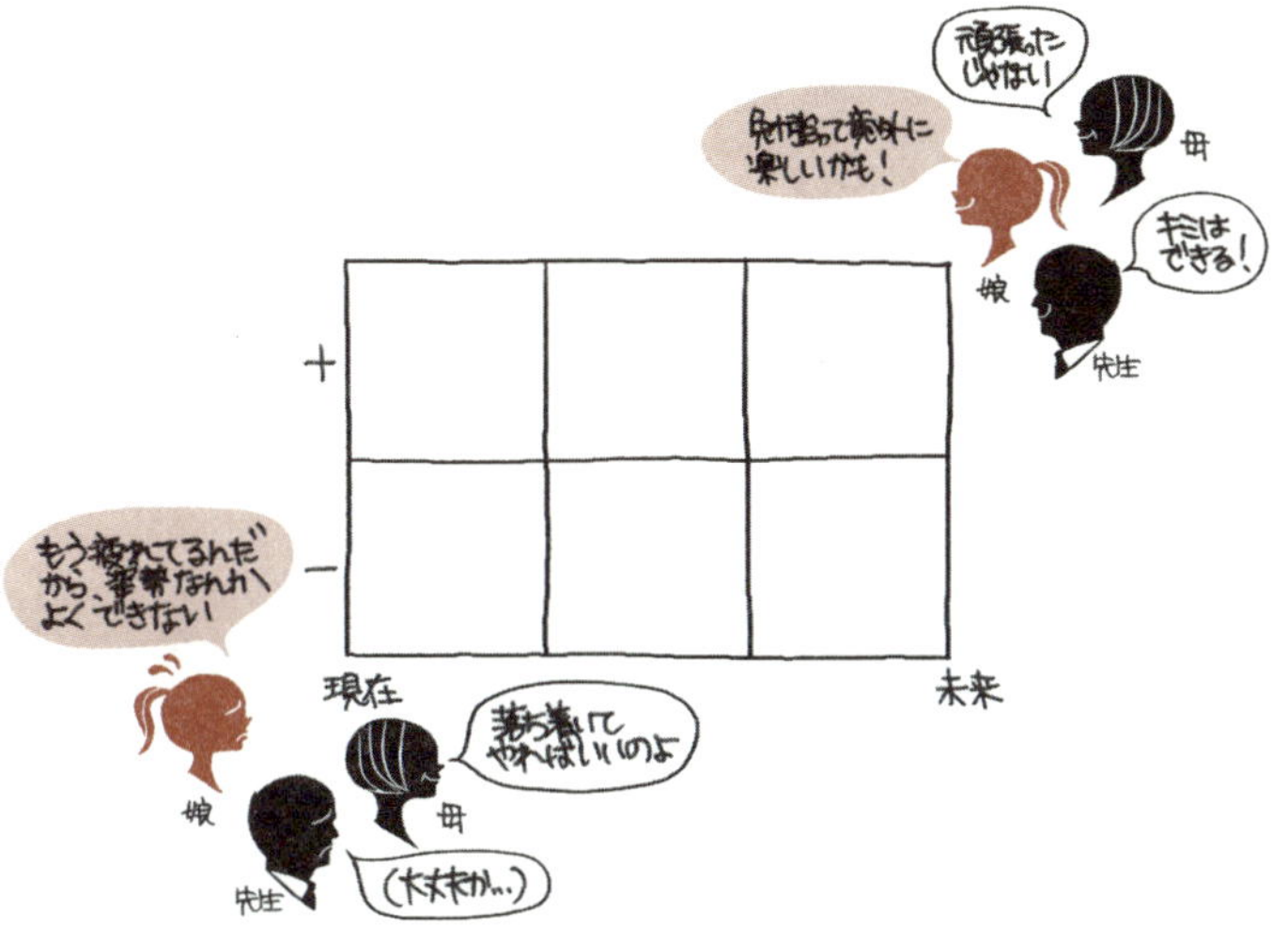

験から引き出した情報は十分な価値がある。

しかも通常の調査ではなかなか把握しにくい、感情的な側面を中心に情報を掘り下げている。これは相手の立場から新たな現実を眺めはじめているのであり、U理論におけるレベル3の共感的な思考を実現している。その結果、供給者側からの一方的な事業戦略ではなく、顧客と共創していく優れた事業戦略を構築する準備が整ったとも言えよう。

【ステップ3】 クライマックス

ステップ3には二つの作業があるが、まずは図表4－8のように、顧客が「現在の満たされない状況」から「将来の一二〇％HAPPYな状況」にいたるまでの道筋を描く。

顧客は現在の状況から、一直線に未来のHAPPYな状況にシフトするのではなく、図のように、山あり谷ありの蛇行した道を歩むのが現実である。価値ある変化を起こすときには、必ず以前の状況に揺れ戻るポイントがある。これはダイエットを思い浮かべればいいだろう。ときどき挫折しそうになり、辛さを乗り越え、習慣にできたところで結果が出はじめる。

このような現実的な見方をすることは、自己投影型消費の事業にとって極めて重要だ。なぜなら、売り手は商品を販売してしまえば、顧客はそのベネフィットをすぐに受け取って満足する状況になると考えるが、現実には、顧客はそのベネフィットをすぐに受け取れるわけではない。生活充足型消費や自己顕示型消費ならば、モノを持つ

図表4-8｜ステップ3　クライマックス①

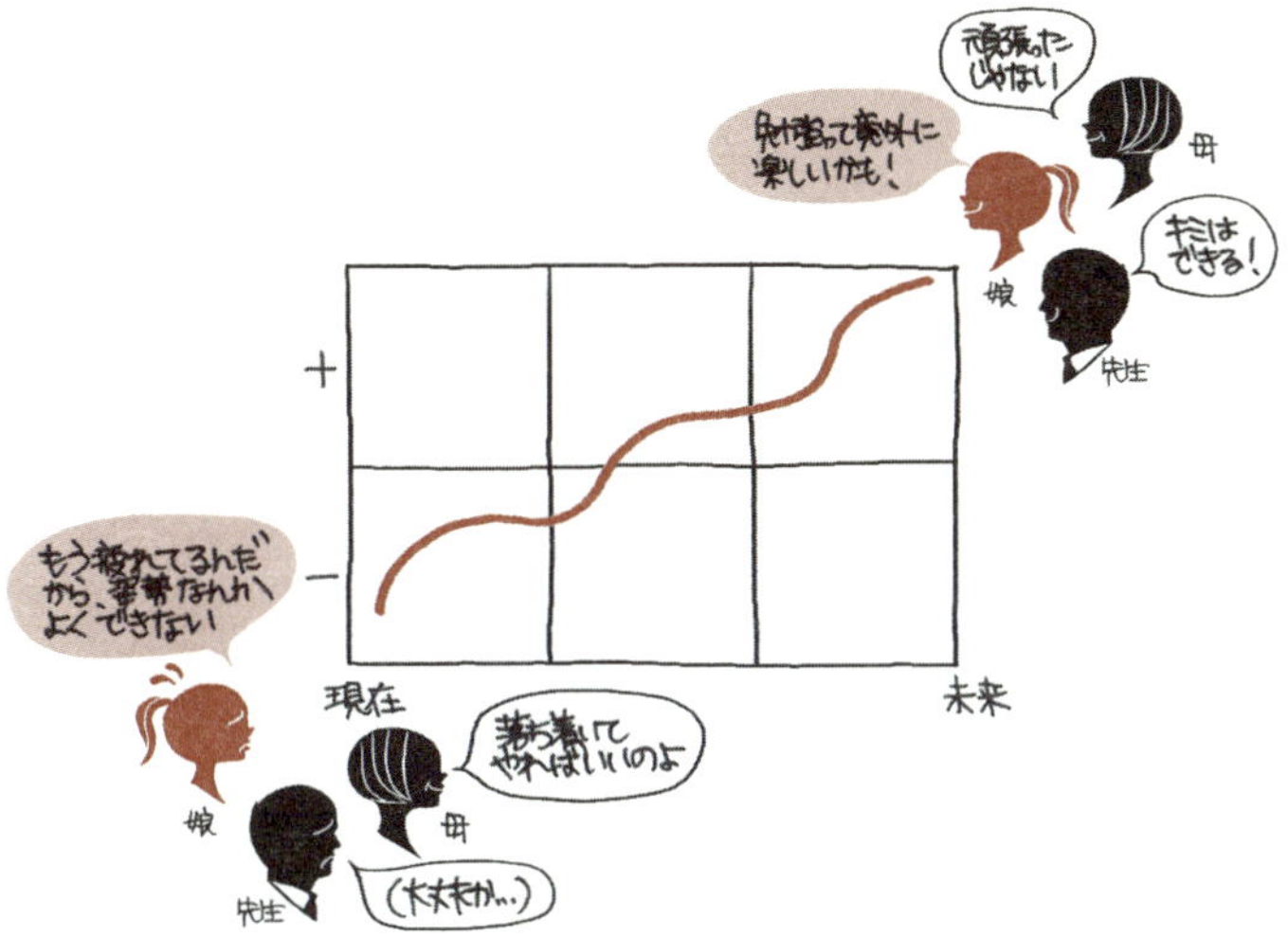

だけで得られる満足のために消費した。だが、自己投影型消費の場合には、未来の自分に到達するために投資したのだから、購入したときがはじまりなのである。そのため売り手側は販売後の、顧客が歩む物語を想定しておかなければ、深い商品価値は生まれないのである。

たとえば、前章では、四〇万キロを走ったNSXオーナーのエピソードを紹介した。この事例は、購入した時点でベネフィットが終わるのではなく、その後、商品と顧客が成長していく過程にこそ重要なベネフィットがあることを示している。その背景には、車体が古くなっても、限りなく新車に近くオーバーホールできるリフレッシュプランと呼ばれるサービスがある。つまり数十年かけて車とオーナーが一緒に成長する物語を体験できる商品として、あらかじめ設計されているのである。

一直線で顧客にベネフィットを与えられるというパラダイムの場合には、何かいい切り口さえ見つかれば、事業はうまくいくと思いがちだ。一方、山あり谷ありの曲線のパラダイムを持った場合には、事業は複数の接点を顧客と持つからこそ、顧客に価値を感じさせられることに気づく。その結果、「何かいい切り口はないですかね?」という質問は、実にナンセンスであることがわかるだろう。「何かいい切り口」や「何かいいコンセプト」とは、こういった道筋をトータルにつくりあげるからこそ、いい切り口になるのである。ケーキがないのに、切り口を見せられるはずがない。

この作業が終わったら、次は最も楽しい段階になる。いよいよクライマックスを考えるのだ。

クライマックスとは、「一二〇%顧客がHAPPYになる、直接のきっかけになるような出来事」だ。そのときの典型的な反応は、「なるほど! ○○するにはこうすればいいのか」と納得し、具体的に行動する方法を検討しはじめる。たとえば、商品企画であれば、「まさに、こんなのをうちでやりたかったんだ！」と飛び上がるような商品。事業計画だったら、それが実現できたら、一気に最終目標に到達できるようなアクション。提案書であれば、そのページを説明し終えた段階で、会議室の温度が一気に高まるようなページ。

なぜこの段階でクライマックスを考えるのが重要なのかと言えば、常識どおり「現在」から「未来」に向かって思考をめぐらせてしまうと、どうしても発想が過去からの延長になりがちだからである。過去からの連続ではなく、非連続な発想を得るためのベストな方法がクライマックスから考えるということなのである。

実際に、クッシュボール事業について、やってみよう。

「いきなりクライマックスを考えろといっても難しい」と思うかもしれない。しかし実は、そのための準備は十分してきている。顧客の内面の変化を掘り下げているので、あなたが思うよりも、多くのヒントはすでに手の中にあるのだ。「なるほど！」と膝を打つ場面を想像しながら、考えはじめてみよう。

勉強会の参加者同士の議論により、思考は次のように展開していった。

❖ ❖ ❖

三週間後の未来においては、明らかにテストの成績が上がり、しかも勉強が楽しいと感じられるほどになっている。その大きな変化に直接的に繋がる出来事を、このクッシュボールが提供したわけだ。

テストの成績が上がったということは、集中して勉強するように変わったということだ。また姿勢が悪いことが話題になっていたが、勉強を楽しむようになったら、姿勢も問題にならなくなっているようだ。

ということは、なんらかの形でボールを使って、勉強を始めたのだろう。

たしかに考えてみれば、今まで座って勉強する習慣がなかった子供がいきなり机に向うのは難しい。その勉強の習慣づけをクッシュボールで促進できたら、どうだろう?

図表4-9 | ステップ3　クライマックス②

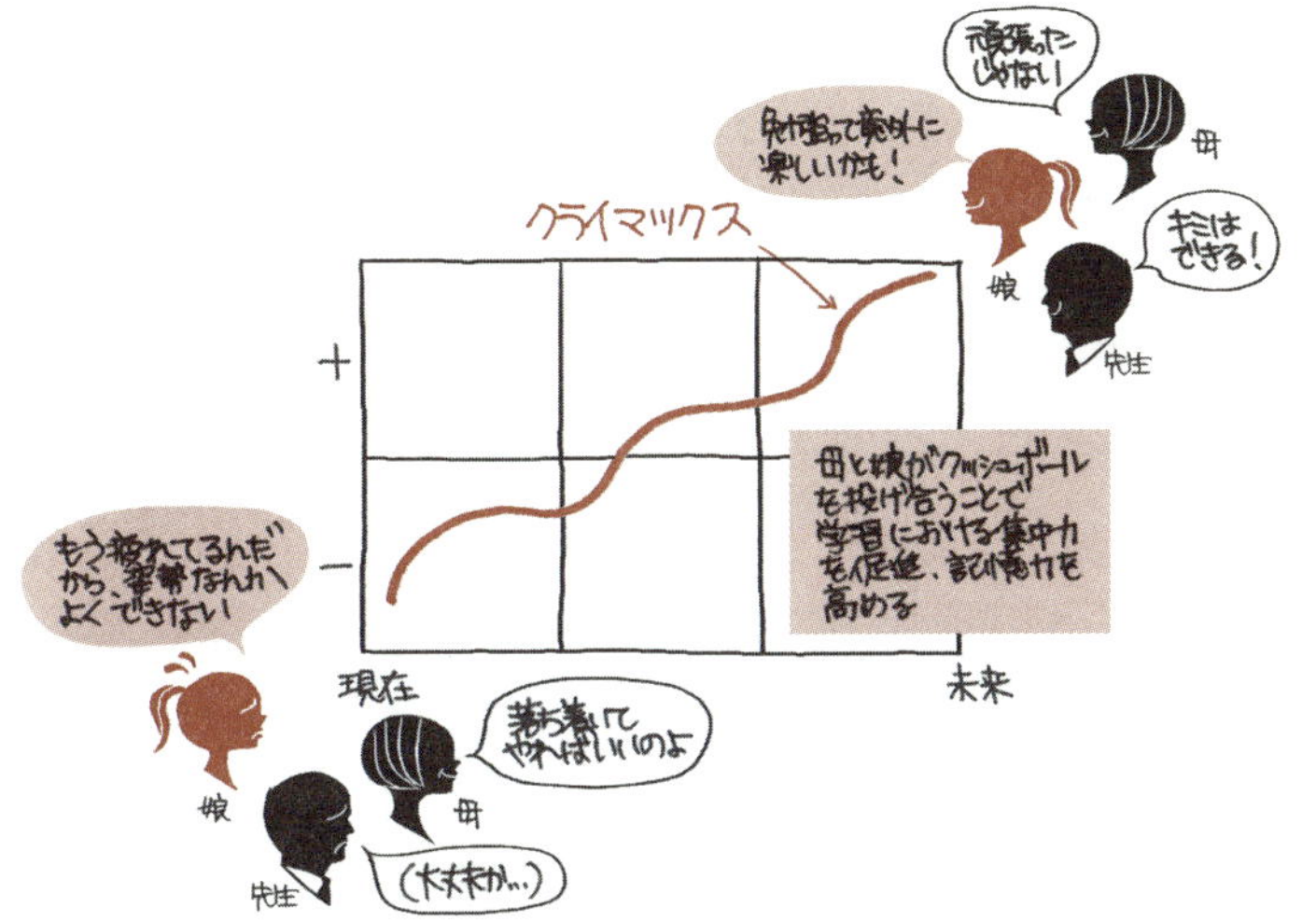

身体を使うことによって、記憶力が増すということは聞いたことがあるから、このクライマックスでは、母子がボールを投げ合ってクイズをこなしていくような教材や通信プログラムがあったのかもしれない。たとえば母親が質問したところでボールを投げたら、子供はできるだけ早く答える。そうすることによって姿勢はよくなるし、暗記もできるようになる。

もちろん議論の中では右往左往したのであるが、最終的にまとめると、上記のアイデアが生まれてきた。つまり勉強会では、二〇分間の議論の結果、単にクッシュボールを売るビジネスモデルから、クッシュボールを使いながら集中力や記憶力を高めたり、勉強を習慣づけたりする学習キットを売るというビジネスモデルに飛躍した。

クッシュボールだけでは単価が知れているし、流通経路も限られている。しかし教材とセットにして売れば、単価を上げて粗利をとりやすくなるばかりでなく、学習塾と提携することもできる。現在、国内教育産業市場は約二・七兆円という規模だ。そこに参入していけば、一気に可能性は広がる。

考えてみれば、そのような成功事例はすでにあった。単純なダイエット器具をエンターテインメントに仕立てた結果、爆発的にヒットした「ビリーズ・ブートキャンプ」である。クッシュボールは、その学習版。ゴムのボールで勉強を楽しめるような教育娯楽《エデュテイメント》プログラムを開発し、発明者の名前を冠した「スコッツ・スタディキャンプ」として販売すればいいじゃないか、ということである。

こうした発想は、競争戦略立案のフレームワークからはなかなか生まれない。なぜ

図表4-10｜現在からの発想は、低収益事業を生む

現在から発想すると、顧客の期待を超える前に失速してしまう

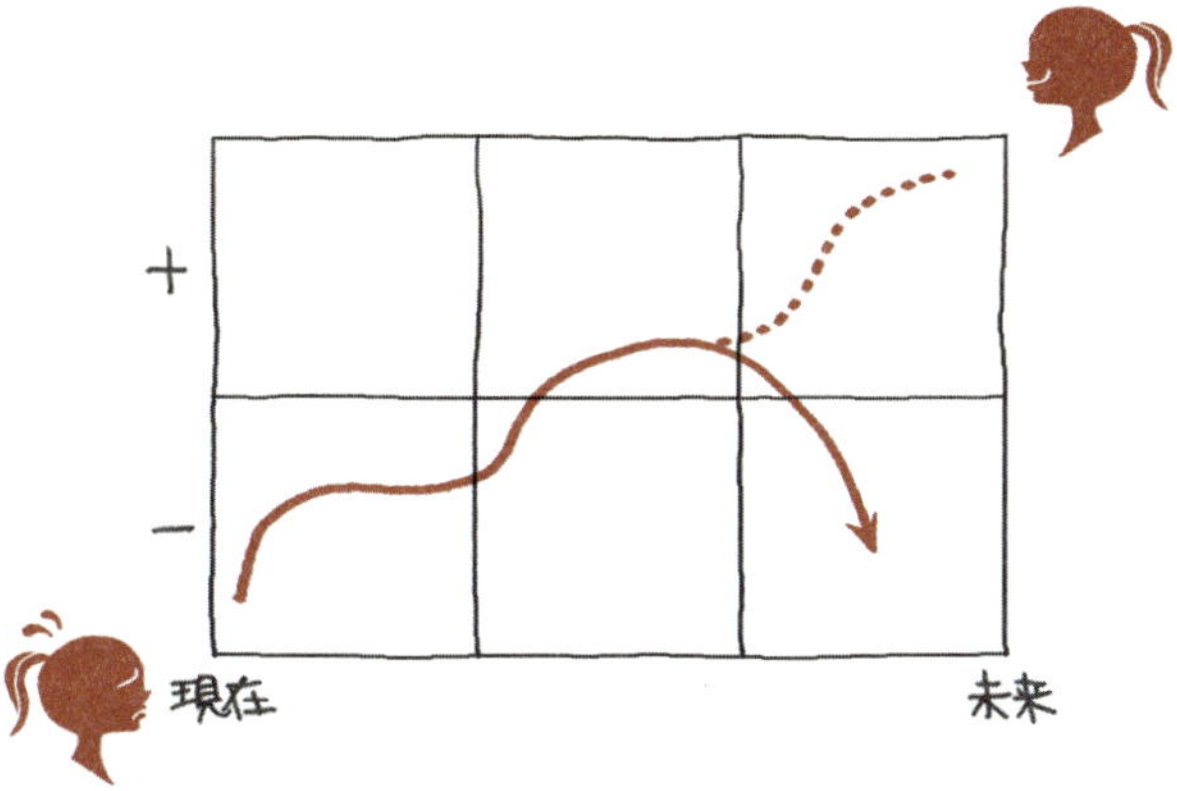

なら、あくまでも現状分析から始めるために、市場性があるかどうかのチェックに時間がかかってしまうからである。その結果、「現在どうなのか」という分析はできるのだが、「将来どうすればいいか」という計画は見いだしにくいからである。

また、ビジネスモデル自体を変えてしまうという非連続な発想は、「クライマックス」から逆算するからこそ出てくる。通常であれば、現在からの延長で考えてしまうので、クッシュボールが現在、売られている方法の改善にとどまってしまう。その結果、顧客が期待するプラス方向への変化を十分に

達成できないので、事業は道半ばで挫折・失速してしまう。それでも事業化しようとすれば、価格を落として、顧客の期待値を下げなければならない。チャートを見てもわかるように、価格が正当化できるかどうかは、どれだけ顧客のために考え、行動したかによって決まっている。

【ステップ4】 気づきのホップ・ステップ

クライマックスについてアイデアを出したあとは、そのクライマックスに登っていく、段階的なアイデアを出していく。通常は、トータルで三つほどのアイデアがあると収まりがいいので、「気づきのホップ・ステップ」と呼んでいる。

その段階を図式化すると図表4－11のようになる。

図を見ておわかりになるとおり、クライマックスを目指して、「へぇ」「ほお」と段階を追って、顧客の認識が深まるような情報や体験を提供していくのだ。それぞれの段階については、図のように細かく定義できるだろうが、実際の運用はそれほど厳密にする必要はない。逆に定義に当てはめようとするよりは、「へぇ」「ほお」という語感から、かまえず発想を広げていったほうがいい。

図表4-11 | ステップ4　気づきのホップ・ステップ

ホップ（へぇ）
今までの認識とは、違った観点で物を見はじめる段階。
ステップ（ほぉ）
新しい観点に、きちんとした裏づけがあり、信頼に足るものであると考え出す段階。
クライマックス（なるほど！）
「へぇ」「ほぉ」といった新しい観点を得たからこそ可能になる、自分の変化を確信する段階。

また「へぇ」「ほお」のどちらから順番に発想を始めるかについては、あなたの自由だ。できれば「なるほど！」に繋がっていく直前の、「ほぉ」から思い浮かべるのがいいのだが、もしちょっとした「へぇ」というアイデアが浮かんでいるのであれば、何も無理にそのアイデアを後回しにする必要はない。単純にその位置づけに、アイデアのピースを嵌めていけばいい。まさにジグソーパズルのように、わかるピースから順番に嵌めこむことで、全体像が急速に見えてくる。

それでは、クッシュボール事業におけるステップ4は、どのようになるだろうか？

- 「ほお」：なぜ、輪ゴムを束ねたにすぎないボールが集中力を高めるのに効果があるのかについて、科学的な説明をする。身体を使って学習することで集中力が増すという理論を、医者や米国の教育学者などが説明した論文についてわかりやすく説明しつつ、実際に集中力や成績が伸びた子供たちの事例を映像で見せる。
- 「へぇ」：クッシュボールが誕生した背景や、その使われ方などについて説明。ただのおもちゃではなくて、落ちついて勉強ができない子供たちに集中力をつける効果が認められていることを説明して、学習にしぼった解説をする。

この気づきのホップ・ステップについては、もちろん正解があるわけではない。全脳思考モデルを使ってどんなアイデアが出てくるかは、その人のビジネス知識や人間的な成熟度によって大きく異なる。そのために経験の乏しい人からは、意味あるアイデアが出てくるのかと不安に思うだろう。

たしかにそのような限界は、ほかのすべてのビジネスメソッドと同様に、全脳思考モデルにも存在する。しかしながら私の観察によれば、多くの場合、ビジネス経験が浅い人でも有効なアイデアを生み出すことができる。なぜならば、人を喜ばせたいと思う感情は、ビジネス経験の有無に関わらないからである。しかも、その喜ばせようとする人が名前まで想起できる人物であった場合には、誰でもある程度の提案を生み出すことができる。

大切なことは、ビジネス経験が少なかったとしても、自分で考え実行できるアイデアを生み出すことだ。咀嚼できない正しいアイデアよりは、自分なりによく考えた実行性が高いアイデアのほうが結果を生み出しやすいのである。

【ステップ5】 オープニング

いよいよ最終ステップのオープニングだ。ここでは顧客に提供する最初の情報もしくは体験を考えてもらいたいのだが、とても重要な作業である。なぜなら映画の作品クオリティがオープニングで判断されてしまうことが多いように、選択肢が多い顧客にとっては、事業に対する興味もオープニングで判断してしまうからである。

よいオープニングを考え出すにはコツがある。それはクライマックスと対応した内容を考えるのである。

これは物語をつくるときの定石だ。たとえば、サスペンスであれば、そのクライマックスは殺人事件の真相が明らかにされる場面に対し、オープニングは、まさにその殺人が行われた場面となる。ラブストーリーであれば、クライマックスが幸せ絶頂のキスシーンであれば、オープニングは失恋のどん底の場面から始まるといった具合だ。

これを事業におけるアイデアに置き換えるとどうなるか?

クッシュボール事業のクライマックスは、親子がクッシュボールを投げ合いながら、一緒に楽しそうに勉強に取り組むという体験だ。するとオープニングは、勉強部屋で机に向かうものの集中できない子供と、テストの成績を見ながら塾に通わせはじめたが大丈夫だろうかと悩んでいる親という光景が思い浮かべられるだろう。

このようにクライマックスと対応するオープニングについて発想を広げていった結果、勉強会では、次のようなアピールをすればいいんじゃないかという話になった。

「お子さんが勉強に集中できないのは、お子さんのせいでもあなたのせいでもありません。身体を使わないで学習するということ自体が、頭の回転が速い子にとっては苦痛なのです」

このようにオープニングとは、具体的な体験を顧客にさせるというよりは、まずは顧客に振り向いてもらうための関心をつかむメッセージとなる。そして顧客に伝えるべきメッセージが明らかになると、この事業を推進するあなたがとるべき「はじめの一歩」が明らかになっていく。

たとえば、その一歩は、子供が学習習慣を身につけるためにどんなスムーズなプロセスが考えられるのか、またその習慣づくりのために親子のコミュニケーションがどのように役立てられるのかについて調べてみることかもしれない。その結果、親子のコミュニケーションを通じた学習という分野は、重要にもかかわらず、まさに誰も着目していない巨大市場であったことに気づくかもしれない。

以上、全脳思考モデルによる5ステップをクッシュボール事業に当てはめてみた。顧客が一二〇％HAPPYになるという物語を考えていくと、逆に、売り手がどんな情報を顧客に提供し、行動を積み上げていけばいいのかも見えてくる。「顧客視点で考えろ」とはよく言われることだが、通常は、その三秒後には売り手の視点で考えはじめてしまう。しかし全脳思考モデルを使えば、顧客思考が無理なく一貫してできるようになる。

伝説のコピーライターであるロバート・コリエが、次の言葉を残している。

「一枚の写真は一〇〇語に勝る。しかし頭の中でつくられたひとつのイメージは、一〇〇枚の写真に勝る」

全脳思考モデルは、まさに顧客の頭の中のイメージを組み立てる作業なのである。

【事例】ソフトウェアの販売計画の立案

それでは今度は、全脳思考モデルの全体像をよりよく理解していただくために、実際に、そのモデルを使って行った会議の実況中継をしてみよう。会議の目的は、マインドマップを描くソフトウェアiMindMap《アイマインドマップ》の販売計画の立案だ。

マインドマップとは、英国の教育者トニー・ブザンによって開発された脳に自然なノート記述法である。木が周りに向かって枝葉を伸ばすように、アイデアを放射状に書き留めていく。iMindMap《アイマインドマップ》は、開発者のトニー・ブザンが、真のマインドマップの効果を実現できるとした唯一の公認ソフトである。

販売計画会議と銘打って招集をかけたものの、実際には会議の目的すらはっきりしていなかった。わかっていたのは、プロジェクト全体の歩調がとれていないということだ。そのために、今やっている仕事がどこに繋がっていくのかが見えない。

そんな深い霧の中に迷い込んだ状況で、会議は始まった。

❖
❖
❖

土曜日にもかかわらず、今日は出社だ。

会議室には一〇人が集まっていた。

仕事の内容、前職、年代をはじめとして、バックグラウンドはさまざま。新卒の企画担当もいれば、ベテラン営業マンもいる。大手コンピュータ会社の開発担当もいれば、通販会社でのメルマガライター、そして公認会計士もいるといった具合。

共通点は、ひとつ。頭に靄がかかっているということだ。

やるべきことはわかっている、はずだった。コンピュータソフトを販売するというシンプルなことだ。しかし、どうもすっきりしない。懸命に働いているのだが、予期できないことが頻発する。ほかの担当者と話が食い違う。発売時期で意見が分かれ、販売計画で意見が分かれ、販促計画で意見が分かれ、そしてデザインの方向性で意見が分かれた。

そもそも何のための会議なのか？　それすらもはっきりしない中で、参加者はそれぞれが抱える仕事の問題について報告しはじめた。

その結果、はじめて気づいたことは、私たちは何も見えていなかったということだ。目の前のやるべき仕事はわかっていたのだが、その仕事がどこにどう繋がっていくのかがわからない。自分自身のメロディを奏でるのに懸命で、互いに音をぶつけあっている。そうした不協和音には、耳を閉ざすことでなんとか対応してきたのである。

そこで、私は提案した。

「まず、実務はちょっと脇において、アイマインドマップ事業の五ヵ年計画を考えてみないか？」

会議室に、どんよりとした空気が流れた。声なき声が反響する。

〈たしかに長期計画があればいいけど……、たった三時間しかないのに、まともな計画ができるはずがない……〉

〈これじゃ結果の出ない抽象的な話に終始する。せっかくの休日がムダに終わるな〉

こんなときにできることは、ひとつ。「出会ったことには意味がある」と、この瞬間に信頼を寄せることだ。そこで私は、全脳思考モデルのチャートをマーカーで書いた。

まずはステップ0の準備の段階。スマイル・マークのイラストを描きはじめても、参加者の堅い表情は少しも変わらない。

私は、最も社歴の浅い、若手の女性社員である田中さんに尋ねた。

「アイマインドマップを使うことによって、五年後に一二〇％HAPPYになれる人って、誰でしょうね?」

「おそらくM2層がメインターゲットかと思います」

凛とした声で、田中さんが答えた。

M2層とは、たしか男性三五歳から四九歳の層だった。最近の社員は、私が知らない専門的な言葉を使う。上司としての威厳を保つため、私は知っているふりをして、話を進めた。

「うん、たしかにそれはいいポイントだね。ただ、今は具体的な人を考えてほしいんだ。できれば個人名がほしいな。この人がアイマインドマップを使ったら、一二〇％HAPPYになるだろうなっていう――誰かパッと思い浮かぶ人はいない？」

沈黙。空気の重みに耐えきれず、軽い咳が響く。二五秒ほど経って、ようやく名前が出てきた。

「大西ますおさん、です」

会議室の目が点になった。〈誰それ？〉

「大学時代の先輩なんですけど、この間、久し振りに会って……。だからかもしれないんですけど、彼の顔がパッと浮かびました」

私は、右上のスマイル・マークに「大西ますお」と書き入れた。

「大西さんが、五年後に一二〇％HAPPYになったときには、どんな感じ？」

意図がわからず、戸惑っているようだ。今度はいくら待っても答えは返ってこない。

私は質問を変えた。

「それでは教えてほしいんだけど、この会議室の中で、一番、雰囲気が大西さんに近い人は？」

彼女は周りをゆっくりと見回して、答えた。

「金子さんです」

理由は、大西さんと同じように四〇代で、メガネをかけているからだと言う。

「それでは金子さん、これから寸劇をやってみてほしいんですけど……。大西ますおさんの役をやってください。寸劇の場面は、五年後、大西さんが田中さんに会ったときの様子です。そのときには大西さんは一二〇%HAPPYなわけですが、その喜びを身体全体で表現してください。ただしセリフはいりません。つまりパントマイムですね。無言で、喜びを表現してください」

セリフを考えなくていいのと、身体全体で表現することを面白がって、金子さんは本格的な演技を始めた。大げさな演技に、一同爆笑。次第に会議であることも忘れはじめているようだった。

私はステップ1の吹き出しを埋める作業に移った。

「田中さん、それでは大西さんがなんと言っているか、想像してください。どんな言葉で喜びを表現しているのでしょうか?」

田中さんは、今度は時間を置かなかった。

「やったよ！　君のおかげだよ！　そう、言っています」

〈いったい、何をやったのだろうか？〉

田中さんの答えは、みんなの予想とは異なった。

「娘さんが大学に受かったんです。今はまだ中学生なのですが、四年後には大学生になりますから。その入学を喜んでいるんです」

〈なるほど……意外な展開だ。いったい、これがどのように繋がってくるんだろう？〉

私は少し不安を感じたが、顔には出さないようにした。とにかくステップ1［顧客の未来］に関する作業は終わった。思考モデルのいい点は、結果を生むために必要な質問は、モデルの中にすべて含まれているので、途中で回り道をしても、結局、ゴールに辿りつくことだ。そこで、私はステップ2［顧客の現在］に話を進めた。

「今の大西さんは、どんなことで悩んでいるの？」

「今は、とにかく忙しいというか。毎日忙しく働いているんですけど、それが何に繋がるのかわからない。すごくいい人なんですよ。真面目で、能力もあるし。でも、このまま一生懸命やっていても埋もれてしまう……というか。つまり仕事全般に悩んでいます」

「具体的に、吹き出しに入れる言葉にしてみると、どうなるだろうね？」

私の問いに、彼女は、あたかも隣に大西さんがいるかのように答えた。

「とにかく疲れている……。毎日電子メールに追われていて……、懸命に仕事をしているけど、先が見えない」

大西さんは――まさに知的蟹工船に乗り込んだ、アトラスだった。

U字カーブのボトムで

「それでは、次のステップに行きましょう」

元気よく声をあげたものの、私は内心、困っていた。プロセスが失敗しているんじゃないかと不安が強くなってきたのだ。娘さんの大学合格と、アトラス世代である大西さんの深い悩み。その二つの出来事をアイマインドマップがどう繋ぐのか？　さらに、それをどうすれば五ヵ年計画に落とし込めるのか？

いよいよクライマックスを考えるステップ3だ。先ほどと同じように、平静を装って作業を進める。だが、背中からつーっと一筋の汗が落ちた。

「では、大西さんの娘さんが大学に受かる直接の原因になるような出来事が、おそらく四年後ぐらいにあったと思うんだけど、それは何かな？」

「……きっと大西さんのやっているアイマインドマップに、娘さんが受験勉強中に興味を引かれたんじゃないかな？　それで娘さんは成績が伸びはじめたんだと思います。大西さんのことだから、マインドマップで歴史の教科書をまとめてあげたりしていたのかも……」

「なるほど……、でも、それが」

私の言葉を遮って、田中さんは続けた。

「ただ……それが同時に、大西さん自身も自信を持ちはじめるきっかけになって、それでひとつの事業を任されること――事業部長になったと思うんですよ。それがきっとクライマックスです」

大西さんの人生が好転しはじめると、想像上のこととはいえ、会議室には少しほっとしたような空気が流れた。私はステップ４［気づきのホップ・ステップ］に進んだ。

参加者は大西さんの姿を共有しはじめたのか、さまざまな意見を積極的に言うよう

図表4-12｜事業計画でなく、大西ますおさんの人生計画？

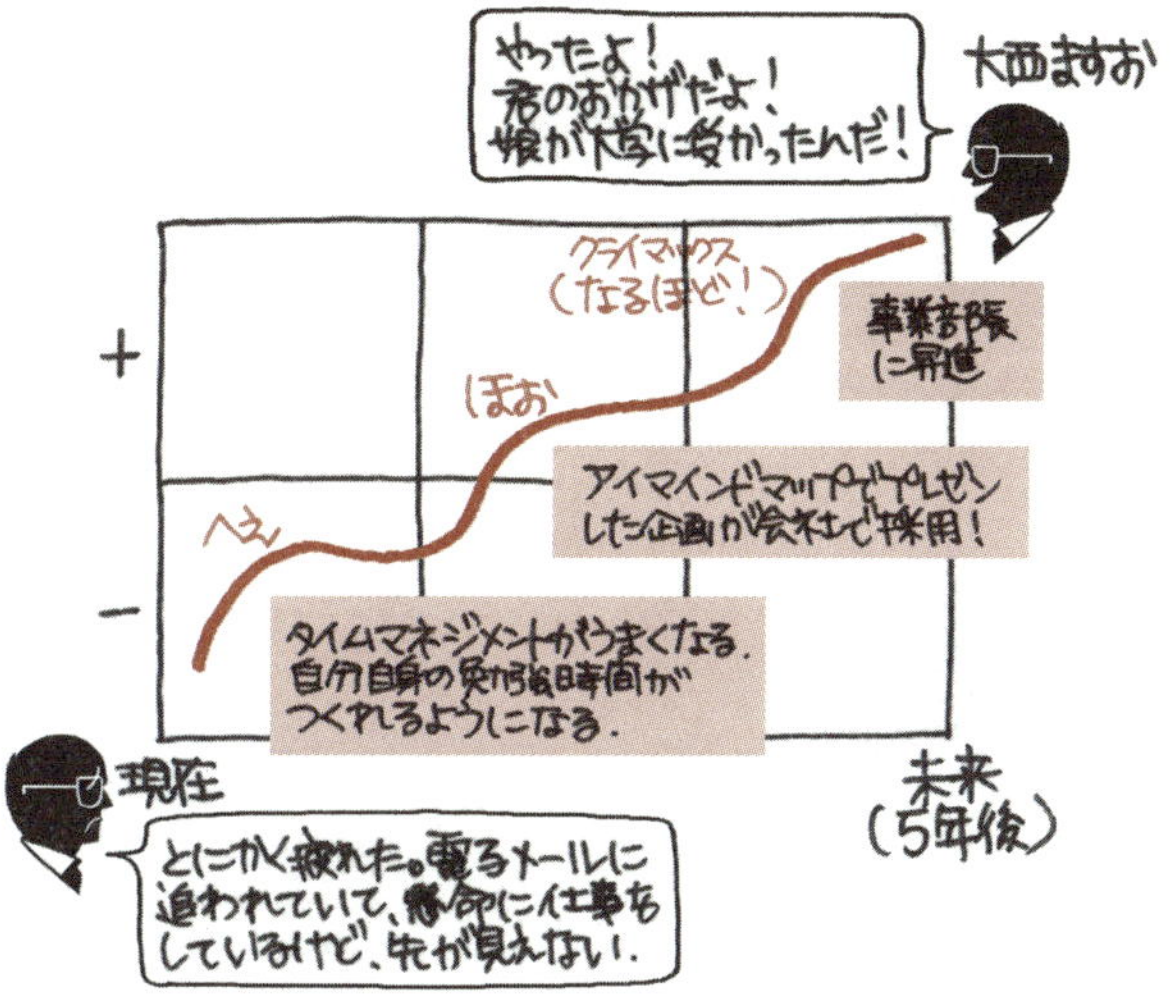
やったよ！
君のおかげだよ！
娘が大学に受かったんだ！
大西ますお
クライマックス
（なるほど！）
事業部長
に昇進
＋
ほお
アイマインドマップでプレゼン
した企画が会社で採用！
へぇ
−
タイムマネジメントがうまくなる。
自分自身の勉強時間が
つくれるようになる。
現在
未来
（5年後）
とにかく疲れた。電話メールに
追われていて、懸命に仕事を
しているけど、先が見えない。

になってきた。発言をまとめると次のようになる。

- 「へぇ」は一年後。大西さんはアイマインドマップを使って、自分自身の五ヵ年計画をつくってみた。その結果、タイムマネジメントがうまくなったので、仕事に追われるだけでなく、自分自身の勉強に時間が割けるようになった。
- 「ほお」は二年半後。アイマインドマップを使ってプレゼンテーションを行った企画が、会社で採用された。

ここまでにできあがったチャートを見ながら、私はふたたび戸惑った。そもそも私たちの課題は、アイマインドマップ事業の五ヵ年計画だ。ところが見えてきたのは、大西ますおさんの人生の五ヵ年計画だった。

楽しかったけれども、無駄な時間を過ごしたのかもしれない。誰もが不安になるのが当然だった。だが会議室の雰囲気は、そうは言っていなかった。すでに私たちは何か重要なものを目の前にしていることを感じていた。

誰からともなく、声が挙がった。

「この裏に、アイマインドマップの事業の成長があると考えればいいんじゃないでしょうか？」

また沈黙が訪れたが、今回は無関心の沈黙ではなく、全員同意の沈黙であった。

「それでは四年後、大西さんが事業部長になったとき、アイマインドマップは、どの程度の影響力を持っているんだろうね？」

この質問を投げかけた後は、私は聞き役に回るだけでよかった。参加者はワクワクする気持ちを抑えることができず、争うように発言した。会議室から湯気が出ているようだった。

「ビジネスとしては、もうスタンダードな使われ方をしていると思うんです。ということは、クライマックスは、主要なビジネスユーザー向けのパソコンにはプリインストールされている状況ですね」

「そうだったら三年後には、一部のパソコンや電子手帳にはすでにプリインストールされている。とくにこのソフトは手書き対応だから、タブレットＰＣの効果を引き出せるソフトとしては理想的だと思うんですよ」

「一年後に、大西さんが人生計画をつくっていることを考えると、ソフトを売りっぱなしではなく、私たちは、蓄積したノウハウをユーザーにフィードバックしているんじゃないかな？　そのためのイベントを開催している。つまりソフトウェアを販売しているんじゃなくて、知識創造の突破口を提供しているんだよ」

「知識創造の突破口の提供」という言葉によって、もやもやが晴れてきた。今までやってきたことが、なんの無駄もなく、未来に繋がっていることを会議室にいる全員が感じはじめていた。

「……そう言えば、開発者のクリス・グリフェスが言っていました」

参加者の発言が一段落したところで、日本側の開発責任者が静かな声で話し出した。

「コンピュータは便利なものであるけれども、危ないと。なぜなら、人間の自由な思考が、コンピュータソフトに無理に押し込まれている。機械に制限されてしまっているというのです。彼は天才プログラマーなんですよ。その彼が、現在のコンピュータのあり方は危ないと断言するのには、正直、びっくりしました。

彼は家庭の事情で高校生のころからプログラマーとして学費を自ら稼がなくてはならず、そして自分の会社を上場させるまでにいたった。しかし子供を育てるうちに、現在のコンピュータのあり方に疑問を感じた。その結果、自らオーナーだった会社を手放し、私費を投じてつくったソフトが、このアイマインドマップなんです」

一人ひとりが、彼の発言を心の中で噛みしめていた。

「つまり……、未来の子供たちにとって、危なくないIT社会をつくるために、必要だということか」

「大西さんの娘さんがイメージに出てきた理由がわかりますね……」

子供を持つ社員たちが、口々に言った。

一人ひとりが黙とうするかのような静かな時間が流れる。そして私たちは、何か大きなうねりの中に取り込まれていくような感覚に包まれた。会議室は、ほんの数時間前とは、まったく異なる空間に変質していた。

「クライマックスの出来事は四年後だったけれども、五年後の目標はどうしたらいい?」

こう投げかけると、ひとつの楽器を奏でるように会議室は響いた。

「ここまでくれば、あとは急速に拡大しますね」

「おそらくPCや携帯だけじゃなくて、他の電子機器にも、アイマインドマップがユーザーインターフェイスとして使われているんじゃないでしょうか。マインドマップは一覧性があり、検索性にも優れている。地図を指でめくっていくような有機的な検索をするには、最適なインターフェイスですからね」

「つまりは——すべての、デ、ジ、タ、ル、デ、バ、イ、ス、に、ア、イ、マ、イ、ン、ド、マ、ッ、プ、ですね」

「それは可能なのかな?」

〈無理でしょう〉という声があがると思った。しかし、それより先に確信に満ちた声が届いた。

「十分可能だと思います。すでに一部のメーカーとは商談に入っていますし……」

その自信を参加者全員から感じとると、私は、いたずらするように話題を変えた。


「そうか、それじゃ、プロジェクトネームを考えよう！」

苦笑が出たが、それはその場にいることを楽しんでいるサインだった。

「そうだね、『すべてのデジタルデバイスにアイマインドマップを』だから……」

「英語にすると、iMindMap in All Digital Devices?」

「頭文字をとると、ＩＭＭＡＤＤか。これはダメだな。発音できない」

「ＡＬＬという意味だったら、ＯＭＮＩという言葉があるね。ラテン語だったかな？」

「プロジェクトＯＭＮＩか？」

「ＯＭＮＩって、『大西ますおにアイマインドマップを』の略なんじゃないですか？」

透明な笑い声が、小学校の教室のように、一斉に起こった。

「はじめの一歩は決まった。大西さんにアイマインドマップをプレゼントすることだね。田中さん、よろしくお願いします」

この瞬間、小さな歯車が回り出す音を誰もが聞いた。そしてその小さな歯車が、より大きな何かを動かしていく光景を誰もが見ていた。

この後、われわれは計画の数字を詰める作業に移ったのだが、扱われた数字は、今までの数字とはまったく違っていた。その数字は無機質な存在ではなく、すでに血が通った存在になりはじめていた。

事業計画の数字は、利益を達成するというナンバーゲームではなく、身近な誰かを喜ばせるための数字であり、自分にとって価値ある物語を紡ぐために必要な数字であることを全員が自覚したのである。

このように全脳思考モデルでは、主観的な会話から、意外なほどに客観性の高い、そして誰もが自分のものと感じられるビジネスプランをつくり出すことができる。しかも会議の中心になったのは、ビジネス経験がさほどない新米社員であり、会議の時間は三時間。その間に五年後の未来を描く事業計画、そして最も難しいヴィジョンの統一と共有まで実現してしまった。

いったい、なぜ日常会話から、このような創造的、かつ実現性の高いアイデアが生み出されるのだろう?

実は、この何気ないチャートには、実にさまざまな工夫が織り込まれている。枠を超えた、しかも実現可能なアイデアは偶然ではなく、必然となるように設計されているのである。

この一枚のチャートには、どんなメカニズムが隠されているのか? 次章では、全脳思考モデルが結果と行動を生み出す三つの原則を説明しよう。

---

5 「顧客」という言葉は、継続性のある取引が生じている、いわゆるお得意様を表現することが多い。ここでは初回購入も含まれるので、本来ならば「買い手」と表現するほうが正確であろう。しかしながら、売り逃げではなく、顔が見える継続的な取引こそ安定した事業モデルをつくることができるとの観点にもとづき、ここではあえて「顧客」という言葉を使用することにする。

第5章

発想・行動・結果を生み出すストーリーの法則

論理＋物語＝∞

ビジネスを推進するには二つの方法がある。

一方はよく研究されていて、確かな方法であると信じられている。もう一方は、ビジネスとは無関係なものと考えられ、つい最近まであまり研究されることもなかった。

この二つの方法を、クッシュボール事業のプレゼンテーションに当てはめてみると、それぞれ次のようになる。

Ａ：「クッシュボールの事業戦略についてご説明します。まず市場および競合分析を行った結果、明確にされた当社の顧客ターゲットおよびポジショニングを説明します。次に、将来にわたって競争力を確保していくためにＳＷＯＴ分析を行い、抽出されたＫＳＦ（成功要因）について説明いたします……」

Ｂ：「実は、私の子供はもう中学生にもなるのに、机に向かって五分と集中できません。ところがクッシュボールを手にとったら、自ら進んで宿題をやりはじめたのです。いったい何が起こったのか？　私には訳がわかりませんでした。調べてみると、クッシュボールは知的おもちゃとしても使われているらしい。勉強を習慣づけることができず困っている家族は、顕在化していないケースも含めると相当な数にのぼるはずです。クッシュボールを教材とともに提供したら、どれだけの子供が本来持っている能力を発揮できるでしょうか？」

Aは、ビジネススクールで教えられる戦略構築フレームワークを使った模範的なプレゼンテーションだ。それに対してBは、いかにもビジネスの素人が思いのたけを述べたようなもの。

さて、AとB。いったいどちらがビジネスを推進する原動力になるだろう？

応援したくなるという意味では、一見、Bに軍配があがりそうだが……

正解は――どちらも必要なのである。Aの分析を使ったアプローチ、そしてBの物語を使ったアプローチのどちらが効果的かということではなく、分析と物語の双方を取り入れたとき、ビジネスは突然、生命を得たように勢いづく。

二つを併せ持ったときの効力は、次のように二つの文章を組み合わせてみたときに、実感できる。

「まず私的なことで申し訳ありませんが、今回の事業提案を思い立った背景をご説明させてください。実は、私の子供はもう中学生にもなるのに、机に向かって五分と集中できません。ところがクッシュボールを手にとったら、自ら進んで宿題をやりはじめたのです。いったい何が起こったのか？　私には訳がわかりませんでした。調べてみると、クッシュボールは知的おもちゃとしても使われているらしい。勉強を習慣づけることができず困っている家族は、顕在化していないケースも含めると相当な数にのぼるはずです。クッシュボールを教材とともに提供したら、どれだけの子供が本来持っている能力を発揮できるでしょうか？

そこで私は、クッシュボールの事業性について客観的な調査を行ってみました。本日のプレゼンテーションは、その分析にもとづく提案です。まず市場および競合分析を行った結果、明確にされた当社の顧客ターゲットおよびポジショニングを説明します。次に、将来にわたって競争力を確保していくためにＳＷＯＴ分析を行い、抽出されたＫＳＦについて説明いたします……。最後にクッシュボール事業に参入した場合の、収益性シミュレーションを共有させていただきます」

ちょっと二つのアプローチを併せてみただけで、説得力に大きな違いが生じることを感じていただけたと思う。このようにビジネスにおいて個人的な体験談、すなわちストーリーは多大なインパクトを与えるにもかかわらず、その活用が真剣に検討されることは今までほとんどなかった。

だが知識社会においては、ストーリーをビジネスに活用しないことは、かなりのハンディキャップを負うことになると覚悟しなければならない。なぜなら仕事に対する価値観が多様化する中で、どんなに論理的に正しい戦略をつくったとしても、上司の命令というだけで部下は動かない。正しさに加えて背景に物語がなければ、戦略は浸透していかないからだ。

また知識社会に特徴的な――目に見えない、触られない、感じられない――概念を、顧客にわかりやすく伝えるためには、事実を羅列するだけではまったく立ち行かない。顧客が自分を重ね合わせて見ることができるキャラクターや、直感的に理解できる比喩を使った物語を通してはじめて、企業はメッセージを届けることができる。企業が応援されるためには、顧客が自らの人生を投影することができる物語を企業は語りつづけることが必要なのだ。

つまり知識社会において、顧客から指名される魅力的な事業を運営するためには、正しい戦略だけではまったく不十分であって、トップマネジメントから現場の社員にいたるまで、全員が新しい物語をつくり、語るスキルを持たなければならない。全脳思考モデルは、まさにそのスキルを最短で身につけられる思考法であり、またストーリーを共創できる知的プラットフォームなのである。

戦略構築フレームワーク vs. 全脳思考モデル

全脳思考モデルをさらに簡単に理解し、活用しやすくするために、今までの戦略構築フレームワークと比較してみよう。

戦略構築フレームワークが事実を積み上げて分析することによって、確実な解決策を見いだそうとするのに対して、全脳思考モデルは得たい結果から逆算し、創造的な解決策、そして解決にいたる行動シナリオを導き出す。戦略構築フレームワークによって得られる結果が、論理的に正しい姿を写しとるスナップショットであれば、全脳思考モデルがもたらすのは、理想の未来に向けて自分と周りの行動を動機づけるスト

図表5-1｜戦略構築フレームワークと全脳思考モデルの違い

分析か？　それともHAPPYか？

	戦略構築フレームワーク	全脳思考モデル（クイックバージョン）
全体のトーン	主として、白黒の直線で表される。	直線と同時に、曲線やイラストも使う。さらに色を使うことにより、発想は豊かに。
問題解決へのアプローチ	過去から未来へと分析する。過去のデータを分析して、成功の鍵を見いだし、未来に当てはめる。	未来から現在へと想像する。顧客が喜ぶにいたった出来事を想像し、その出来事はなんだったのかと逆算していく。
顧客ターゲット	市場・競合分析にもとづき、最も購入すると考えられる顧客ターゲットを設定。	事業・商品を通して、最も喜ぶだろうと想像できる具体的な顧客名を設定。
アウトプット	誰にとっても説得力を持つ論理。	誰にとっても参加したくなるワクワクする物語。
U理論に対応するレベル	レベル2 市場全体を詳細・正確に理解することを通じて、結論を見いだす。	レベル3 ひとりに対する深い理解・共感をきっかけに思考を広げていく。
長所	信頼性が高い 客観的 正確	スピーディ 楽しい 容易etc.
欠点	目的に応じたさまざまなフレームワークがあるので、正しく使いこなすまでには時間がかかる。	主観により発想を広げていくために、あくまでも仮説段階である。

ーリーだ。

戦略構築フレームワークによって得られた戦略は論理的に正しいが、残念ながら、先に伝えた理由により、知識社会においては組織内に浸透しづらい。ハーバード・ビジネススクールのデイビッド・J・コリス教授は、企業戦略のマイケル・ポーター氏の戦略論に言及し、「戦略を説明することについて説明していない」（傍点筆者）と書いている。つまり、「より根本的な問題（戦略を説明すること）について触れるのを忘れてしまった」というのである。これはポーター氏の戦略論に限らず、競争社会で生み出された戦略構築フレームワーク全般に当てはまる指摘である。

一方、全脳思考モデルは、一人ひとりの目の前に課題が存在したときに、行動できるシナリオをつくることを優先とする。「何かいいアイデアはないか？」「何かいいコンセプトはないか？」「何かいい切り口はないか？」といった疑問が生じた際、個人もしくはグループで、自己解決するためのフレームワークである。

まずは得たい結果を実現するために、仮説を見いだす。その後、仮説を論理的に見直し、修正を加える。次に実行した結果、想定したシナリオと現実がどう異なっているのか検証していく。ビジネスにおいては、仮説と検証を繰り返すことは常識であるが、そのために一貫した思考プロセスで取り組むことができるのが、全脳思考モデルである。

全脳思考モデルの概念はこのように説明できるのだが、もちろん欠点がないとは言えない。今までの戦略構築フレームワークに馴染んだ方にとってみれば、前章で説明したクイックバージョンには、左記の問題点が存在することが容易にわかるだろう。

- 直感的に見いだされたターゲット顧客（一二〇％HAPPYにする顧客）を客観的なデータで調べた場合、ベストな顧客ではない可能性が高い。
- 全脳思考モデルは主観的判断で思考を進めていくので、使う人の知識・経験によってアウトプットのクオリティが大きく左右されてしまう。
- 簡単そうに見えるが、ビジネスパーソンは物語をつくったことがないので、現実には難しい。

あくまでも仮説構築のためとはいっても、直感的、主観的な判断で、偏った思考で結論づけた場合、間違った行動となってしまう。その結果に対する責任はどうとるのかという難しい面が生じてくる。

たしかに、企業戦略を構築するような、全社を巻き込む決定におけるフレームワークとして全脳思考モデルだけを活用することは、多くの企業では適切でないだろう。しかしながら、日常の仕事における頻度が高い課題においては、先ほど挙げたような問題はほとんど生じていない。

実際にこのモデルを使った企画担当者からは、次のような成果が寄せられている。

「全脳思考モデルでアイデアを思いついてから一ヵ月しか経っていないとは思えません。次から次へとやることが見えてきて、プロジェクトの進行スピードに自分も驚いています」

「思いついたアイデアが、今まで想像していたものとはあまりにも違うので、はじめはピンとこなかったのですが、日が経つうちに実感が出てきて、今はこれがベストな方向性だと確信しています」

「またまた新しい展開が起こりました。ダメモトで企画を見てもらったテレビ局の担当者が、一緒にやらないかということになって……これから、その打ち合わせの内容を、また全脳思考モデルで考えます」

以上のようなコメントのように、全脳思考モデルは行動に繋がる思考であることが感じられると思う。通常であれば、思考を深めていくことは知識／行動ギャップ《Knowing Doing GAP》が生じるのであるが、全脳思考モデルは身近なところから行動を積み重ねていく方法なので、そのギャップが小さい。最初は――自分の今までの思考範囲を超えたアイデアが生まれてくるので――戸惑うこともあるが、実際にひとつの行動をしてみると、その行動が次の行動への扉を開くので、展開の速さにうれしい驚きを感じることになる。

また「顧客を一二〇％HAPPYにする」という身近な行動から始めるために、間違った判断で全社を混乱に落としてしまうというのは過度の心配だ。むしろ全脳思考モデルは、考えながら行動し、行動しながら考えるという好循環に入りやすくなる。

なぜ全脳思考モデルは、シンプルな構造でありながら、このような都合のよい効果をもたらすのか？

- いったい何が「発想」を生み出すのか？
- いったい何が「行動」を動機づけるのか？

・いったい何が「結果」を確実にするのか？

この問いに答えるためには、通常、ビジネスで慣れ親しんだ領域から果敢に飛び出していかなければならない。というのは、全脳思考モデルは、ひとつの領域に関する知識をベースに組み立てた方法論ではなく――マーケティング、マネジメント、行動経済学、脳科学、神経言語プログラミング、結果思考、ストーリー構築といった――私が過去一〇年、ビジネス上の課題に取り組むために必要となったさまざまな知見を統合して、そのエッセンスを限りなくシンプルなチャートに収めたものだからだ。それゆえ、全脳思考モデルの背景にあるメカニズムを理解するには、分野から分野へとジャンプするような知的チャレンジを経験することになる。

それはジェットコースターのように、目が回るような印象を与えるかもしれない。しかしこのチャレンジは、あなたにいくつもの果実をもたらすだろう。なぜなら、全脳思考モデルのメカニズムを理解することにより、「発想」→「行動」→「結果」という、すべてのビジネスパーソンが今求められている一連のスキルをトータルに高められるからである。その結果、本章では、全脳思考モデルを活用するしないにかかわらず、仕事に即、応用できるヒントが豊富に得られるはずだ。

それでは、今一度、重要な質問を繰り返そう。

なぜ全脳思考モデルは、「発想」↓「行動」↓「結果」というビジネスの一連の流れを推進させることができるのか？

まずは、「発想」をもたらすメカニズムから説明しよう。

第1メカニズム：「発想」↓「行動」↓「結果」
「快」に取り組むことで、脳全体を活性化

全脳思考モデルでは、顧客のＨＡＰＰＹな状態をイメージすることから思考を始める。これは脳機能の観点から考えた場合、非常に理にかなっている。今から詳しく説明するが、脳が活性化するためには「好き」と判断される対象について考えることが極めて重要であることがわかっている。だからワクワクする人から考えはじめるのは、理想的なウォームアップとなる。

一方、いきなり分析から始めるのは、考える対象についてあらかじめ興味がある場

合は別として、脳が活性化する自然なプロセスとは異なる。その結果、状況によっては、思考自体がフリーズしてしまうこともある。発言が出ない会議とは、まさにそうした状況であろう。

このように脳が活性化するメカニズムを知っておくことは、知識創造が重視されているビジネスにおいて想像以上に役に立つ。なぜなら、まず自分自身の思考クオリティを最大限に高めることができるし、また相手がいる場合には、興味を持って真剣に耳を傾けてもらえる効果的な提案ができるようになるからである。

全脳思考モデルは、脳を活性化する理想的な順番で質問を投げかけるのであるが、私は脳機能を研究した結果、このモデルを編み出したわけではない。前にもお話ししたとおり、過去一〇年間、マーケッターとして実績を積み重ねる過程で、うまくいったコンセプトについて分析していたら、ある共通の思考パターンが見えてきた。そのパターンが脳の活性化する順番と非常に似通っていたので、「全脳思考モデル」と名づけたのである。

脳機能について知ることとは、全脳思考モデルについてより深く理解することでもある。その結果、このモデルをより柔軟性を持って活用できるようになる。そこで脳が発想を生み出すプロセスについて触れておくことにしよう。

ビジネスパーソンのための、直感的にわかる脳機能の説明

これから話す脳機能についての説明は、おそらく世界一わかりやすい、ビジネスへの活用のための脳機能の説明だ（ギネスブックには認定されていませんが……）。イラスト周りを眺めるだけで、仕事において発想を生み出すために何が重要か、わかりはじめるはずだ。

ただ説明を始める前に、ひとつお断りしたいことがある。下記の説明のベースになっているのは、医学博士ポール・マクリーンの「三位一体脳モデル」である。読者によっては、これは古典的なモデルであり、最近の研究に照らし合わせてみると一部修正が必要なことから、正しい見方ではないとおっしゃる方もいるだろう。

私もその点については承知している。それでもこの説をベースに説明するのには理由がある。脳について正確に記述しようと思うならば、脳に関する医学的説明、ニューロンが発火・結合していく際のデジタル的なメカニズム、そして体内情報伝達物質ホルモンを経由して起こっているアナログ的なメカニズムをはじめとした複雑な脳機

能に触れなければならない。だが正確さに配慮すればするほど、説明は複雑になり、現実のビジネスにおいてどう応用すればいいのか、わかりづらくなってしまう。

そこで私は、ビジネスパーソンの誰もが、脳機能を直感的に理解するためのベストな方法は何かと探ってみた。結論は、隠喩《メタファー》を使ったイラスト化だった。そのために、マクリーン博士の「三位一体脳モデル」は極めて便利であるので、このコンセプトにもとづいて、ビジネスにおける脳の理想的な使い方の説明にチャレンジしてみたい。目的は科学的に正確な説明ではなく、あくまでもビジネスで発想していくためには、脳をどう使えばいいのかを知ることである。

図表5－2のイラストを見ていただきたい。

私たちの頭がい骨の中には、三種類の動物が棲んでいる。

人間は、自分の脳は、爬虫類や哺乳類の脳とは比較にならないほど高度で、進化したものと信じている。だが実際には、私たちの脳は、この三種類の動物の脳が積み重なっているようにできているのだ。進化の順番に従って、まず爬虫類の脳（脳幹・視床下部）が奥底にあり、それを包み込むように哺乳類の脳（大脳辺縁系）があり、哺

図表5-2｜脳活性化のメカニズム

脳内に棲む３種類の動物を知ることで、発想が溢れてくる

人間の脳は、「考えるための脳」。ビジネスにおいては、行動計画の立案・実行を強力に推進。

哺乳類脳は、「感じるための脳」。ビジネスにおいては、「快」から思考をスタートさせることが重要。

爬虫類脳は、「生きるための脳」。ビジネスにおいては、安全な環境を確保することを優先。

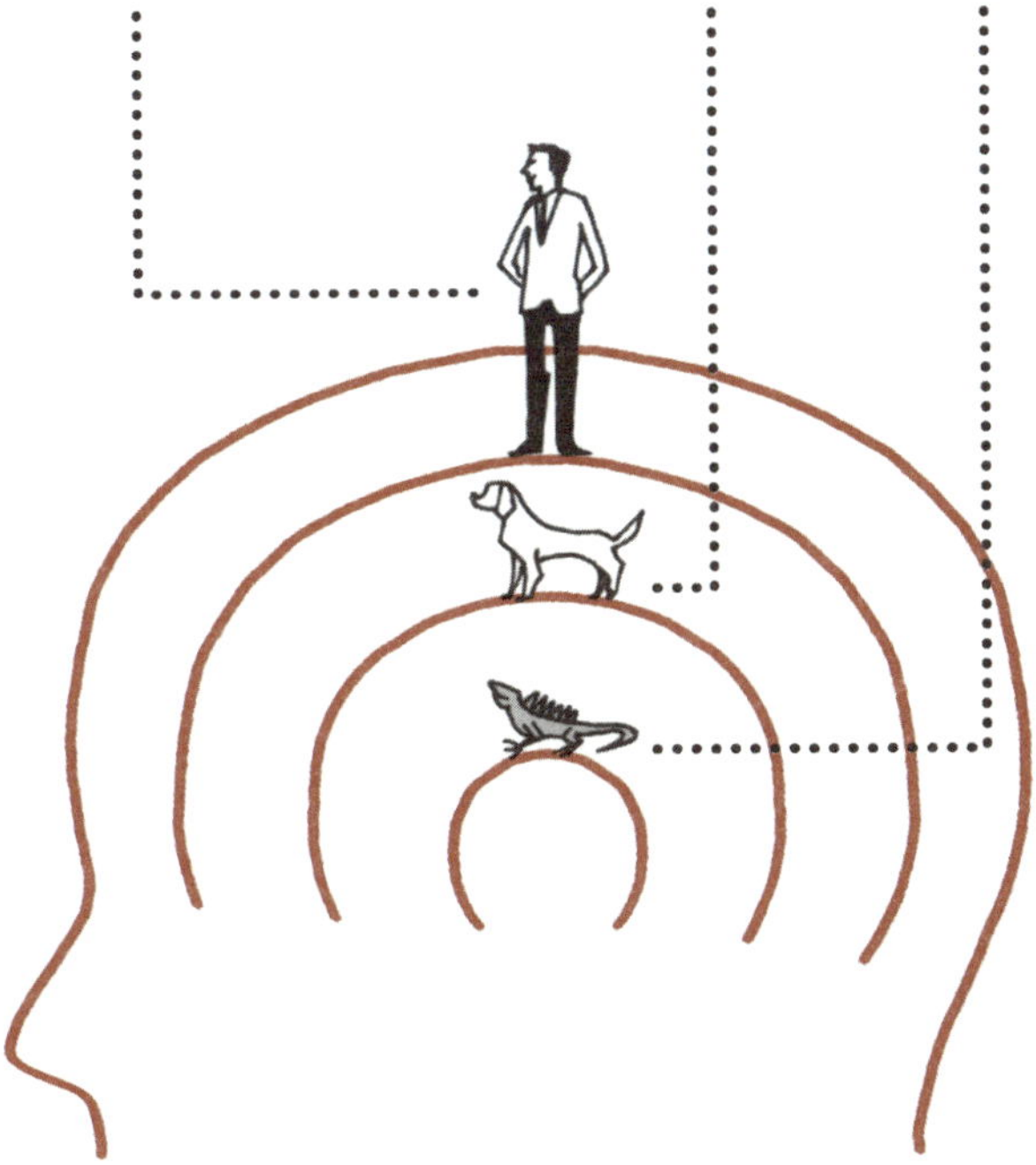

乳類の脳を包み込むように人間の脳（大脳皮質）がある。

それぞれの脳は大きく違う役割を果たしている。

爬虫類脳は「生きていくための脳」だ。心拍、呼吸、体温、血圧といった生命維持機能を司っている。

哺乳類脳は「感じるための脳」だ。種の保存のための本能的な情動、快・不快の判断を司っている。

人間脳は「考えるための脳」であり、論理・学習・言語や創造的思考力など、知性・知能を司っている。

もちろん私たちはビジネスにおいて、高度な思考力を発揮する人間脳を使いたいわけだが、人間脳だけを独立して使うことはできない。クオリティの高い思考をするためには、三種類の動物が一致団結、協力することが求められているのだ。

考えてみれば当然のことだ。暑すぎる寒すぎる、空気のあるなし等の、生命が危険にさらされているような環境では、考えるどころではない。まずとるべき行動は、爬虫類のように何よりもその場から逃げることである。また感情的に不快な環境である場合も同様。哺乳類のようにとにかく噛みついて、厭なものを追いはらうことが先決だ。人間の脳が活躍できるようになるのは、爬虫類脳、哺乳類脳が満足した後になる。

このことをビジネスに当てはめてみると、さらにピンとくるだろう。生命が危険にさらされている状況とは、「リストラが頻発している」「ほんの小さなミスでも昇進できない」環境であり、社員は、爬虫類のように逃げ出すか、もしくはじっと動かず目立たないことを選択する。感情的に不快な環境とは、「自分らしさを承認されない」「自分の意見を言いにくい」環境であり、社員はどんな方針にも反発し身を守ろうとする。こうした環境下では、残念ながら、高度な人間の脳は活性化することがない。

三つの脳が協調し合うプロセスは非常に面白いので、ビジネスに当てはめながら、もう少し詳しく説明してみよう。

まず哺乳類脳は、「考えるための脳」である人間脳から命令を受ける。「この問題を解決せよ」と人間脳から命令がくると、哺乳類脳は、それが「好きか・嫌いか」を見極める。その判断は、快不快を判断する「扁桃核」、そして記憶に深く関わる「海馬」に問い合わせて行う。過去に同様の活動を行ったときに「満足した」という記憶があれば、当然、「好き」と判断するだろう。だから直感的に好き嫌いで反応すると同時に、記憶にも問い合わせをしながら、「問題の解決に取り組むか」を見極めるのであ

図表5-3｜全脳が活性化し、発想が湧き出るプロセス

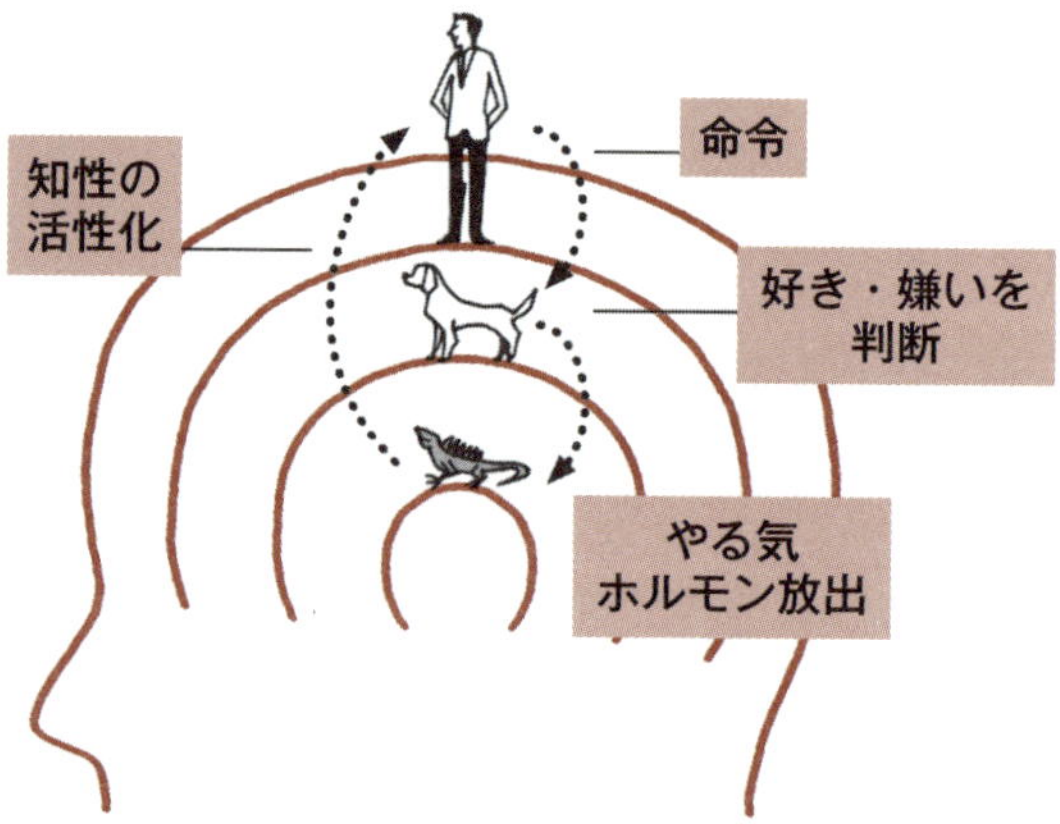

る。

好きと判断した場合には、爬虫類脳に近接している「欲の脳」（側坐核）から、やる気ホルモン（ＴＲＨ放出ホルモン）が放出される。やる気ホルモンは、脳のさまざまな部分に働きかけて全脳を覚醒させるが、とくに人間脳、その中でも行動計画の立案・実行を判断する前頭連合野を刺激。その結果、人間脳の内部では、まさに火花が飛び散るようにニューロンとニューロンが結合する。想像と連想が絶え間なく広がり、新たな気づきを生んでいくのである。

今までのプロセスを要約すれば――

人間脳がやるべきことを命令すると、哺乳類脳はそれを「好き・嫌い」について判断。「好き」となると爬虫類脳は本能的な欲求によって、行動に向けて猛烈にドライブをかけていくという具合だ。

これが発想をどれだけ豊かにするかは、意中の人にプレゼントする場合を考えてみるといい。普段、なかなかプレゼントを買ったことがない人でも、好きだと判断したとたん、恋人に喜んでもらうというゴールに向かって、最高のシナリオを考えるだろう。そのときには時間を忘れるほど集中して、理想的なプレゼントに関する情報を検索する。情報処理スピードは、普段の何倍も速くなっているはずだ。さらには直感も鋭くなっていて、店に入ったとたん、向こうから目に飛び込んでくるかのように理想的なプレゼントを見つけるだろう。

このように脳機能の観点からしても、まず顧客をHAPPYにするという「快」について考える全脳思考モデルは、非常に理にかなっていると言える。ちなみに脳内における物理的な位置関係を考えてみても、「好き・嫌い」を判断する扁桃核は、全脳を活性化するうえでの中核に位置づけられている。つまり、論理的分析よりもワクワクすることから思考を始めるほうが集中力が高まり、脳全体を活性化し、クオリティの高い思考を生みやすいのである。その結果、ビジネス経験がさほどない人であっても、意外なほど豊かな発想が得られることになる。

それでは、考えるとワクワクするような顧客が見つからない場合にはどうすればいいか？

実は、脳にとっては顧客が重要なのではなく、ワクワクすることが重要なので、顧客は誰でもかまわない。たとえば、私の勉強会への参加者のひとりは「誰を喜ばせたいか？」と尋ねたら、「文科大臣」と答えた。その直感に従って、大臣を一二〇％HAPPYにする提案を考えはじめたら、今まで考えたこともないような高い視点の、しかも具体的なアイデアが溢れはじめた。

またワクワクさせる対象が、顧客ではなく、自分であってもかまわない。自分が一二〇％HAPPYになることを考えるのが最もワクワクするのであれば、全脳思考モデルのチャートの右上には自分自身の笑顔を描けばいいのである。その理由は第8章で詳しくお話しするが、自己投影型消費の場合には、顧客と一緒に売り手も成長していくからだ。つまり、自分が一二〇％HAPPYになれば、そのときには顧客も一二

○%HAPPYになっている可能性が高いのである。自分が楽しんでいなければ顧客も楽しめないというのが、これからの消費社会の特徴なのである。

なぜひとりをHAPPYにすることが、大勢をHAPPYにするのか？

ワクワクすることから考えはじめることによって、脳が活性化することはわかった。しかし、ここに大きな疑問が生じる。

「直感的に選ばれたHAPPYにする対象が、ビジネス戦略を構築するための顧客でいいのか？」「偶然に選ばれた人を中心に思考して、本当に意味ある結論が導き出せるのか？」ということである。

当然のことながら、常識的な答えは、「適正どころか、とんでもない間違い！」である。本来、客観性が重要であるビジネスにおいて、明らかに主観的な判断をすることは、まさに避けなければならないはずだ。

主観的な判断が必ず間違うことは、フォールス・コンセンサス効果と呼ばれ、行動経済学でも明らかにされている。この効果については、スタンフォード大学の社会心理学者リー・ロスが行った実験が有名である。

ロス博士は、学生にある奇妙な仕事を依頼した。「ジョーズで食べよう」と書いたポスターをサンドイッチマンのように背中に貼りつけ、キャンパス内を三〇分ほど練り歩くという仕事である。報酬は「何かしら役に立つものが手に入るはずだよ！」という曖昧なもので、学生は簡単に依頼を断ることができた。

仕事が終わった段階で、学生にアンケートをとった。その結果、仕事を引き受けた学生は「六二％の学生がこの仕事を引き受けただろう」と答えた。一方、仕事を断った学生は「三三％の学生がこの仕事を受けたにすぎないだろう」と答えた。それでは、正解はどうだったかと言えば、五〇％。つまり実験から明らかになったことは、「他人も自分と同じように思うはずだ」という思い込みの存在だった。このように自分の判断を過度に見積もる心理的バイアスをフォールス・コンセンサス効果と言う。

フォールス・コンセンサス効果を全脳思考モデルに当てはめて考えれば、このモデルの弱点が明らかになる。あなたがどんなに顧客にとって一二〇％ＨＡＰＰＹとなる状況を想定したとしても、顧客はそれでＨＡＰＰＹになるとは限らないということだ。

考えてみれば、主観による判断ミスは日常茶飯事、起きている。たとえば、妻の誕生日に、一生懸命に喜ばせようと考えて選んだプレゼントが、まったく妻の好みではなかったという体験をしたのは、私だけではあるまい。自分の判断を過度に信頼するわけにはいかないのだ。

もちろん思い込みによる問題点があるのだが——それでも、仮説構築の糸口をつかんでいく方法としては、全脳思考モデルは極めて実用的であると言ってもいい。先ほどの統計にしても、正解から一二〜一七%もずれているということではなく、むしろそれだけの誤差の範囲で他人の行動を想像できたという事実に目を向ける。思い込みを前提にしたうえで行動し、その結果を踏まえながら適切な解決策を見いだしていくアプローチをとるのである。

実際、脳には、「期待したイメージ」と「起こった現実」に食い違いが生じたときに、自然に活性化する前部帯状回皮質と呼ばれる部位が存在する。すなわち正解を目指すよりは、仮説と検証による試行錯誤を繰り返していたほうが、より正確、かつ応用力のある思考ができると言われている。

コンサルタントや広告代理店のように、顧客に対してより信頼性の高いデータを提供することが仕事の場合には、きちんとした調査・分析は必須であろう。だから、その重要性を低めることを、私はお勧めしているわけではない。しかしながら、自社の仕事について考える場合には、自社内に顧客との接点を通して、すでに多大な情報が存在する。ならば外部から分析データを、頭でっかちになって集めるよりは、内部から現場の肌感覚にもとづく情報を集めたほうが、より現実に即した仮説構築がスピーディにできることがほとんどである。

このように全脳思考モデルは、仮説構築の方法論であるという本質を理解し、検証することを前提に活用すれば、主観的な思考という弱点を乗り越え、実務で優れた発想を生み出す極めて有効なツールとなろう。

さらに付け加えるならば、全脳思考モデルにより得られる主観的な思考には、客観的な思考では得られない大きな長所もある。それをひと言で言えば、結束力である。全脳思考モデルは、ひとりの顧客を深く理解することをきっかけとして発想を広げていく。実際にやってみると、ひとりの顧客へ真の共感を寄せることは、想像以上にパワフルな効果を持つ。市場全体をデータとして分析・理解するのとはまた別の角度から、多くの人を巻き込む力を持つのである。

そのような好例として挙げることができるのは、アン・ニクソン・クーパーだ。

オバマ大統領の勝利演説の中で、シカゴに集まった約二〇万人に紹介された人物である。

二〇〇八年一一月四日夜。オバマ大統領は演説のクライマックスにおいて、突然、彼女について話し出した。少し長くなるが、学びの宝庫なので、彼のその部分のスピーチを引用しよう。

❖❖❖

今回の選挙にはいろいろな「史上初」があり、これから何世代にもわたって語り継がれるいろいろな物語がありました。けれども私が今夜何よりも思い出すのは、アトランタで投票したひとりの女性の物語です。彼女はほかの何百万という人たちと同様に、この選挙に自分の声を反映させようと行列に並びました。ただひとつだけ、ほかの人と違うことがあります。アン・ニクソン・クーパーさんは一〇六歳なのです。

奴隷制が終わってから一世代後に、彼女は生まれました。道路を走る自動車もなければ、空を飛ぶ飛行機もなかった時代です。その時代、彼女のような人は二つの理由から投票できなかった。女性だから。そして皮膚の色ゆえに。

さらに私は今晩、アメリカで生きた一〇〇年以上の間にクーパーさんが目にした、ありとあらゆる出来事を思っています。心を破られるほどの悲しみ、そして希望。困難と、そして進歩。そんなことはできないと言われつづけたこと。にもかかわらず、ひたむきに前進しつづけた人たちのこと。あのいかにもアメリカ的な信条を掲げて。Yes, we can. 私たちにはできる、と。

（中略）

そして今年、この選挙で、彼女は指でスクリーンに触れ、そして投票したのです。なぜならアメリカで一〇六年生きてきて、幸せな時代も暗い時代もこのアメリカでずっと生きてきて、クーパーさんは知っているからです。このアメリカという国が、どれほど変われる国なのか。

Yes, we can.

アメリカよ、私たちはこんなにも遠くまで歩んできました。こんなにもたくさんのことを見てきました。しかしまだまだ、やらなくてはならないことはたくさんあります。だから今夜この夜、改めて自分に問いかけましょう。もしも自分の子供たちが次の世紀を目にするまで生きられたとしたら。もしも私の娘たちが幸運にも、アン・ニクソン・クーパーさんと同じくらい長く生きられたとしたら。娘たちは何を見るのでしょう？　私たちはそれまでにどれだけ進歩できるのでしょうか？

その問いかけに答えるチャンスを今、私たちは手にしました。今このときこそが、私たちの瞬間です。

⁂

オバマ大統領は、一〇六歳のアン・ニクソン・クーパーさんひとりを深く理解した。そして一〇六年間をさかのぼった「過去」と、「現在」、そして一〇六年後の「未来」を、言葉の力によって、ひとつに繋げた。その瞬間、会場は興奮のるつぼになった。二〇万人は、クーパーさんをきっかけにして、ひとつのイメージを共有し、行動に向けて結束したのだ。しかし、そこに集まった二〇万人もの人たちは、誰もクーパーさんのことは知らない。会ったことも、聞いたこともない。実在するかどうかも確かではない。

それでも、アン・ニクソン・クーパーという名前を聞いたとたん、ほとんどの人は、彼女についてクリアなイメージを心に思い浮かべていたことだろう。ある人は、丸いメガネをかけた、美しい皺が刻まれた笑顔を思い浮かべるだろう。ある人は花柄のブラウスを着て、きれいに頭を結っている小柄な女性を想像するだろう。そして、その心のイメージから、さらに自分たちが生きていく未来について想像し、希望を持ったのである。

アン・ニクソン・クーパーという人物が特定されていなければ、「あと一〇〇年後の米国のために、今われわれが何をすべきか考えなさい」という課題を出されても、どこから手をつけて考えていいのかわからない。この課題について分析的に取り組むのであれば、人口ピラミッドや死亡率、経済状況のデータを手がかりに考え出すこともできるだろう。しかしその結果によって、未来への建設的な行動に向けて数十万人を突き動かすことは、まず不可能だろう。

このように、われわれは非常に豊かな想像力を持っており、人をひとり特定しただけで、それが知らない相手であっても、内なる知性から多大な情報を引き出すことができる。仮説構築を進めるうえで、特定人物を切り口とした思考は単純だが、非常に強力な方法論なのである。

第2メカニズム：「発想」→「行動」→「結果」
物語に取り込まれると、勝手に動き出す

これまでのところ、なぜ全脳思考モデルが新しい発想を生み出すのかを議論してきた。そのメカニズムをまとめると、次のとおりだ。

- ワクワクする顧客についてイメージしはじめることは、思考を活性化させる。
- 主観的な判断で顧客を選んだとしても、仮説と検証を前提にすれば、正しい解決策にスピーディにたどりつける。
- 人ひとりに対する深い共感・理解は、ときとして大勢を巻き込んでいくこともできるほどのパワーを持つ。

さりげないことをやっているように見えて、発想を生み出すうえで実に無駄のないことをやっていることがわかったと思う。

さて次なる課題は、全脳思考モデルを活用すると、なぜ行動に向かいやすくなるのかということである。答えは、この引用文に見いだすことができる。

> ジャック・ウェルチは、あなたの最大の特長は何かと訊かれて、「私はアイリッシュでね、物語の仕方を知っているというだけのことさ」と答えた。*6（傍点筆者）

本章の冒頭でも触れたが、ビジネスと物語は何も関係ないと思われてきた。ところが、天下の名経営者は、物語の仕方、すなわちストーリーテリングを自分の最大の強みであると断言している。

なぜストーリーテリングがCEOの価値を上げるのかについては、少し考えてみれば簡単にわかる。CEOの仕事は株価を上げることであるが、株価を決定するのは、将来、予測されるキャッシュフローだ。投資家がその成長を確信したときに、買いを入れるので、株価は上がっていく。

その確信の決め手になるのが、ＣＥＯが語る、会社の未来についての——大胆かつ、リアリティのある——物語だ。もちろん会社の未来は、経営計画で網羅されているのだろうが、あとで述べるように、残念ながら、数字やデータだけの計画はほとんど記憶に残らない。その結果、関心（Interest）までは持っても、株を買いたいという欲求（Desire）にまでいたらないのである。

そして投資家だけでなく、社員もまた、ＣＥＯが語る会社の未来についての物語を信じられるかどうかで、行動が大きく変わる。物語を信じられれば、会社に対して希望を持ち、その物語を推進する一端を自律的に担っていく。その結果、大胆に思えた物語が、そのうちに当然になり、未来を実現していく強い推進力が生まれる。

単にビジネスにおける知識や経験のみで比較するのであれば、ジャック・ウェルチ並みの経営者やビジネスパーソンは五万といることだろう。ジャック・ウェルチを第一人者たらしめたのは、ほかのビジネスパーソンが気づかなかった物語の重要性に気づき、物語を語る能力を持っていたことである。

経営と物語とは、実のところ、非常に共通点が多い。私はビジネス書以外にも、小説を数冊書いている。その作家としての経験と経営者としての経験からわかったことは、会社の未来を創造するのと物語を創造するのとは、なんら変わりがないということだ。

それは、「こんなことが現実にあるのか」という非日常を描きながらも、顧客や読者が「たしかにありうるかもしれない」と思ってしまう仮説を、丹念に現実に埋め込んでいく作業である。小説家がエンディングに向けて読者を引き込んでいく過程と、ビジネスパーソンが顧客のＨＡＰＰＹに向けて顧客を巻き込んでいく過程は——思い描く未来を実現するために事実を論理的に積み上げていくという意味で、まったく同一なのだ。

このような観点から、改めてビジネスの世界を眺めてみると、物語の知識を生かすことにより、多大な価値を創出できるところはいたるところにある。『ストーリーテリングが経営を変える』の著者、ステファン・デニングによれば、「ＧＮＰの二八％が説得に関連し、そのうち三分の二が賢明なストーリーとするならば、実に二〇％も物語は関連する」という。

今までのビジネスにおいて、物語ほど重要なのに過小評価されてきた分野はないだろう。とくに知識社会において仕事が抽象的になればなるほど、物語の構造を学ぶことは、ビジネスパーソンの能力を引き上げる最大の梃《レバレッジ》となることを、私は確信している。なぜならば提案力、コミュニケーション力が増し、その結果、マネジャーとして信頼され、さらに組織変革におけるリーダーシップをも発揮できるようになる素地を整えられるからである。

物語は、知識社会において事業を成長させるための中核である。しかしながら、ビジネスパーソンが、あたかも作家を目指すかのように物語の構築の仕方を学ぶのは、時間のムダであろう。ビジネスパーソンがアーティストから学ぶことは重要であるが、アーティストになる必要はない。エッセンスを取り入れればいいのである。

全脳思考モデルは、物語の構造を、それと意識することなくスムーズに活用できるように設計されている。その結果、シナリオのように行動計画を立案し、物語を進めるように計画を実行することができるようになる。

このプロセスにおいては、ほとんど物語の知識がなくても、結果があがるようになっている。しかし、物語の構造について最低限知っておくことで、ビジネスに対する見方がより本質的になり、リーダーとしての資質を格段に進化させることができる。

そこで全脳思考モデルを活用するための前提知識として、次の三点について詳しく説明しておきたい。

- まず物語とは何か？
- 物語を使うことによって生じる、ビジネス上の効果とは？
- なぜビジネスにおいて効果をあげるのか？

物語とは何か？

物語について定義することは、人間について定義するようなもので、言葉で説明すればするほど混乱する。そこで、まずは図表５－４をご覧いただきたい。

これが物語の構造である。ハリウッドではもはや常識の、ベストヒットを生み出すシナリオのひな型だ。

読者や観客が、時間を忘れて没頭する物語。それは千差万別のように思えるが、実は、あっけないほどシンプルな共通パターンがある。言葉にすれば、「ありふれた日常」→「非日常」→「新しい日常」である。旅にたとえて、「出立」→「非日常への

図表5-4｜ベストヒットを生み出すフレームワーク

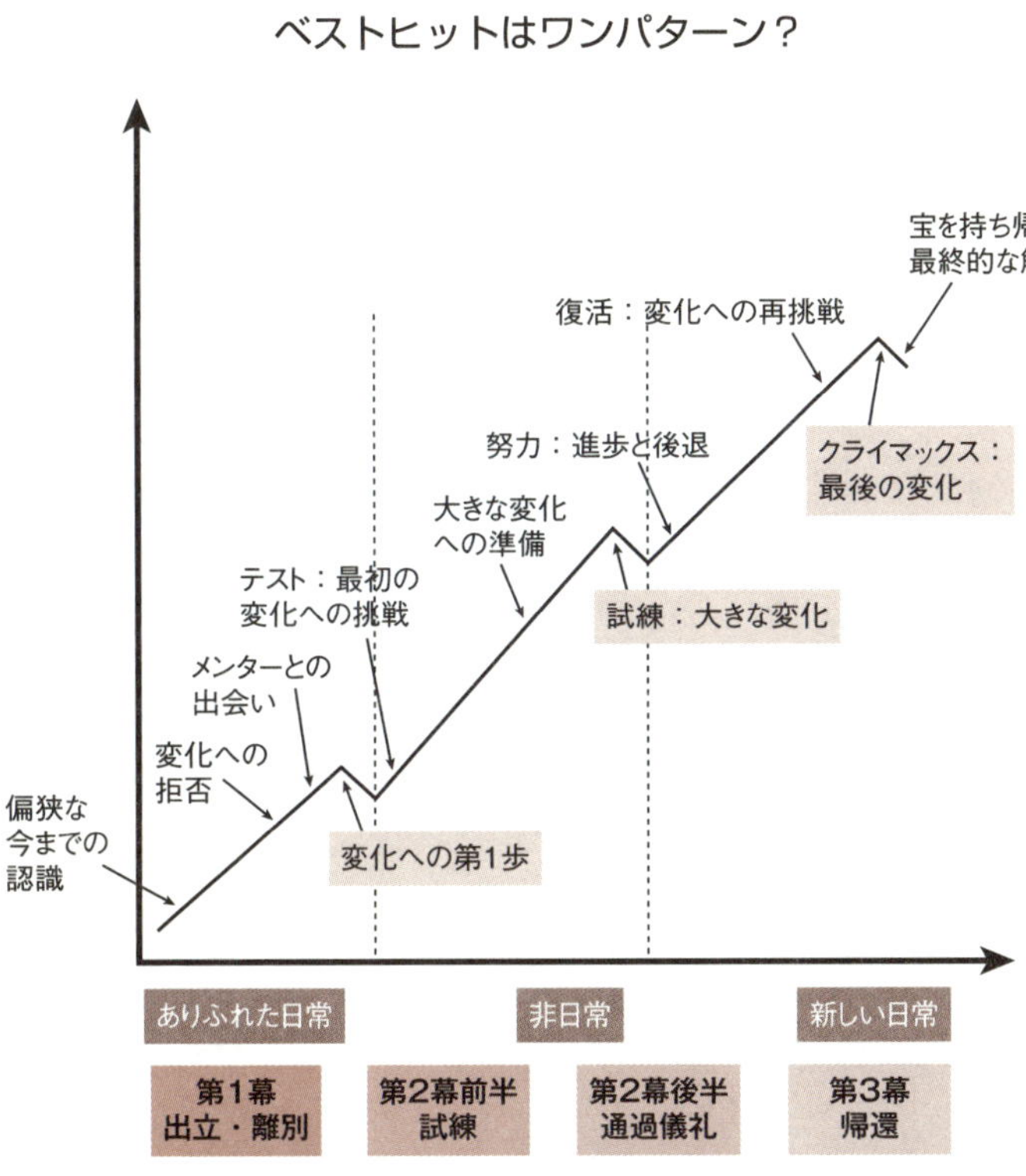

出典：クリストファー・ボグラー著『神話の法則』（愛育社）をもとに作成。

旅」→「帰還」と表現することも多い。こうした言葉には慣れるまで若干の違和感があろうが、決して難しい話ではない。今や小学生が学んでいることでもあるから、ビジネスパーソンでも短時間で学べるはずだ。

物語は、まず「ありふれた日常」から始まる。そこに、ちょっとした事件が起こる。たとえば、殺人事件が起こったり、失恋をしたり、はたまた戦争に召喚されたり、隣にお騒がせ者が引っ越してきたり……。これが「非日常」の始まりだ。

平穏な日常を崩された主人公は、当初、抵抗はするものの、気づいたときには事件に巻き込まれている。そして非日常の世界で、葛藤に葛藤を重ねるたびに、自分の内面を見つめ、自分の能力を磨き、自分の手でその事件を乗り越えていく。最後にはハッピーエンドを迎え、自分のあるべき姿を取り戻す。そして、それが今度は「新しい日常」になっていく。

つまり日常の世界から、非日常の世界を通過することによって、主人公が成長し、日常の世界に帰ってくる。これが典型的な物語のパターンで、ヒーローズ・ジャーニーと言われている。よくできた物語は、ほとんどと言ってもいいほどこのパターンを踏襲している。テレビや映画では、毎年、大変な量の物語が創作されるが、異なるの

は、サスペンス、恋愛もの、SFといったテーマ設定、背景、そして登場人物だけであって、底辺に流れているシナリオパターンはまったく同じと言っても過言ではない。

このパターンを見いだしたのは、神話学者のジョゼフ・キャンベルと言われている。全世界の神話を研究した結果、こうした共通パターンがあることが判明した。つまり、人類が洞窟に壁画を描いていた時代から繰り返されてきた伝承のパターンであり、人類の無意識に刷り込まれているシナリオとも言える。

映画が投資ビジネスになっているハリウッドでは、リターンを確実にするための、シナリオコンサルタントという職業が存在するほどである。その物語に対する投資が「リターンを生むかどうか」の観点からシナリオ分析を行い、株式アナリスト同様、投資適格判断を行う。つまり、観客を動員する心に響くシナリオかどうかは、論理的にかなり分析可能になっているのだ。

知識社会において、成長企業がトップシークレットにすべきものがあるとすれば、そのひとつは物語のパターンだろう。なぜならば、顧客は、自分の内面に流れる物語と企業が描く物語が共鳴したときに、企業の物語の中へ引き込まれていくからである。顧客は、物語の登場人物に自分を重ね合わせはじめる。そして、さらには『はてしない物語』（映画『ネバーエンディング・ストーリー』の原作）の主人公バスチアンのように、はじめは一読者であったのに、気づいてみたら登場人物になってしまっている。つまり、企業の物語に引き込まれた者は、あなたの商品を消費するだけではなく、あなたの商品の伝道師になっていく。まさにヒーローズ・ジャーニーは、ハリウッドが観客を集める方程式であると同様に、自己投影型消費社会において、企業が顧客を集める方程式でもあるのだ。

もちろん最近は、単純なヒーローズ・ジャーニーでは観客がもはやリアリティを感じないので、さまざまな計算がなされることになる。たとえば、映画『タイタニック』は、巨額の投資資金を回収するために、観客を一〇〇以上ものセグメントに分類し、どの観客であっても登場人物の誰かには必ず共感できるようにしたと言われている。また、社会現象にもなった連続ＴＶドラマ『セックス・アンド・ザ・シティ』であれば、ひとりの主人公ではなく、キャリー、シャーロット、ミランダ、サマンサという個性豊かな四人の女性を登場させた。その結果、「ああ、こういう部分、私にもある」と、観た女性の誰もが物語に確実に自己投影できるようにしている。

このように良質の物語に触れた後の観客の行動は、物語という虚構の世界にとどまらず、現実化していく。つまり現実でも、その物語を追体験するために、物語の世界観を反映する商品を購入していくのである。たとえば、物語に関連したツアーは定番で、タイタニック・ツアーは、映画上映後一〇年以上たっても人気が衰えない。『セックス・アンド・ザ・シティ』を追体験する四日間ツアーは、航空運賃・ショッピング代別の一八〇万円という高額で売り出されている。

とくに最近では、物語にスポンサー企業の商品を盛り込ませる「プロダクト・プレイスメント」と呼ばれる手法が常套手段となっており、専門の広告代理店も多数存在する。『セックス・アンド・ザ・シティ』で登場人物の身を飾ったファッションブランドには行列が絶えない。キャリーがマンハッタンで買い物をするために運転する車は、メルセデスベンツのGLKというコンパクトSUV。この車は、発売当初、モータージャーナリストから、「見ただけで逃げ出したくなるデザイン」と酷評されていた。だがキャリーが運転したとたん、都会で最も洗練されたSUVとなってしまった。

このようにビジネスにおいて物語を活用することは、プロダクト・プレイスメントが道徳的かどうか議論されるほどのインパクトを持つ。エンターテインメントの世界で長年研究がなされてきた物語の知識を、ほんの少しビジネスに持ち込むだけで、自己投影消費の時代には、恐ろしいほどの効果をあげることは容易に想像できるだろう。

ビジネスにおいて得られる物語の九つの効果

ここで物語という、今までビジネスパーソンにとっては馴染みがなかった知識を得ることで、ビジネスにはどんな効果があるのか、まとめておこう。その多大な効果を集約するならば、「記憶しやすいこと」、そして「伝えやすいこと」の二つになる。

良質な物語は人々の記憶に粘りつき、伝染力を持つ。その結果として、ビジネスにおいては、マーケティングからマネジメント、ブランディング、リーダーシップに及ぶさまざまな効果が生じる。ビジネス上で得られる物語の効果を九つ挙げると、次のようになる。

1. 記憶するベストな方法は、疑問の余地なく、物語の活用である。すべての記憶法テクニックの本質を探っていくと、それはイメージ同士を結び合わせていく作業、すなわち物語に行き当たる。事実やデータの羅列は記憶されないが、**物語の文脈で、事実やデータを提示した場合には、格段に記憶に粘りつくよう**

になる。同様に、物語の文脈で商品や企業を提示した場合には、忘れようとしても忘れられない。

2. 突きつめるならば、**ネーミングや会社名とは、その商品や会社の背景にある物語のタイトル**である。だから物語がある会社や商品のタイトルは記憶され、そして指名検索されることになる。

3. 社員にとって、物語がない仕事は機械的な指示・命令でしかない。記憶されず、意味もわからない。その結果、やる気を保つことができず、常に疲労感およびストレスにさいなまれる。一方、物語がある仕事に触れると、社員は「自分にとっての仕事の意味」を感じはじめる。会社における自分の場所が安定確保され、表情が変わる。やるべき作業を記憶し、自分にとっての意味もわかるので、**自主的に物語を推進**しはじめる。

4. 顧客にとって、物語がない商品は記憶にとどまらないので、必要に迫られない限り、購入しない。そして購入時には、価格の安さが最大の判断基準となる。一方、物語がある商品は、必要に迫られなくても、その商品が持つ世界観を体験するために購入する。他の商品と比較できないために、価格に影響されにくくなる。さらに物語の世界観が自分の人生の一部になるために、**カテゴリーにかかわらず、さまざまな関連商品を購入**するようになる。

5. 物語は、同じ世界観を持った人々を引きつける。社員も顧客も、物語に自分自身を重ね合わせる。その結果、**傍観者ではなく、企業の描いた物語を推進する登場人物**になっていく。

6. 物語は記憶されるので、周りに伝えやすい。また自己投影の結果、物語が自分の人生の一部になるので、その物語を伝えることに喜びを感じる。その結果、**社員や顧客は、インセンティブがなくても会社や商品について伝道する**ことになる。

7. ブランドとは何かを考えると、熱心なファンの数である。つまり、企業や商品の物語に共鳴する人々のコミュニティが生まれたときに、ブランドがつくられる（おそらく、**将来はブランドマネジメントではなくストーリーマネジメント**と言われるようになると、私は考えている）。

8. 良質の物語は、それに共感した人たちの間で、サブエピソードを生んでいく。それぞれが体験した類似の物語を語り出すのである。こうして**物語のフィール**

ドが広がれば、商品も企業も伝説となっていく。

9. 人々の世界観を象徴する物語をつくり、それを語ることは、リーダーシップの本質である。

以上のように、企業が自己投影できる物語を持つことは、社員にとってみても、顧客にとってみても、生きる意味を見いだすほどの重大な影響力となる。物語の創作とは、空想上の遊びのように見えて、実は何よりも現実を形づくるのである。

逆に、物語を失うことは、現実を見失ってしまうことだ。日本は高度成長期、物を持つこと＝幸せという価値観の中で、何も考えなくても、自分自身、そして会社の将来についての物語を持つことができた。しかし現在は、その物語が崩れた。

社会に物語が存在することが当たり前であった人間にとって、物語が存在しないことがどのようなインパクトを持つのかを想像することは難しい。おそらく、それは水の中にいることが当たり前である魚が水を失うようなものであろう。

あえてその辛さに近いものを挙げれば、それは失恋状態ではないだろうか。恋愛中は、自分の未来を相手に重ね合わせて生きていく。相手がいることが当たり前の状態

図表5-5 ｜ ビジネスにおける物語の応用とその影響

	内部（社員）に与える影響	外部（顧客）に与える影響
事実	• 細切れの事実、指示に従う仕事。 • 仕事の意味が見いだせない、やる気がわかない。	• 商品特長の羅列。 • 必要だから仕方なく買う。価格の安さで購入判断。
記憶	• 事実と事実の関連性を理解する。ゴールを理解する。 • 仕事の意味がわかる、表情が変わり出す。	• 記憶に残る。商品の意味を理解する。 • 他の商品と比較すれば、こちらの商品に好感を持つ。
投影	• ゴールを自分のものとして受け入れる。 • 仕事上で、自分なりの工夫をし出す。集中力が増す。発言し出す。	• 商品の背景にある物語（世界観）に共鳴する。 • 「こんな商品がほしかったんだ」と自分が気づかなかった欲求に気づく。
行動	• 障害やチャレンジを自分の力で乗り越えようとする。 • 自分の意見を持ち出す、必要な学びを自分で得ようとする。	• 購入した商品をよりよく理解しようとする。 • もしくは購入のために努力するようになる。
伝道	• 仕事は自分の人生の一部となる。 • 自分を超えた、より価値のあるもののために働くようになる。	• 商品、その商品を提供した会社は自分の人生の一部となる。 • その商品の背景にある世界観を積極的に実践、周りに伝道する。

から、突如として別れを余儀なくされる。自分自身を投影するもの、自分自身を映し出していたものを失う。心にぽっかりと穴が空いたという表現を使うが、それはまさに自分自身をなくしてしまうことだ。

アトラス世代が、仕事にやりがいを見いだせないと嘆くのも、そしてさらには企業内で鬱病をはじめとした精神疾患が増えているのも、旧来の当然に受け入れられてきた物語を失い、その代わりとなる新しい物語をいまだ描きれないからなのであろうか？　もしそうであれば、知的社会において、リアリティのある大胆な物語を描ける企業は強いということになるし、また、その責任はあまりにも大きいのである。

第3メカニズム：「発想」→「行動」→「結果」

曲線によるフィードバック効果

「ウルトラマンは、三分間しか地球上にいられないのに、なぜカラータイマーが点滅するまでスペシウム光線を使わないのか？」

「水戸黄門は、なぜ悪代官を成敗する前に、印籠をかざさないのか？」

古くからの笑い話であるが……

実はビジネスパーソンは、とても笑っていられる場合ではない。なぜなら、まさに自分たちが仕事上で、毎日、繰り返している行動と同じだからである。そして、この笑いの背景にあるメカニズムを知ったとたん――あなたは仕事で結果を出すための、重要な鍵を握ることになる。

そのメカニズムは、全脳思考モデルでは曲線によって表現されている。「現在の顧客」と「未来の顧客」を結ぶ、何気なく描かれた曲線。だが、この山あり谷ありの曲線が、ビジネスにおいては、圧倒的な違いを生む。

いったいなぜ直線ではなく、曲線なのか？

現実は、曲線でつくられる

ビジネスにおいて、われわれは正しい戦略を見いだせば、ゴールに向けて一直線に成功できると考える。「事実にもとづく正しい分析を行えば、必ず成功する」というわけだ。

ところが、どんなに正しい戦略を見いだしたといっても、提案書が描くように一直線に成功することは、現実にはありえない。物語の登場人物が葛藤を乗り越えていかない限り、ハッピーエンドは訪れないのと同様、ビジネスの登場人物も、仕事上でさまざまな葛藤を経験せずして、ゴールすることはないのだ。

それにしてもなぜ、賢く、考え抜かれた戦略を実行しても、一直線に成功することはないのか?

それは、われわれは無意識レベルでは、むしろ葛藤を望んでいるからだ。映画館に行って、葛藤のない物語を観ようとする人はいないように、現実でも葛藤のない人生を歩む人はいない。仕事に人が集まり、プロジェクトを開始すれば、無意識に紆余曲折のドラマをつくり出す。つまり、われわれはスムーズに成功するよりも山あり谷ありの経験を望んでいるのだ。葛藤をつくり出しているのは、われわれ自身なのである。

この無意識のパターンを確認するために、私が考案した面白いゲームがあるので、紹介しよう。やり方は簡単。次のとおりである。

1. チーム六人で、一人は監督になる。
2. どんなプロジェクトでもいいので、立ち上げから結果が出るまでのプロセスを、チーム六人に寸劇で演じてもらう。

3. その際のセリフは言葉ではなく、一〇〇までの数字を順に読み上げるようにする。たとえば、ある人が「一、二」と始めたら、次の人は「三、四、五」と続ける。三人目は「六、七」、四人目は「八、九、一〇、一一」といった具合である。数字をいくつ読み上げるかは自由であるが、重要なことは寸劇であるから、**感情を入れて数字を読み上げる**ことである。

4. 監督には、シークレット・ミッションが渡される。シークレット・ミッションは、寸劇を観察しながら、「**トーンが盛り上がる個所は、全体で何ヵ所あるか?**」「**それは、数字のいくつあたりか?**」の二点について記録することである。

さてあなたは、結果はどうなると思われるだろうか?

答えを言うと、盛り上がる個所は四ヵ所ある。その数字は、平均すると二三近辺、五〇近辺、六六近辺、そして八五~九〇近辺になる。

その配分は、まさにハリウッド映画の方程式——神話にもとづくヒーローズ・ジャーニーに則っている。つまりプロジェクトを進行する過程では、われわれは無意識のうちに、ドラマの登場人物のように、神話のパターンにもとづいて行動しているとも言えるのである。まさに、神話は無意識の地図であると言われる所以だ。

当初は私も、「自分の行動は、すべて自分の意識が決定している」と思い込んでいたので、自分の行動が知らず知らずのうちに神話に影響されてしまっていることを受け入れるのは難しかった。しかし考えてみると、それは不思議なことでも何でもない。自転車に何回も乗っていると、そのうちに自転車のことをまったく考えなくても運転できるようになるのと同様に、洞窟の時代から何世代も繰り返し聞かされてきた物語のパターンは、それと意識することなく自分の行動に反映されてしまうのだろう。

むしろ、自分の行動は自分で決定しているという思い込みを手放すと、ビジネスパーソンは重要なスキルを身につけられるようになる。あたかも舞台の上を、一段上から眺めるような上位の思考ができるようになるのだ。自分が演じながらも、監督として一段上から舞台を眺められる。これは優れたリーダーの視点と同じだ。

優秀なリーダーの資質のひとつは、プロジェクトの進行にとって影響ある出来事を事前に把握し、適切なタイミングで舵の調整を行うことである。先ほどのような無意識の行動パターンを知っておくと、プロジェクトの進行の過程で、問題が生じるタイミングを予測することができる。その結果、問題に対して事前に対策をとることができるので、リスクや損害を最小限にすることができるのである。

たとえば、プロジェクト全体を図表5－6のような曲線で描いてみる。そしてプロジェクトのスタートからエンドまでを一〇〇の目盛で表した場合、問題が起こったタイミングがいくつになるのか考えてみる。もしそれが三三ということであれば、それは主人公が直面する第一回目の葛藤ということになる。すると第二回、第三回目の問題は、五〇もしくは六六あたりで起こることが予想できるのである。他人に見えないことが見えるのであるから、舵を適切に切ることができる。プロジェクトを進行するリーダーとしては、信頼を獲得することになる重要な仕事だ。

私は、このようにプロジェックトの全体像を高い視点から眺め、生じうる課題に対して事前に対策をとっていく思考法を、「シナリオ思考」と呼んでいる。もちろん絶対的な判断ではなく、ちょっとした頭の体操程度に受け取ってほしいが、実際にやってみると、予言者さながら、問題の予測ができるようになる。普段はあまり意識することがないので、眉つばに思えるかもしれないが、昔からある「二度あることは三度

図表5-6｜問題発生のタイミングを予測するシナリオ思考

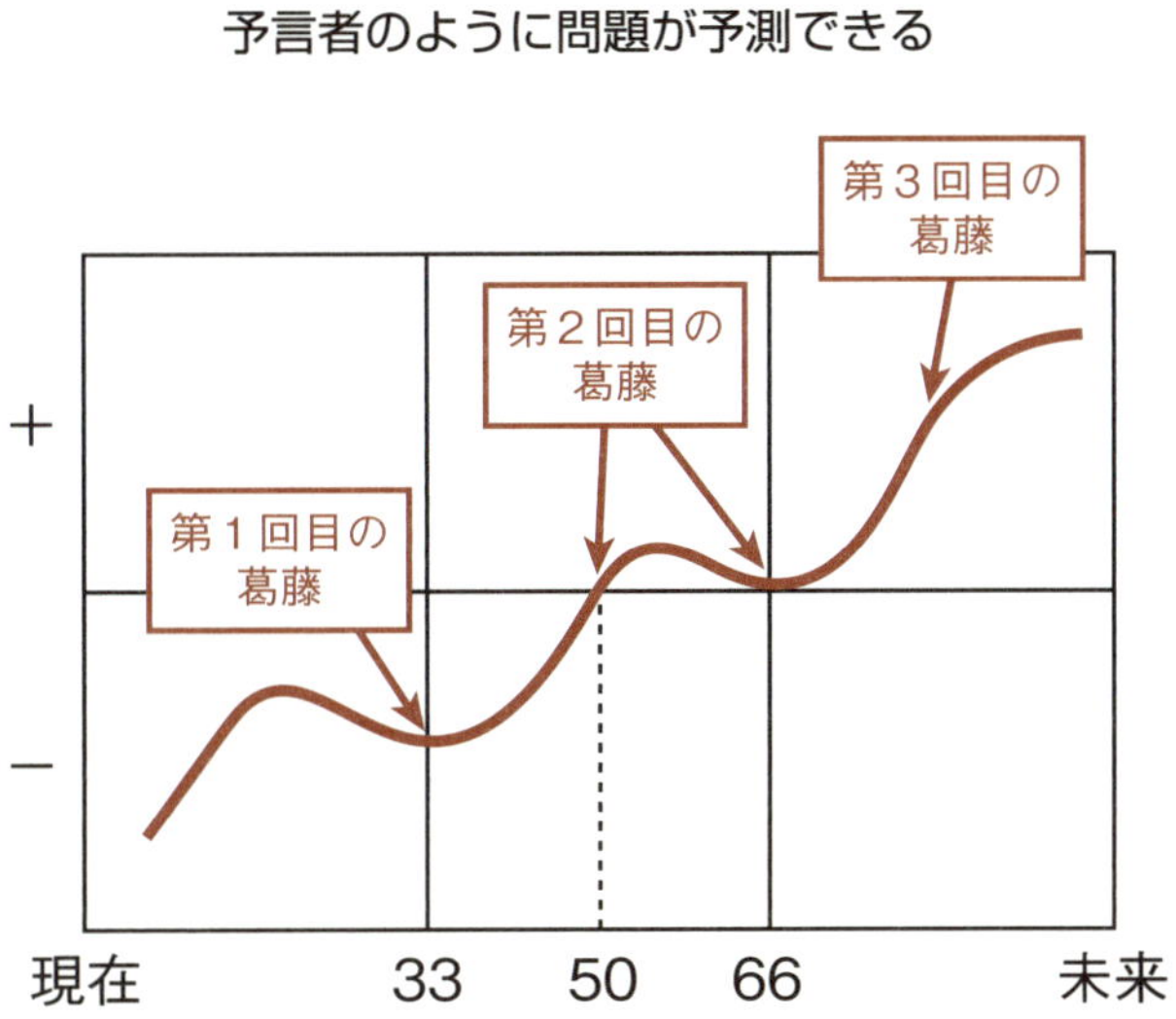

シナリオ制作の場合、ドラマの中間あたりで葛藤が生じるセントラル・クライシスと後半で生じるディレイド・クライシスの二つのパターンがある。現実に応用する場合は、この二つのパターンで準備することが大事である。

ある」という経験則を、より高い精度で応用しただけのことだ。

このように物語だけではなく、現実のビジネスにおいても、いきなりハッピーエンドにならないのは、葛藤を通して、一人ひとりが自分の内面を見つめ、人間として成長することが必要だからである。葛藤の背景には、自分を成長させるための物語が動いているのだ。

その証拠に、人間的な葛藤を起こすのは似たもの同士が多い。プロジェクト進行中に意見が異なり、ぶつかり合う人たちは、傍から見ると同じような性格で、同じような改善課題を抱えている。しかし似ていることを本人に指摘すると、「あの人とだけは一緒にしないで！」と烈火のごとく怒るのである。

この二人は、「ぶつかり合うことを通して、お互い成長する」という無意識の契約を結んでいるのだ。ところが、その契約内容は、自分の内面を見つめないとわからない。二人には問題が起こることによって、文字どおり、題《テーマ》を問われる、つまり、目の前の問題が自分の成長にとって、どういう意味を持つのかが問われているのである。相手とのぶつかり合う意味を考え、そのドラマの題《テーマ》を理解して自分を成長させることができれば、同様の問題は起こらなくなる。しかし問題の意味をわかろうとせず、その原因を他人のせいにするばかりでは、いつになっても人間的な成長はない。その結果、同じ問題を繰り返すのである。

このように仕事というのは、結果さえ出せばいいと思われているが、より深いレベルでは、一人ひとりの人間的な成長が試されている場なのである。仕事を通して人は成長しているという背景を理解すれば、プロジェクトが成功する過程では、問題は避けられないことがわかるだろう。そして、むしろ問題を避けてしまうことは、一人ひとりが成長する機会を奪ってしまうことであり、長期的に見れば、組織力、企業力が育たないことになる。

プロジェクトは直線ではなく、曲線でゴールを目指す。こうした現実的、かつ高次の視点を持ったリーダーは、危機に際して余裕とゆとりを持てる。当然、メンバーから信頼され、強力な統率力を持って、たび重なる問題を乗り越えることが可能になるのである。

TEFCASを使って、段階ごとの課題をクリアする

さて、それでは、プロジェクトが曲線で進むことを前提としながら、確実に結果を出していくためには、どうすればいいのか？　言い換えれば、壁にぶつかったときに、どう乗り越えていけばいいのか？

そのためには、二つのポイントがある。

まず期待と現実とのギャップが大きくなったときに、期待のコントロールが大切である。図で説明しよう（図表5－7参照）。

前にも触れたとおり、提案書や企画をつくる際には、直線的に最終ゴールを目指すことがほとんどである。ところが、現実は図のように曲線になる。当初は、曲線で描く「現実」が、直線で描く「期待」を上回ることがある。いわゆる「ビギナーズ・ラック」と言われる現象だ。ところが、その後、現実は期待を下回ることが多い。ここが正念場だ。

現実が期待を下回る状況が続くと、士気が下がる。本来、期待を下回ることは至極

図表5-7 | 現実と期待のコントロール

直線的に現実が推移するとの考えは、
期待との乖離が生じるので挫折しやすい

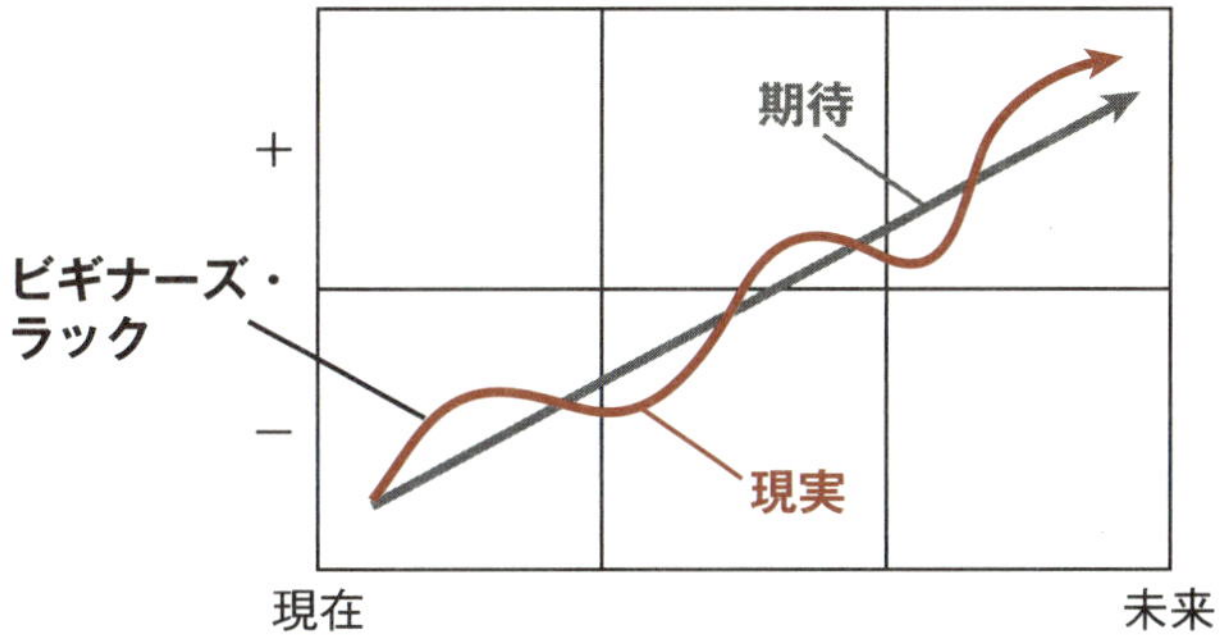

当然のことなのだが、その状況を全体のシナリオの中で把握していないと永遠に低迷が続くものと思ってしまう。ほどなくプロジェクトメンバーは、うまくいかない言い訳を考えることに精を出しはじめる。その結果、期待を引き下げて、低いレベルの結果に甘んじてしまうか、プロジェクト自体を断念してしまう。

現実が期待どおりにいかないことは、全脳思考モデルの場合、曲線を描いていることから想定ずみである。そのため、うまくいかないときがあっても、さほど感情的に慌てることもなく、前向きに対処しやすくなる。実際に壁に

図表5-8 | 全脳思考モデルとTEFCAS

脳機能をベースに開発されたＴＥＦＣＡＳは、全脳思考モデルと補完し合いながら、目標をスムーズに実現していく

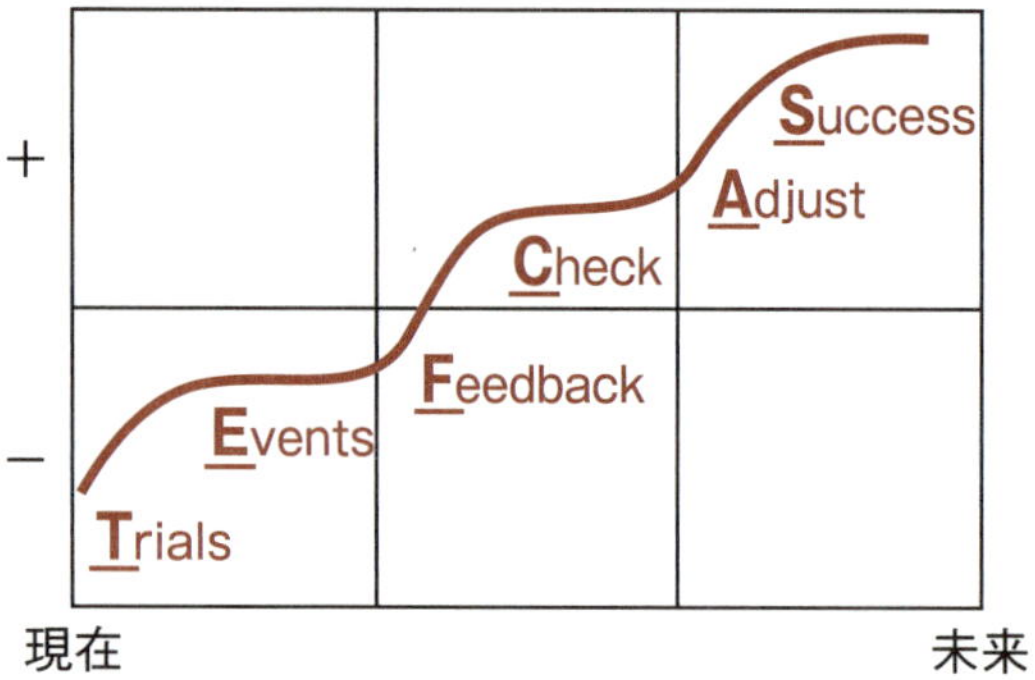

ぶち当たった際には、「想定されたことが起こっただけ」と考え、期待を高く保ちつづけることが目標を実現するためのひとつ目のポイントである。

二つ目のポイントは、プロジェクトの進行の過程で問題が生じたとき、どのような対策をとればいいのかを、あらかじめ想定しておくことだ。起こりうる典型的な問題とその問題を乗り越えるパターンを知っていれば、途中で挫折することが少なくなり、目標を実現する可能性を高めることができる。このパターンについては、ＴＥＦＣＡＳと呼ばれる優れた方法論があるので、ご紹介しよう。[*7]

ＴＥＦＣＡＳとは、英国の教育者トニ

ー・ブザン氏が提唱した方法で、目標を実現するためのプロセス管理サイクルである。この方法は、脳に本来備わっている自然な働きを最大限活用することが特長だ。脳には目標を明確にイメージしたときに、成功を目指して働きつづけるメカニズムがある。そして前に触れたように、イメージと現実との差異を見つけた場合、活性化する部位があり、試行錯誤を通して効果的に学べることがわかっている。このような成功に向けて脳が学習しつづけるメカニズムをプロジェクト推進に応用すれば、圧倒的にスムーズにゴールに到達することになる。

TEFCASは、図表5－8のように全脳思考モデルと見事に補完し合いながら、使うことができる。

TEFCASのステップを説明すると、次のとおりである。

Success

TEFCASの最初のステップは、なんと最終ステップから始まる。なぜなら脳は「成功」（Success）を明確にイメージすると、その実現に向かって二四時間、絶え間なく脳を働かせるからだ。注意すべきは、脳は価値判断ができないので、ゴールがポジティブであるかネガティブであるかを問わずに、実現に向けて働いてしまう。あらかじめ目標が、本当に自分や周りのためになるのかを見極めておくことが大切だ。

Trials

トライアル、すなわち仮説を試してみるということ。大切なことは、一〇〇%完璧を期すまで考えるのではなく、何をすべきか悩んでいるぐらいであれば、実際にやってみること。「これだ！」と感じたことは、小さい規模ですべてやってみようとする気持ちが大事。体験することでしか得られない膨大な情報が入ってくるから、小さな実験（トライアル）を数多くやったほうが、成功に早く到達できる。そのために、綴りをトライオール（Try-Alls）とすることもある。「すべてをやってみる」というチャレンジ精神を強調するためである。

Events

実施したトライアルの結果として生じる出来事（イベント）を客観的に観察する。結果ではなく、イベントという言葉を使うのにはわけがある。はじめのトライアルの結果がうまくいっても、うまくいかなくても、それは、はじめの一歩にすぎないからだ。結果に一喜一憂するのではなく、単なる出来事として客観的に対処することが大事。

Feedback

「トライアル」を実行した結果、起こった「イベント」からの、「フィードバック」を受け取る。フィードバックは、どんなに表面上はネガティブに見えるものであっても、結果に一歩でも近づける情報や経験として、それを肯定的に解釈する。言い換えれば、うまくいかなかったとしても「失敗」と思わずに、成功にいたるドラマにおける、ひとつのエピソードとしてとらえるのである。このフィードバックをどう受け取るかが、結果を生み出す成否に重要な影響を与える。成功するための生命線だ。

Check

フィードバックが、確かなデータに基づく信頼性・信憑性のあるものなのか、確認（チェック）する。不正確・不完全なフィードバックをもとに行動すると成功を危うくするので、この段階では、思い込みを超えて、自分の置かれた状況を客観的・論理的に見直すのである。

Adjust

アジャストは、目標実現に向けての最終調整・修正ステップ。最終フィニッシュを飾るための具体策をとる。ここまで来ると、体験を通して現実をより深く理解しているために、目標の定義そのものを修正することがあったり、さらに優れた仮説を思いついたりすることもあるだろう。その際には必要に応じて、「トライアル」からTEFCASプロセスを繰り返す。すでに体験を積んでいるので、トライアルから始めたとしても、プロジェクト進行はかなりスムーズになっているはずだ。

Success

あなたが明確にイメージしていた成功を遂げる。多くの成功者が語るのは、最終的な成功は、当初イメージしていたものをはるかに上回るということだ。プロジェクト終了時には、イメージ以上にはいかなかったと思うこともあるだろうが、プロジェクト終了後、忘れたときに振り返ってみると、行動したことが結びつく結果の大きさに驚くはずである。

またプロジェクトの終了時には、**お祝いをする**ことが大切だ。なぜなら、哺乳類脳は記憶によって、やる気を出すかどうかを判断するからである。今後、よりよいパフォーマンスをあげていくためにも、目標を実現したときには心を喜ばせるお祝いをするようにしよう。

全脳思考モデルが描く曲線は、脳が成功志向であるという機能をベースに開発されたＴＥＦＣＡＳをビジュアル化したものとも言える。このような成功に向けての現実と一致する曲線が、思考段階でもビジュアルで見られることの効果は大きい。なぜなら、プロジェクトを推進する過程の行動や結果を、成功あるいは失敗と判断するのではなく、それを単なる情報として活用することに、常にエネルギーを注ぐことができるからである。

考えてみてほしい。「うまくいった・うまくいかない」と一喜一憂する人と、うまくいかないことをも、成功するためのひとつの情報として即座に活かす人と、どちらが早く目標を実現するか？　その答えは、言わずとも明らかだろう。

サッカーの名将が、私に語ってくれたことを思い出す。

「ゲームの途中で、観客は絶望的になってブーイングを始めるのですが、そのとき、私はまったく気にしないのです。ネガティブな出来事が起こっても、『あれ、どうしてかな?』と思うだけです。『勝つことは決まっているのだから、シナリオを読み違えたかな』と考えて、勝つまでのシナリオを調整するのですね」

つまり名将は、未来に勝利することから逆算して現在の事象の意味を自分に問う。それに対して、凡人は、現在の事象の成否を延長して未来を調整してしまう。全脳思考モデルが結果を出しやすいのは、目標実現までの途中の変化を「成功・失敗」としてではなく、ひとつのデータとして改善策を見いだすという名将の思考に自然になっているからである。


以上、全脳思考モデルが、なぜ「発想」「行動」「結果」を生みやすいのか、その背景にあるメカニズムを説明した。この方法論は、今までの戦略構築フレームワークが外に向かって情報を求めるのに対して、内に向かって情報を探り、内からの動機を引き出していくという点に特徴がある。言い換えれば、内なる知性を最大限に活用していく方法である。

このような明確な違いがあるが、全脳思考モデルは、今までビジネスにおいて使われてきたフレームワークと競合するものではなく、むしろそれを補完するものである。今までのフレームワークが論理的に正しい結論を導くことを目的にしているのであれば、全脳思考モデルは、行動しながら検証していく仮説を見いだすことを目的としているとも言える。正しい結論を求めるのではなく、あくまでも仮説を求め、行動を促す。そして行動を通して、理想の未来を選択する。完璧主義の傍観者ではなく、現実主義の実行者をサポートする思考である。

正直に言えば、「全脳思考モデル」と名づけて、あたかも新しい思考法のように説明をしているが、優秀なビジネスパーソンは全脳思考モデルを当たり前に行っている。

社員三万人の企業で四〇〇名の部下を持つ女性管理職に、全脳思考モデルを試してもらったときのことだ。当初、彼女は、なかなか「未来の顧客」のイメージが浮かばず、この方法は自分には合わないのではないかと不安を感じていた。しかし、そのモデルに従って考えを掘り下げていったところ、ほんの二時間後、彼女は、自分のライフワークとなるようなビジネスコンセプトを得ることができたのである。

その後、私は、全脳思考モデルの裏にあるメカニズム――まさに本章で、あなたにもお話ししてきたこと――を、彼女に説明した。

彼女は、数秒間ぽかーんとしたのち、つぶやいた。

「私、考えてみたら……、今まで、これと同じことを……、ずーっとやってきた……」

さらに確信に満ちた力強い声で付け加えた。

「なんだ。新しいスキルが必要なんじゃなくて、自分が子供のときからやってきたことを、やればいいんじゃない！」

そのとおりである。良質な思考とは、複雑なトレーニングを新たに身につけなければできないものではなく、あなた自身がすでに持っているものをどう生かすかなのである。

6　出典：ジョン・シーリー・ブラウン、ステファン・デニング、カタリナ・グロー、ローレンス・プルサック著『ストーリーテリングが経営を変える』同文館出版

7　ＴＥＦＣＡＳについてはトニー・ブザン著『仕事に役立つマインドマップ』（ダイヤモンド社）に詳しいので、ご参照いただきたい。読者の中には、ＴＥＦＣＡＳが、業務管理サイクルであるＰＤＣＡ（plan-do-check-act cycle）とどのように異なるのかと疑問を持つ方も多いだろう。ＰＤＣＡは生産工程における品質管理システムとして開発されたこともあり、トップが立てた計画を、ラインで高精度に実行していくことが価値を生む工業社会では、非常に有効であった。しかしながら、知識社会においてはＰＤＣＡを当てはめるのは限界があると、私は考えている。

なぜなら知識社会は、「プラン」していない対応を求められることが頻発するからである。事務職においては、計画された生産工程を管理する仕事よりも、むしろ変化に対して柔軟に対応する仕事が多くなっている。それも顧客への個別対応が求められているので、あまりにも対策のバリエーションが多く、しかも画一化できない。たとえば顧客がクレームを言う際には、「社員の言葉遣いがなっていなかった」「笑顔がなかった」、逆に「なれなれしい」「バカ丁寧にすぎる」等のさまざまなケースがある。こうした状況の中で、ＰＤＣＡを使おうとしても、ＣＨＥＣＫする項目すらも明らかにならず、結局、ＡＣＴ（改善）するのも困難だ。

知識社会では、想定しえない出来事に対して、社員一人ひとりが機転の利く対応を行い、その経験を自らのスキルアップに繋げていかなければならない。そうした能力を身につけるうえで、ＴＥＦＣＡＳは非常に強力なツールだ。

第6章

行動するための、ロジカル思考とは？

考えることは、しんどい？

意見は、真っ二つに分かれた。

ある大手金融機関の人材育成担当者が、自社の企画担当者数名に全脳思考モデルを紹介し、意見を求めたときのことである。

約半数の企画担当者は、「これは使える」と、その可能性を高く評価した。しかし、残り半数の意見は否定的だった。ただ、その理由は、この思考モデルの意義や効果を疑問視したからではなかった。

「左脳を使うだけでも、ただでさえ大変なのに、右脳も使うのはしんどい」

なるほど、右脳を使うのがしんどいか……。

彼らの意見を聞きながら、私はトニー・ブザン氏の言葉を思い出した。ブザン氏はマインドマップの開発者であり、左脳だけでなく右脳も使う必要性を強調している。

「徒競争をするときに、どちらか片足を縛って走るのは、両足で走るのに比べてどのぐらいの力が出ると思う？　五〇％？　二〇％？　それとも五％？」

答えは――その数字のいずれでもなく、「マイナス」だと言う。

言われてみれば、そのとおりだ。両足だから走れるのであって、足枷がはめられている状態では、結果を期待できるどころか、走る意欲すら失ってしまう。

脳も同じで、片方の脳しか使わないということは、「脳枷」がはめられている状態。左脳のみで発想し、実績を出せと迫られる。その結果、考えるのがしんどくなり、考える意欲を失う。さらに悲しいことに、枷をはめられている状態に慣れてしまい、もはや枷を外す気力すらなくなってしまう。これは、考えることが価値を生む知識社会においては最悪の事態と言える。優れた能力を発揮する人材を育成するどころか、意欲のない人材を量産してしまうことになるからである。

いったい、いつから考えることはしんどくなったのか？　そしてどうすれば、脳枷を外すことができるのか？

「考えることがしんどい」と感じはじめたのは、おそらく、ここ数年のことであろう。それは経営コンサルタントたちが開発してきた「ロジカル思考」や「フレームワーク思考」といった分析的な思考法が、ビジネス書を通じて盛んに紹介されてからである。

複雑な状況を、チャートや図によって見事に解きほぐすことができる経営コンサルティングの手法は、知識社会へ移行する過程でビジネスが抽象的になればなるほど必要とされるようになった。

当初、こうした分析的思考法は、経営幹部へのプレゼンテーションの際に使われるだけであった。その後、中間管理職が事業戦略や方針を判断・決定する際に、そしてまた若手社員が報告する際にも求められはじめた。

こうして分析的思考が当然になってくると、弊害も生じてきた。専門的に勉強したことがない人にとっては、自信喪失のスパイラルに陥ってしまうのだ。せっかくいいアイデアを思いついても、論理的に正しく説明できているかどうか自信が持てない。思い切って会議で提案してみるものの、自信のなさが相手に伝わり、かえって論理的に弱い部分を指摘されてしまう。見えすぎるぐらいに見えているのに、声を挙げられない。

これではいけないと、ロジカル思考やフレームワーク思考を学ぼうとするのであるが、どのビジネス書を見ても、第一印象、難しい。なんとか読み終えても、わかったような、わからないような……。有能な経営コンサルタントのようにフレームワークを自由自在に使いこなすためには、二年間の集中トレーニングが必要であるとも言われている。ただでさえ処理しなければならない情報量が増えている中、「左脳を使うだけで、もう限界」という弱音が漏れるのも、もっともである。

目的とツールの食い違い

だが、これだけしんどい思いをしなければならないのは、明らかに誤解と混乱による。目的とツールが食い違っているから、必要以上に困難になってしまっているのだ。そもそも多くの論理的・分析的思考法は、経営コンサルタントがクライアント企業の状況を診断し、解決策を提示するために使われてきた。つまり「診断—解決」を主たる目的として開発されたのである。これは医者が患者を診断し、治療方針を決定するのと同じように、試行錯誤は許されない。説明責任が問われるために、事実にもとづいて、できるだけ確かな結論を導き出さなければならない。

一方、ビジネスパーソンが日常、仕事を推進する場合にはどうか？

この場合、説明責任よりも、行動と結果に対する責任が求められている。業績をあげるために思いついた仮説を、実際に行動に移して結果を出すこと、つまり「仮説―行動」が主たる目的なのだ。

その際には、行動によってのみ得られる情報が多いために、試行錯誤はどうしても避けられない。ただ闇雲に試行錯誤するのではなく、仮説の段階で、その前提条件に思い込みや事実の偏りがないように分析的思考でチェックすることが大切になる。

図表6－1の比較を見てもわかるように、経営コンサルタントとビジネスパーソンでは立場が異なるために、求められる思考法も、本来まったく異なるはずだ。それは医者が患者を診断し治療を施すのと、健康な人が体力増強のために運動をするほどの違いがある。前者は間違いがあってはならないので、大量の勉強が必要。後者は、むしろスピーディに決断を行い、実行することが必要だ。

このような大きな違いがあるにもかかわらず、現在、紹介されることが多い代表的なフレームワークは、経営コンサルタントが自らの仕事を行ううえで開発したもの、つまり「診断―解決」目的である。その結果、ビジネスパーソンがいくら学んでも、自分が仕事上で求められている行動や結果にどう結びつくのか、よくわからない。だ

図表6-1｜経営コンサルタントとビジネスパーソンに求められる思考の違い

考えることがしんどいのは、目的とツールが異なるから

	経営コンサルタントに求められる思考	知識社会の現場において求められる思考
主たる目的	診断―解決	仮説―行動
	正確な事実にもとづいた、厳密な論理構築により、できる限り確かな結論を導き出すこと	よりよい仕事をするための仮説を立て、実行すること
プロセス	試行錯誤は許されない	賢い試行錯誤　―　小さなトライアルを積み重ねることが重要
責任	説明責任	行動責任、結果責任
評価ポイント	正確さ	スピード
勉強量	さまざまな論理的フレームワークを学んで経験を積んだ結果、問題に応じて必要なフレームワークを選択できるようになる。 自由にフレームワークを使いこなせるようになるために、2年はかかると言われている	仮説を実行することによって、生じるリスクを最小化するための論理構築、そして周りに理解・応援してもらうためのコミュニケーション法に絞り込んで学べばよい

から、しんどくなる。

もちろん、コンサルタントがクライアントのために用いる診断ツールを学ぶことは、ビジネスの基礎体力を養ううえでは、非常に良い思考トレーニングとなる。また経営コンサルタントが紹介しているフレームワークにしても、「仮説—行動」目的のものが増えてきている。ただ使う立場としては、いったいどんな目的で開発されたのかについて考えることなく、「生き残るためには学ばなければならない」という印象に煽られて闇雲に学びはじめると、ツールに振り回されてしまう。学ぶことが多い割に、よほどの応用力を発揮しない限り、目の前の仕事に直接的に役立つことは少ない。

このように「診断—解決」フレームワークを日常業務に持ち込むことのナンセンスさは、次のジョークで表現されている。

ある羊飼いの話である。牧場で羊の面倒を見ていた羊飼いのところに、高級車に乗った一人のスーツ姿の男がやってきた。その男は羊飼いに、ある提案を持ちかけた。

「この牧場にいる羊の数を正確に当てたら、キミの羊を一頭、プレゼントしてくれないか？」

羊飼いは答えた。

「いいけど、交換条件がある。もし、私があなたの職業を当てたら、その車を私に譲ってくれるかい？」

スーツ姿の男は、まさか羊飼いが自分の職業を当てられるはずはないと考えて、その交換条件を飲むことにした。

「キミの羊の数は、一二六頭さ！」

スーツ姿の男は瞬時に答え、勝ち誇ったように高笑いをした。

羊飼いは面倒くさそうに言った。

「あなたの職業は経営コンサルタントだろう」

スーツの男の顔は真っ青になった。そして悲鳴をあげた。

「ど、どうしてわかったんだ⁉」

羊飼いは答えた。

「だって、人が知っていることをわざわざ教えようとするし、しかも、それでお金をとっていくからさ」

このジョークが示すことは、わざわざ経営コンサルタントに頼んで分析してもらわなくとも、自分の仕事をしている人は、たいてい必要なことはわかっているということである。すでに羊飼いは、一二六頭いることは知っているので、彼がすべき仕事は、羊すべてが順調に育つ未来について考えることである。そのために、いいアイデアを思いついたのなら、現状を診断・分析する手間などかけることなく、実行することにエネルギーを注げばいい。未来への行動に焦点を当てれば、知的作業の大幅な省力化が可能なのである。

たとえばクッシュボール事業であれば、全脳思考モデルによって、「勉強習慣をつけるための教材として提供する」というひとつのアイデアがすでに生まれている。このような仮説にたどりつくのに、「診断―解決」フレームワークを使うことも不可能ではない。混乱した情報を整理するうちに問題の本質が見えてきて、解決策として優れた仮説が見いだされることも多い。そしてその仮説は、正しい仮説であるかもしれない。しかしながら、あなたが自分の事業について考えるならば、わざわざそのステップを踏まなくても、仮説、しかも自分がワクワクできる仮説が見いだせるのである。

このように「面白い！」とワクワクできる仮説が見いだされたとたん、ビジネスには、突然、血が通いはじめる。未来に向かって、ビジネスが自ら動き出すような感じすら起こるだろう。

仮説を実行するプロセスのポイント

仮説を見いだした後に行うべきは、その仮説を実行することである。このためには、どんな作業が必要であろうか？　これが本章で扱うテーマであり、「行動するロジカル思考」のポイントとなる。

結論から言えば、仮説を実行するプロセスで重要なポイントは、次の三点だ。

①理解されること、②納得されること、③応援されること。

どれも極めて重要で、当たり前ではある。しかし、どれも具体的には何をどうすればいいのか、わかりづらい。

そこで、これから、この三つのポイントを満たすために必要となる方法論やツールを具体的に紹介したい。「理解されること」と「納得されること」の二点については、ロジカル思考の基本的な内容であり、さまざまなビジネス書で詳しく解説されている。

そこで本章では、すべての技術を網羅するのではなく、あえてピンポイントで即効性のある技術を共有したい。

その技術は、私がさまざまな論理・分析ツールを学んだ挙げ句の果てに残ったもので、企画・提案を考えるたびに高頻度で活用している。ワンパターンだが、とにかく結果が出るので、きっとあなたにも喜んでいただけるであろう。

三つ目の「応援されること」については、ロジカル思考の分野ではあまり語られてこなかった。なぜなら論理的に正しい提案であれば、「誰もが応援してくれるはず」ということが、暗黙のうちに前提となっていたからである。しかしわれわれは、現実にはそうでないことを十分に知っている。

論理的に正しいだけであれば、人々は応援するどころか、変化に対する恐怖を感じてしまうことさえある。こうした人間の行動原理を知ることは、仮説の実行に向けて避けては通れない重要なポイントなので、ロジカル思考の一環として説明しておこう。

ロジカル思考に苦手意識を感じている人が本章を読めば、「ロジカル思考って、こんな簡単で、しかも楽しくていいんだ」と気づいてもらえるだろう。その結果、次のプレゼンテーションには自信と余裕を持って臨めるようになるはずだ。

また、すでに多くのフレームワークを勉強している人にとっても、大きな飛躍が準備されている。ありふれたフレームワークを覚え、それに無理やり情報を当てはめる段階を卒業し、独自のフレームワークを短時間で生み出せるようになるはずだ。自分が考え出したフレームワークを使って説明することほど説得力を持つものはない。それは知識社会において、最も価値を生む知的資産にもなる。あなたの価値を大幅に引き上げることだろう。

それでは正しい論理ではなく、行動する論理とは何なのか？
あなたの仕事が周りに理解され、納得され、そして応援される、実用的な三つの方法を公開しよう。

行動するロジカル思考②
納得してもらう

見出しを見ていただくと、「行動するロジカル思考②」から始まっているが、ミスプリントではない。第1ステップは「理解してもらう」であるが、第2ステップから説明したい。なぜ順番を逆にする必要があるかと言えば、あなたの提案を周りに理解してもらう前に、まずは自分が納得しなければならないからである。その方法がわかれば、結果として、周りに納得してもらう方法もわかる。

それでは自分が納得するためには、どうすればいいか?

答えは、買い物に行ったときに、どうすれば納得できるかを考えてみればいい。

お店に入った途端に、ひと目で気に入ってしまったジャケットがあったとする。しかし多くの場合、すぐにクレジットカードを出すことはなく、他のジャケットも見せてもらうだろう。そして何着か比較検討した後、「やっぱり最初のジャケットが一番いい」と判断したときに、あなたは納得できる買い物をしたことになる。つまり納得するには、客観的に比較検討するプロセスが必要なのである。

自分が思いついたアイデアについても、買い物の場合と同じことが起こる。219頁で触れたように、自分が気に入ったアイデアは、相手も気に入っているはずと思いがちだ。この思考の偏りは必ず生じてしまう。こうした偏った見方にもとづいて、そのままの勢いでプレゼンしたらどうなるだろうか。

たとえばクッシュボール事業の場合、「勉強習慣をつけるための教材として提供する」という仮説が生まれた。思いついた瞬間はワクワクしているかもしれない。しかしその勢いで提案してみたところ、あなたの同僚は教育にはまったく興味を示さない。さらにはクッシュボールを「ストレス軽減グッズとして販売したい」と、あなたとは違った意向を持っている同僚がいるかもしれない。

こうした場合、あなたがプレゼンで学習市場にしか触れなければ、同僚は自分の存在が十分考慮されていない印象を受けることになる。その結果、どんなに正しい提案だったとしても、納得できないことになる。すると同僚が納得しないだけではなく、あなた自身も納得できないだろう。それはひと目惚れしたジャケットを、そのままレジに持っていくようなものであるからだ。

このように納得するためには、思いついた仮説を他の選択肢と比較検討しなければならない。ワクワクした仮説は、いったん客観視することによって、その熱を冷まさなければならないのである。

それでは、あなたの仮説を客観的に眺めるためにはどうすればよいだろうか?

図表6-2 | 2×2のマトリックス

四角の図形自体が議論を収束・安定化させる性質を持つ

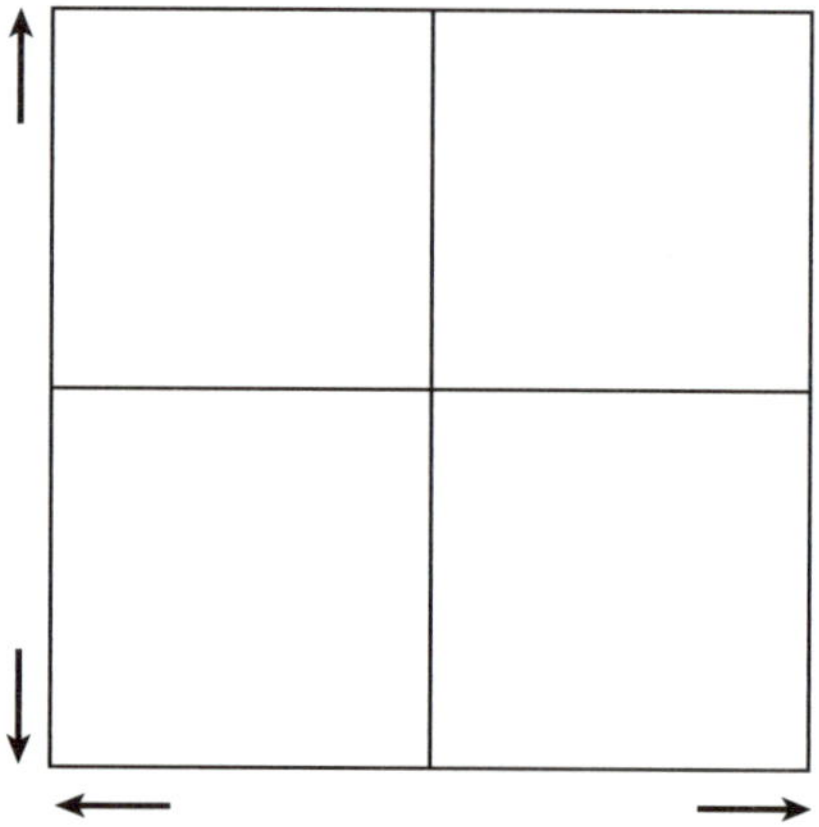

そのために非常に役立つのが、次の2×2のマトリックスである（図表6-2参照）。こっそり言うが、この四角の棚は、経営コンサルタントにとっての最強の武器である。さまざまなチャートを駆使しているように見えるが、混乱した議論を収拾していく場合、ほとんどは単純なマトリックスでこと足りる。理由を説明しよう。

このマトリックスは、クッシュボール事業の全体市場の中で、「勉強習慣をつける教材」という分野の位置づけを客観的に把握するために描いたものだ。あくまでもイメージなので、まだ横軸・縦軸は何にするか決まっていない。後ほど一緒に考えながら、このマトリックスを完成させていきたいと思うが、その未完成のマトリックスにさえ意味がある。

あなたのプレゼンテーション中に、このようなマトリックスを一枚加えることによって、どのような印象を聞き手に与えるだろうか？

これだけで経営コンサルタントのような提案ができるというのは誇張になるが、マトリックスがないものと比較すれば、「ずいぶん考えられた提案」という印象を与えるだろう。「ロジカル思考を勉強したんだな」と周りにも感心されるかもしれない。本当に論理的に考えられているかどうかは別として——それまでは懐疑的だった人までも、マトリックスが提示され、全体像を眺められるようになると、突然、身を乗り出してくる。

その理由はなぜかと言えば、四角という図形自体が、それを見る者に安定感を与える性質を持っているからである。冗談かと思われるかもしれないが、四角という図形はそれだけでロジカルな印象を与えるのである。*8

それは印象だけにとどまらない。実は、論理的な思考の結果として、このマトリックスが生まれるというよりは、マトリックスを描くことによって、良質な論理的思考が始まる。だからロジカル思考したいと思うのであれば、何はともあれ、四角い図形を描いてしまうのがいいのだ。

実際にやってみてほしいが、白い紙に向かってペンを持ち、あとで説明する方法で四角い図形を描きはじめると、仮説をより大きな視野の中で客観視できるようになるために、思い込みやひと目惚れリスクを減らすことができる。そのプロセスの中で、見逃していた点や新しい可能性に気づくことも多い。その結果、どうしようもない仮説から始まったとしても、思考がみるみる洗練されていくのである。つまり、単なる思いつきの仮説であっても――それがあなたをワクワクさせるのなら――図形を描くことにより、早くスムーズに、しかも楽しく真実に近づけるのである。

このように自分で考えながらつくったマトリックスは、プレゼンにおいて非常に説得力を持つ。なぜならば、それをつくる過程で、自分がＡＨＡ！と気づいた内容を話す際には、自然に迫力がこもる。聞き手も何か違うと感じて集中して耳を傾け、ＡＨＡ！と気づきやすくなる。つまり、気づきが伝染していくのである。

このような図形が本来持っている力を活用すれば、ロジカル思考は途端に楽しいものになる。それは利益を生む道具であるというよりも、より広い世界を見るための道具なのである。

それでは、これからいよいよ、その最も楽しい作業に移ろう。自分なりのマトリックスをつくる作業である。

ロジカル思考は、すでに幼稚園から学んでいた

実は、ロジカル思考の基本は部屋の片づけと同じである。

違うのは、それがおもちゃか情報かということだけ。部屋の中のおもちゃを片づけるのとほとんど変わらない方法で、頭の中のごちゃごちゃになった情報を片づけることができるのだ。これがわかると、面白いようにマトリックスが描けるようになる。

頭の中を自由自在に整理できるようになるために、まずはおもちゃでごちゃごちゃになった部屋を、次の5ステップで片づけてみよう。

【ステップ1】全体を把握する

まずやるべきことは、全体像を把握することだ（図表6−3参照）。ぐちゃぐちゃであれば、ぐちゃぐちゃであるという現実をまずは眺めることから、整理は始まる。

図表6-3 | ステップ1：全体を把握する

［ステップ2］仲間を探す

幼稚園のときに、「仲間探しゲーム」をやったときの要領である。「□は□、○は○、△は△と分けましょう」と先生から言われたことを思い出すのである。そのように同じ仲間を探していくのだ。

仲間同士を組み合わせていくと、図表6－4のように、いくつかのグループができあがる。

［ステップ3］整理箱を持ってくる。まずは横方向の仕切りをつくる

おもちゃを収納する整理箱を持ってくる。そして横方向に仕切りをつくってみる。

図表6-4｜ステップ2：仲間を探す

何を仕切りで分けていくかについては、ステップ2で見いだしたグループを眺めながら、より大きなグループを見つけてみる。たとえば、「大きいおもちゃ・小さいおもちゃ」、「濃い色のおもちゃ・薄い色のおもちゃ」といった分類をする仕切りを思い浮かべることができるだろう。

そのようにどんな仕切りを設けるか考えているうちに、あなたは、できれば意味のある整理をしたいと思うにちがいない。片づけを始める前は、単に「部屋をきれいにしたい」と考えていただけなのだが、片づけを始めてみると「今度、遊ぶときに、すぐにおもちゃを見つけられるようにしたい」と、より目的が具体的

図表6-5｜ステップ3：整理箱を持ってくる。まずは横方向の仕切りをつくる

になってくることが多いのである。すると、先ほど思い浮かべた「大きさ」や「色」で分類していく仕切りは、あまり役に立たないことに気づくだろう。そこで見いだしたのが、「ひとりで遊ぶおもちゃ・みんなで遊ぶおもちゃ」という基準で仕切りを設けるというアイデアである（図表6－5参照）。

【ステップ4】縦方向にも仕切りをつくってみる

これまでの作業だけでも、部屋はずいぶんすっきりしてきた。しかし整理箱を見ると、上下にもまだ十分なスペースがある。うまくその空間を使えば、

図表6-6｜ステップ4：縦方向にも仕切りをつくってみる

おもちゃをもっと見つけやすくなるはずだ。そこで横方向にも仕切りをつくることにするのだ。

ステップ２で見いだしたグループをもう一度眺め、他に大きなグループをつくることができるか考えてみる。たとえば、「電源が必要なおもちゃ・必要でないおもちゃ」というグループが考えられたとしよう。すると先ほどの整理棚は、さらに区分けできることになる（図表６－６参照）。

ところが、ここで問題が生じる。

せっかくきれいに整理できたのであるが、棚を見ていて何かしっくりこない感じがする。気持ちが悪いのだ。その理由を考えてみると、「今度遊ぶときに、すぐにおもちゃを見つけられる」という目的には、うまく当てはまっていないように感じるのだ。たとえば、「電源コンセントのないところに旅行に行く」という場合には、この整理の方法は非常に便利だろう。しかし、そのような旅行に行く頻度は少ない。そこでせっかくの整理箱をうまく使いこなすことができない。

［ステップ5］もう一度、仕切りを考え直す

一度失敗してみた後に、もう一度先ほどのグループを眺めてみると、別の区分けの仕方が浮かんできた。「インドアで遊ぶおもちゃ・アウトドアで遊ぶおもちゃ」という基準で分けたらどうなるであろうか（図表6－7参照）。

できた整理箱を見ると、先ほどとは打って変わって気持ちがいいのである。ピタリとはまった感覚がある。そして、そうした箱を見ていると、単純に整理された以上の効果が表れてくる。

「外で遊ぼうか、それとも部屋で遊ぼうか」「友達を誘うか、それともひとりで遊ぼ

図表6-7｜ステップ5：もう一度、仕切りを考え直す

整理することで、実現しようとする本当の目的が見えてくる

うか」というように遊びの選択肢まで浮かんでくる。このように整理された情報は、あなたにアイデアをもたらしてくれるのである。

実は、ここまでの作業ができれば、ロジカル思考の重要なひとつのスキルを、もう学んでしまったようなものだ。このようにすべての要素をダブリなく・漏れなく片づけられることを、ロジカル思考ではＭＥＣＥ（Mutually Exclusive and Collectively Exhaustive）と呼んでいる。

部屋の中に散らかっていたすべてのおもちゃを箱の中にしまうことができる状態は、漏れなく整理されている状態（ＭＥ）である。またひとつの区切りの中に同じおもちゃが二つ以上カウントされることがない状態が、ダブリなく整理されている状態（ＣＥ）だ。もちろんおもちゃはダブって整理されることはあり得ないだろうが、これが情報の場合には二重にカウントされてしまうこともあるので、こうした区別が必要だ。

このように幼稚園で教わったことが、ほんの少し視点を変えるだけで、ビジネスパーソンにも役立つのである。

頭の中のごちゃごちゃを整理する方法

このおもちゃの整理法は、頭の中の情報整理にも、そのまま活用できる。早速、クッシュボール事業に当てはめてみよう。どのように顧客ターゲットを分類・整理することができるだろうか？

［ステップ１］ 全体を把握する

ごちゃごちゃになった部屋と同様、ごちゃごちゃになった頭の中全体を見渡したい。

図表6-8｜ステップ1：全体を把握する

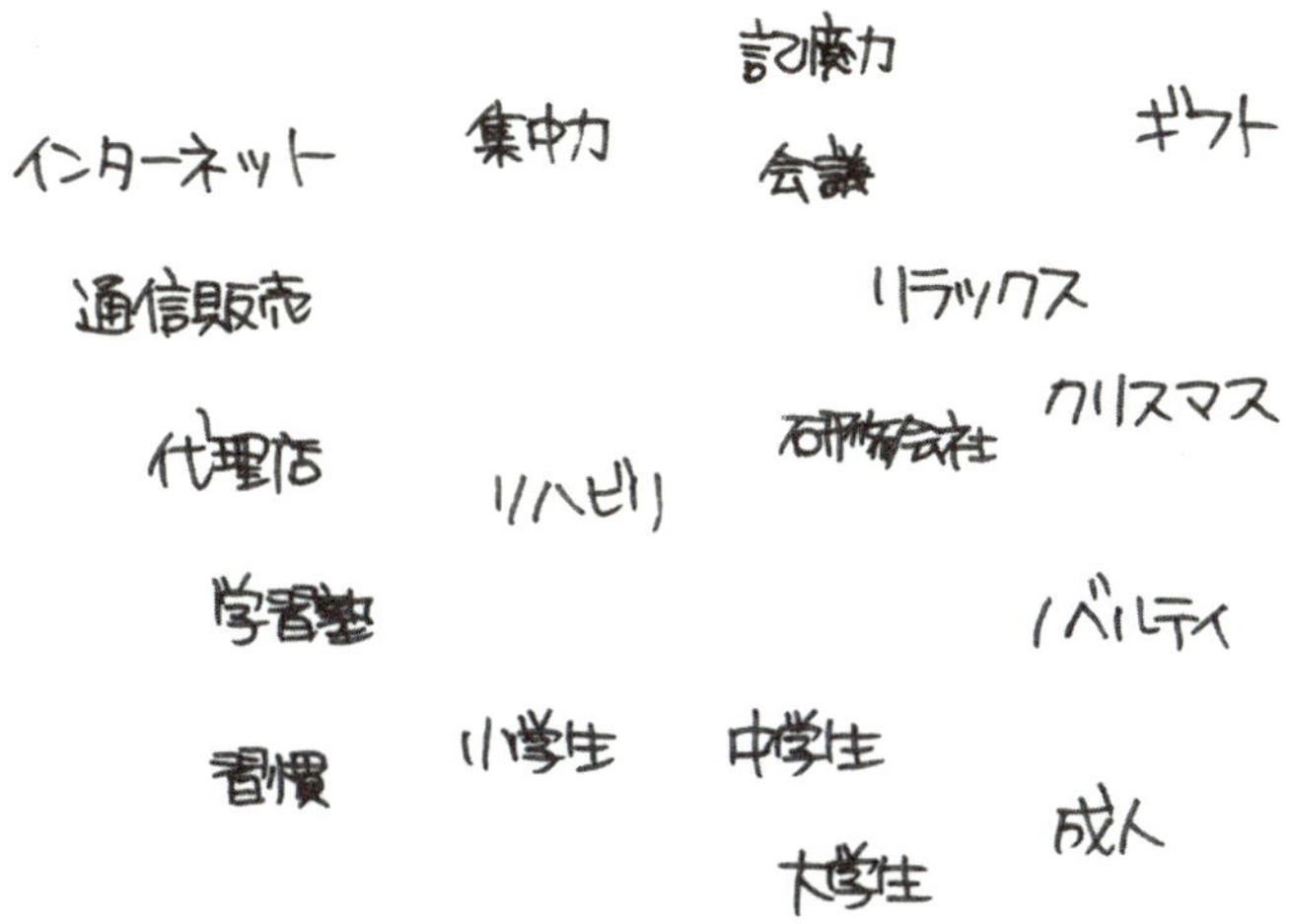

しかし頭の中は、物理的に見えるわけではないので、それを紙の上に書き出して見えるようにしてみよう。

「ブレインダンプ」と呼ばれる方法だ。やり方は、シンプル。白い紙を広げて、頭の中に思い浮かんだ言葉を、次から次へと書き出していく。要するに、脳の中身を全部ぶちまける《ダンプする》。ごちゃごちゃの情報をごちゃごちゃのまま、吐き出してしまえばいいのである。その際には、頭で考えるようにするのではなく、できるだけ手に考えさせる。手が動くままに、スピーディに言葉を書き出していく（図表6－8参照）。

図表6-9｜ステップ2：仲間を探す

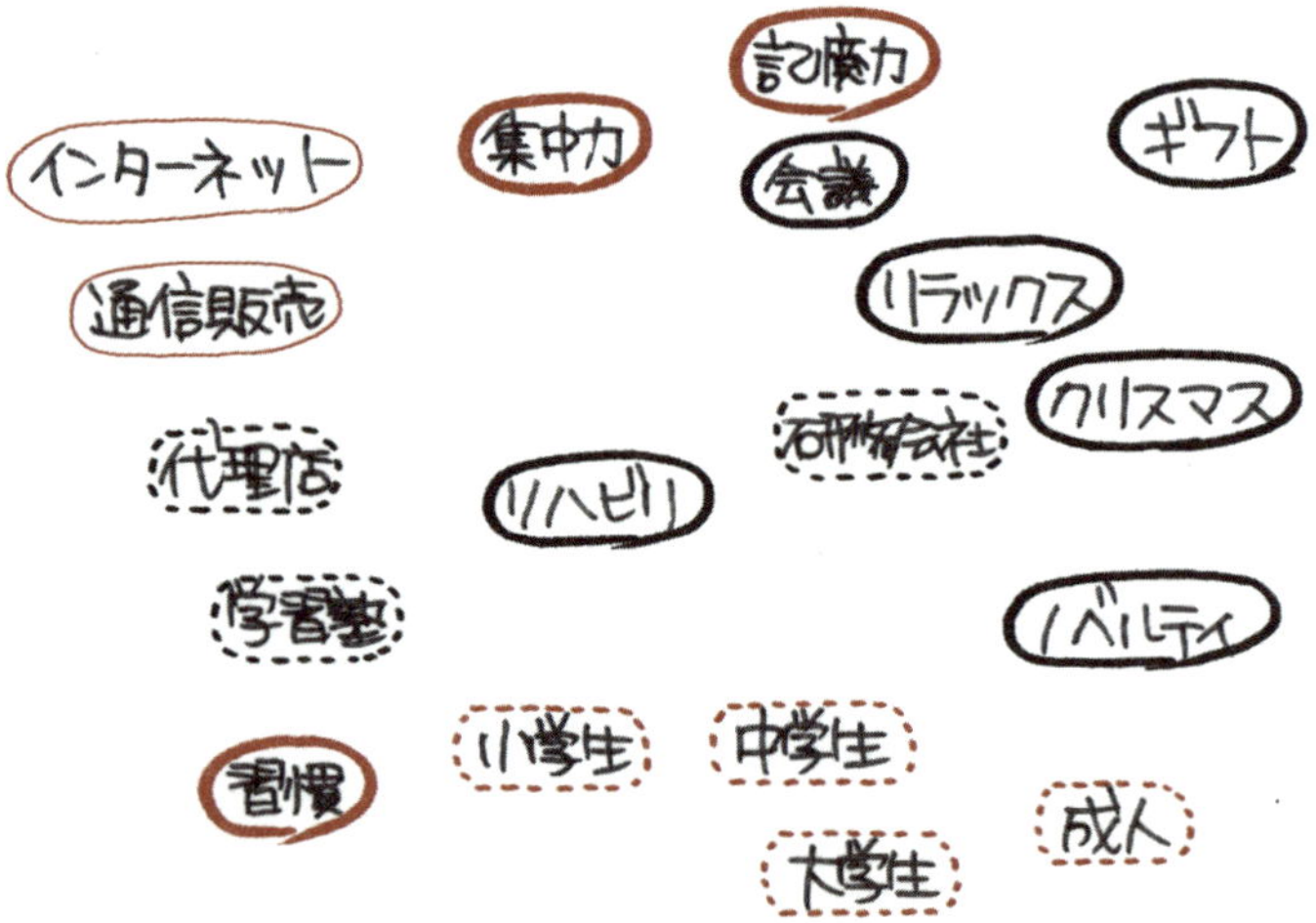

［ステップ2］ 仲間を探す

おもちゃと同じように、仲間を探してグループをつくる。おもちゃは物理的に並べ替えるが、情報の場合には、カラーマーカーを使って仲間同士をくくっていけばいい（図表6－9参照）。

［ステップ3］ 整理箱を持ってくる。まずは横方向の仕切りをつくる

おもちゃを整理したときのように四角い箱を用意するが、情報を整理する場合には、白い紙に四角い箱を書いてあげるだけでOKだ。そのように手を動かしながら、ステップ2で見いだしたグループより、さらに大きなグルー

図表6-10｜ステップ３：整理箱を持ってくる。まずは横方向の仕切りをつくる

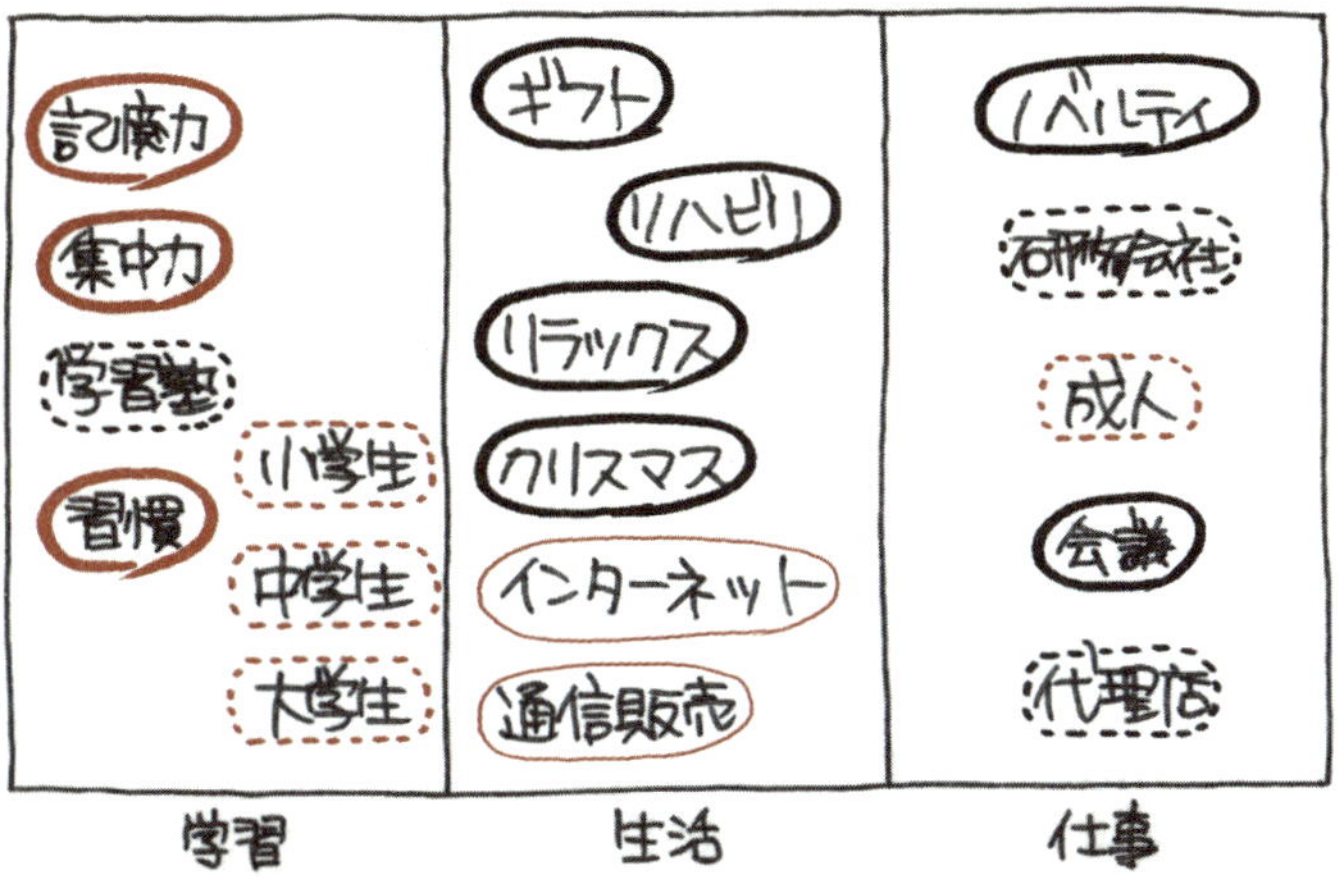

プを考えてみる。

すると「学習」、「生活」、「仕事」という大きなグループが三つ思い浮かんだ。整理棚の横方向の仕切りは、この三区分にしてみよう。それぞれの区分けの中に、ブレインダンプで書き出した情報を入れていけばいいのである（図表6－10参照）。

［ステップ4］縦方向にも仕切りをつくってみる

さらに箱を見ただけで情報を取り出しやすくするために、上下にも仕切りをつくってみたい。分ける基準を何にしようかと、ステップ2のグループリ

図表6-11 | ステップ4（1stトライ）：縦方向にも仕切りをつくってみる

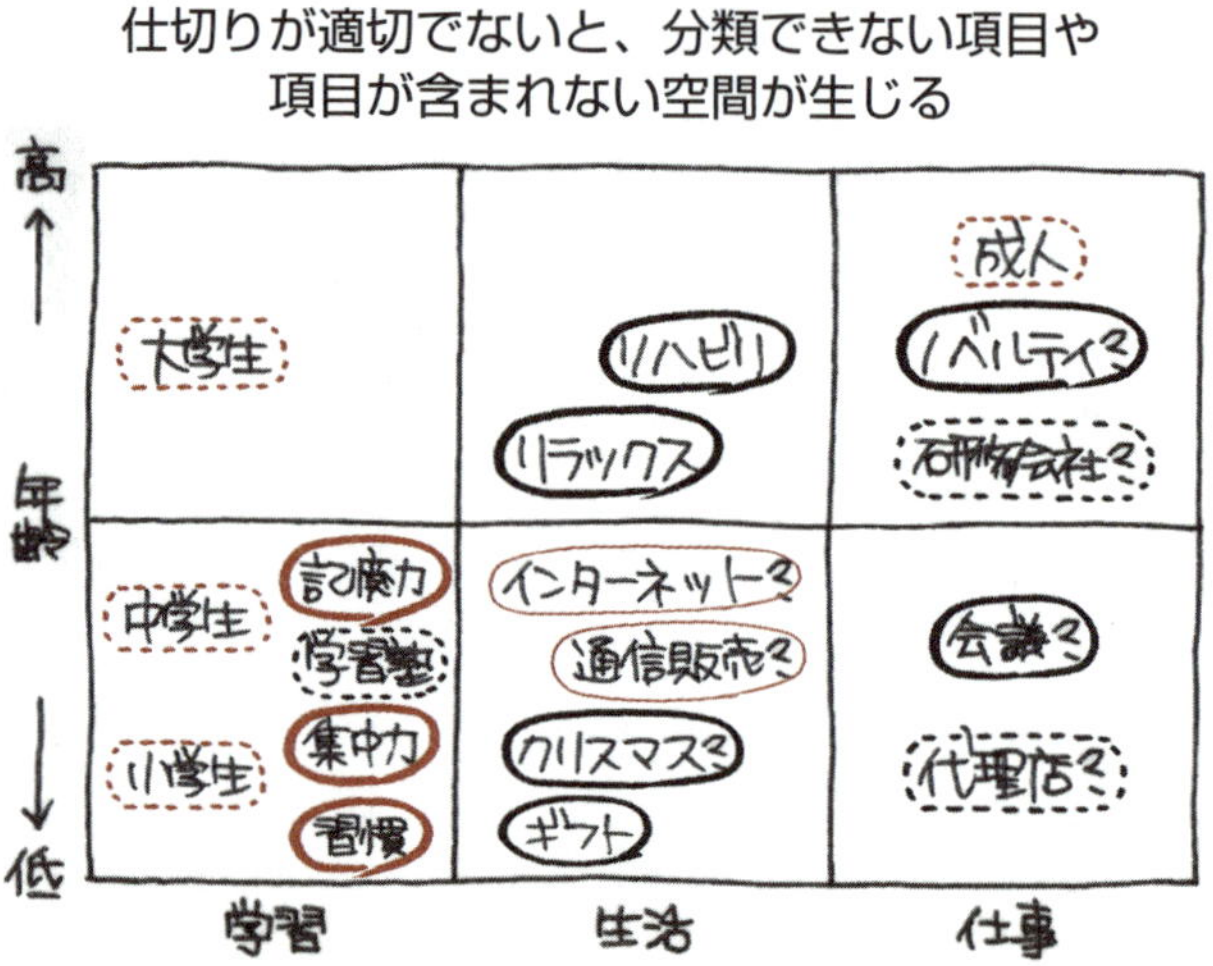

ストを眺めていると、「年齢」という文字が目に飛び込んできた。「これは、うまくいく！」と思い、縦軸を年齢として整理しはじめたのだが……（図表6－11参照）。

これは途中でうまくいかなくなった。箱の仕切りの中に収めはじめてみると、どうもしっくりしない。たとえば、一〇歳以下という年齢の区分けを設けると、「仕事」や「生活」分野では、なかなか当てはまる情報が見つかりそうもない。すなわち、空きっ放しの空間がいくつもできてしまうことになる。

このように実際に箱を描いてみて、

図表6-12｜ステップ５：もう一度、仕切りを考え直す

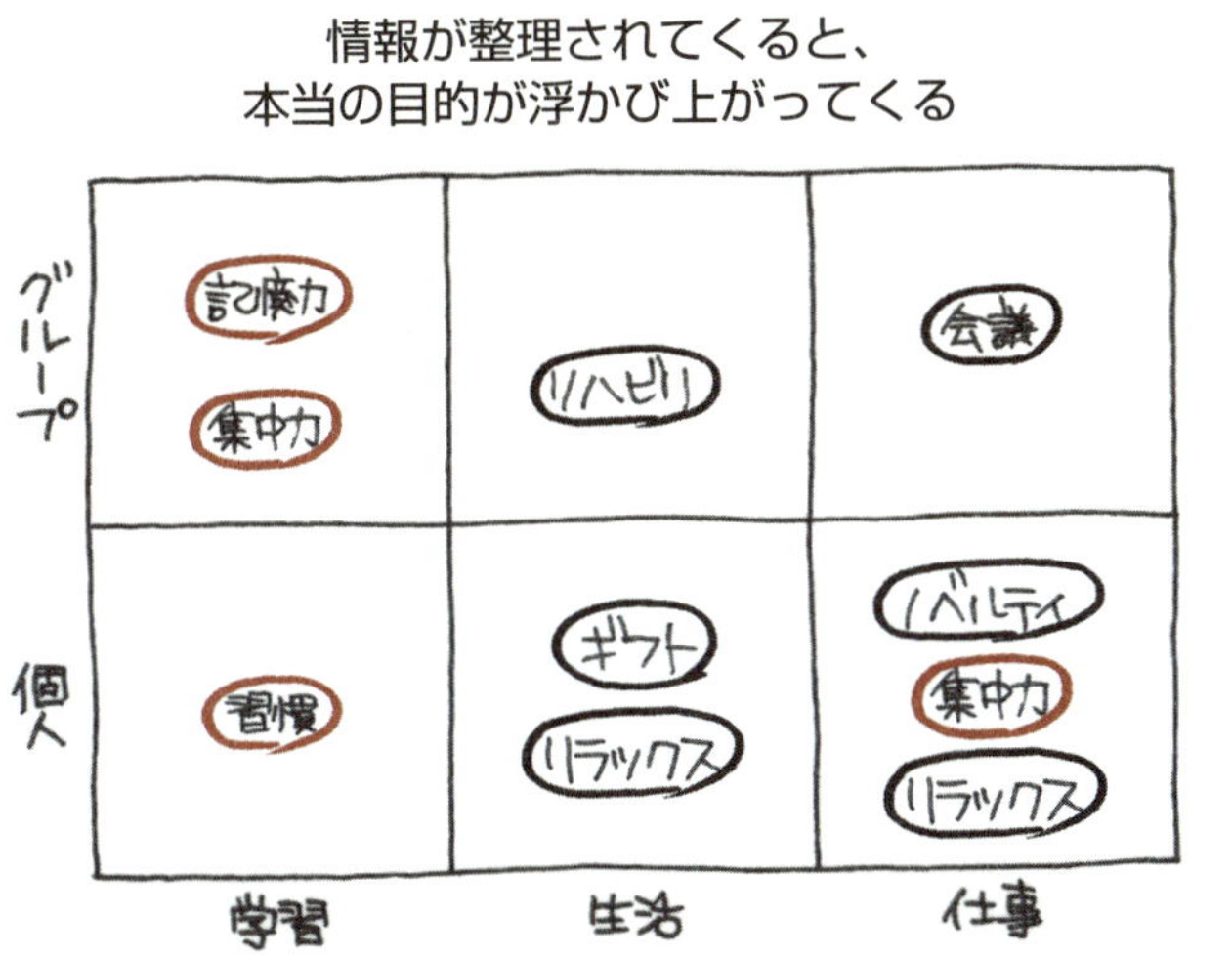

失敗することが大切だ。ジャケットも何着か試着してみて、本当に合うもの合わないものがはっきりしてくる。ほかの選択肢と比較している過程で、ほんとうの自分の目的や意向がはっきりしてくるのである。これが試行錯誤することの価値である。

［ステップ５］もう一度、仕切りを考え直す

ここで気づいたのは、もう少しバランスよく情報を整理できるような基準で区分けできないかということである。

すると先ほどのおもちゃと同様に、「個人でクッシュボールを使う場合・複数人数で使う場合」という基準で仕

切りを設けることができると思い浮かんだ。そこで「個人・グループ」というラベルをつけて、上下に区分けしてみた（図表6－12参照）。

箱が完成したとたん、すべてがしっくりと収まる感覚がする。見ていて気持ちがいいのである。これが正しいロジックの合図である。

「しっくりくる」とか「気持ちがいい」という表現は、ロジカル思考にはそぐわないという印象があるかもしれない。しかし、実際に有能なコンサルタントたちと仕事をしていると、彼らはこのように身体感覚を使って、論理の正しさを最終的に判断していることが非常に多い。

整理された情報を眺めていると、先ほどおもちゃを整理したときと同様に、マトリックスを見ているだけで、さまざまな気づきが生まれてくる。たとえば、グループの学習に使うのであれば、クッシュボールを投げ合いながら記憶力を高められないか、個人の生活で使うならばストレス緩和に効果をあげられないか、グループの仕事で使うのならば会議をファシリテーションするために活用できないか、といった具合である。このように頭の中にごちゃごちゃになった情報を整理することによって、今まで見過ごされていた市場も浮かび上がってくる。

夏目漱石は、小説『三四郎』の中で、「日本より頭の中のほうが広いでしょう」と書いた。視点を高くすることによって可能性は広がっていくということを指摘した言葉であるが、マトリックスは狭い範囲での思考から抜け出して、より高い視点から自分自身の可能性を眺めてみることができるようにする高速エレベーターとも言えるだろう。

三つのヒント

自分自身のオリジナル・マトリックスをつくるうえで、役立つヒントを三つご紹介しよう。

まず縦軸、つまり二番目の軸を設定する際には、一番目とまったく無関係な軸を持ってくるといい。たとえばクッシュボールであれば、はじめの「学習」「生活」「仕事」という軸と、まったく関係がない基準を縦軸に持っていくのである。この場合、縦軸は「個人で使う・複数人数で使う」という基準であり、横軸の基準とまったく関係ない。水と油の関係だ。

このように基準が重ならないように縦軸・横軸を設定すると、その整理棚はしっかりと落ち着いた形に収まる。きちんと縦と横を九〇度に組み立てた棚はしっかりと安定しているのと同じである。

はじめに設定した軸は「年齢」であったが、これがうまくいかなかったのは、「学習」「生活」「仕事」という軸と相関関係があったからだ。縦軸と横軸の関係が近いので、あたかも傾いた棚のように安定感がない。絶対のルールではないが、一番目の軸の概念を探す際の、ちょっとした目安になるだろう。性質の違う材料で器をつくると、その器は大きくさまざまな要素を包み込むことができるのである。

二つ目のヒントとして、2×2と2×3のマトリックスを使い説明してきたが、仕切りの数はもちろん目的に合わせて、いくつでもいい。3×2でも3×3でもかまわない。要するに、部屋の片づけのように、整理した後にどこに何があるかがわかればいいのだから、仕切りは自由に設ければいい。

また明確に仕切りを設ける必要もない。例を挙げれば、私がマーケティングにおいてよく使うチャートに「ニーズ・ウォンツ分析チャート」[*9]がある。この場合には図表6-13のように、それぞれの軸で「高い・低い」の程度を設定している。

図表6-13｜ニーズ・ウォンツ分析チャート

ニーズとウォンツの双方を検討することで、
売りにくい商品を売りやすくできる

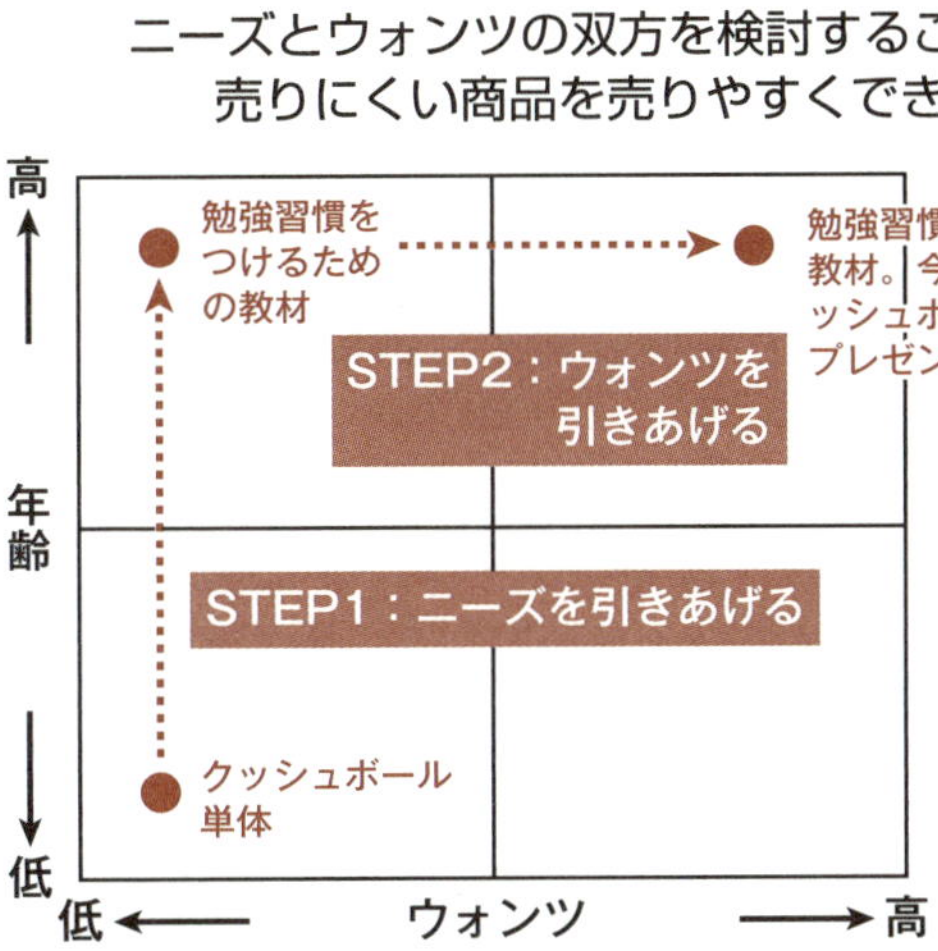
勉強習慣をつけるための
教材。今ならお好きなク
ッシュボールをもう一個
プレゼント！
STEP2：ウォンツを
引きあげる
STEP1：ニーズを引きあげる

簡単に説明しておこう。ニーズとは、「この商品がなければならない」という必要性の程度、ウォンツとは「この商品がほしい」という欲求の程度を示すものだ。「なくてはならない」しかも「ほしい」という程度が高ければ高いほど、顧客はクッシュボールを買う傾向が高くなる。

たとえば、クッシュボール事業において、小学生低学年に顧客対象を絞って考えてみると、「クッシュボール単体」で販売した場合には、必要でもなければ、ほしくもない。すなわち、ニーズもウォンツも低く、非常に販売しにくい商品であることがわかる。「勉強習慣をつけるための教材」として販売した場合には、多くの家庭で子供の勉強習慣をつけなければならないという時期は訪れると言ってもいいので、ニーズは高いと考えられる。しかしウォンツは高くない。なぜなら、クッシュボールを使った教材がどんな効果を持つのか顧客対象にはわからないので、ほしいという欲求《ウォンツ》が起こらないのである。そこでチャート上では、左上の場所に位置づけられている。この教材を販売するためには、ウォンツを高めて、左上から右上へとポジションを移動させなければならない。

その工夫としては、クッシュボールを活用した結果、子供が勉強する習慣がついたということをうれしそうに語るお客様の声を集めた映像をつくってみたり、また「今ならお好きなクッシュボールを、もう一個プレゼント!」という限定の販促企画をつくったりしながら、ウォンツを引き上げることが考えられる。

このように現在の位置づけを固定的に分析するよりも、むしろ現在の頭の中を見えるようにして、突破口となる発想を生み出すツールとしてこのチャートを用いることもできるのである。抽象的な世界を見える形にしたとき、仕事のアイデアは予想以上に湧いてくる。

最後に、情報整理の方法については、この整理箱を使う以外にも多数の方法がある。それを網羅したいと思うのであれば、最も簡単な方法は、プレゼンテーション用ソフト・パワーポイント二〇〇七にSMART ARTという機能がある。そのタブをクリックするだけで、「手順」「循環」「階層構造」「集合関係」「マトリックス」「ピラミッド」といった六種類のパターンを一覧できる。

ただ少し前に言ったように、その中でも高頻度で使われるのがマトリックスである。この四角の箱で整理することを覚えてしまうと、あとは箱の形を変えるだけなので、スムーズに情報を整理できるようになってくる。ロジカル思考とは、部屋の片づけとなんら変わらないことがわかれば、そのコツはもはや飲み込んだようなものなのだ。

行動するロジカル思考①

理解してもらう

これからお話ししたいのは、スピーチの達人になる魔法だ。

スピーチの達人になれれば、ロジカル思考の達人にもなれる。なぜなら、少し考えればわかるとおり、スピーチとは背景の異なる多数の人々の関心をとらえて、わかりやすい話をすることである。そのためにはロジカル思考の技術を総合的に使わなければならない。逆に言えば、優れたスピーチの型を学んでしまえば、同時にロジカル思考のエッセンスも学んでしまうことになる。まさにスピーチの型は、ロジカル思考の結晶なのだ。

そこであなたにスピーチの達人になっていただくために、私が非常に重宝しているスピーチの型を共有したい。この型はとてもシンプルなのであるが、一度理解してしまうと、短時間で話す内容を考えたり、文章の構成をまとめたりするのに抜群の効果を発揮する。おそらくあなたも生涯手放せないツールとなることだろう。

それでは、クッシュボール事業に当てはめながら、この型を習得してみよう。

これからクッシュボール事業について、プレゼンテーションをしなければならない状況を想像してみていただきたい。あなたなら、どんな構成の話にするだろうか?

まずは、クッシュボール事業について、これまでのところ浮かんできたアイデアをもとに、今の時点でプレゼンテーションに含めたいポイントにはどんなものがあるか、まとめてみよう。

- 落ち着いて勉強ができない子供たちに、勉強の習慣を短期間で身につけるようにさせる道具として活用できないか？
- 単にクッシュボールというオモチャを販売するのではなく、教材と組み合わせて、集中力をつけて勉強するノウハウや、スピーディに記憶するノウハウ、さらには、親子間コミュニケーションを増やしながら学習するノウハウとして販売する。
- より大きな視野で見た場合、クッシュボールの対象となる市場は、「学習」「生活」「仕事」分野に分類できる。さらに、それぞれを「個人向け」そして「グループ向け」に分けることができるが、どの分野に広げていくとしても、クッシュボールの効果的活用法についての事例を集めることが必要。
- 個人向け学習におけるクッシュボールの効果的活用事例を集め、そのプロモーション映像や資料を制作する。その結果、グループ向けの「学習」「仕事」分野へのアプローチもスムーズになろう。

この段階では、プレゼンテーションになるほどの内容とも思えないだろう。しかし、ここで重要なのは、完璧を期すことではない。完璧な情報を集めてから話そうとすると永遠に時間がかかる。

実は、いいやり方がある。

脳は、全体を把握していた場合、その一部を知っただけで、全体を想像することができる。空白を埋める力があるのだ。ジグソーパズルを思い浮かべれば、その力を知ることができる。ひとつひとつのピースを見ても、その図柄から全体像を想像するのは難しい。しかし、いったん全体像が把握できていれば、脳は足りないところを想像で補い、部分と部分をつなぎ合わせ、スピーディに全体像を組み立てていく。

このプロセスは、スピーチ作成も同じである。今、見えている四つのポイントからスピーチを組み立てようとしても、なかなか全体像は見えてこない。そこでプロセスを逆にして、まず全体像を把握してしまう。次に先ほど挙げた四つのポイントをはじめとして、わかるところから埋めていく。すると脳は全力を挙げて、まだ見えていないところを補う作業に取り組みはじめるのだ。

「スピーチの結晶」による六〇分間スピーチ

まずは優れたスピーチの全体像を把握するところから始めよう。聴衆を引き込み、

図表6-14｜スピーチの結晶を活用した60分間スピーチの骨格

	セクション	目安の時間	内容
1	オープニング（つかみ）	ほんの2～3分	関連するエピソード、冗談、感謝、（お詫び）、イエスセットなど
2	テーマ（主題）	1分弱	今日、私がお話しするのは……
3	プレミス（前提）	ほんの2～3分	私の意見では……
4	バックグラウンド（背景）	3～5分	そのように考えるにいたった背景を申し上げますと……
5	プルーフ（論拠）1	時間に応じ、いかようにも長くすることができます	三つの論点があります。ひとつひとつ説明します。ひとつ目は……、
	プルーフ2		二つ目は……、
	プルーフ3		三つ目は……、
6	コンクルージョン（結論）	ほんの2～3分	結論としましては…… ・プレミスとほぼ同じことを繰り返します。 ・オープニングに関連することに触れると感動します。

そして内容を理解してもらえるスピーチの型は、図表6－14に示したようなものである。

スピーチの結晶は、六つの要素からできている。まずは早速、この要素をすべて含んだクッシュボール事業に関するスピーチ例を見てほしい。

❖❖❖

【オープニング】

みなさんは、子供のころ、はじめて机に向かって、勉強したときのことを覚えていますか？　考えてみれば、子供にとっては、とても大きな変化です。じっとしていることなく遊んでいた状態から、机の前にじっと座るのですから。

私の子供は五分と座っていることができませんでした。集中力がなく、まったく宿題に手がつかないのです。そうした状況を長い間心配しておりましたが、その問題が、カラフルなゴムのボールによって、嘘のように改善に向かいはじめたのです。身体を使わないで学習するということ自体が、子供にとっては苦痛だったのです。

【テーマ】

カラフルなゴムのボール――これはクッシュボールと呼ばれていますが、今日お話ししたいのは、このクッシュボール事業の可能性についてです。そもそもクッシュボールは子供向けの玩具でしたが、教育事業としての市場性を探ってみたいと思います。

【プレミス】

私の意見では、これから情報社会から知識社会に向かう中、クッシュボール事業は大きな可能性があると考えます。クッシュボールだけでは収益性に限界がありますが、教材と組み合わせることにより、粗利益率が七割を超える商品となり、初年度の出荷数は三〇〇〇セットを見込んでおります。

子供に学習の習慣をつけるという極めて大事なタイミングにおいて、こうした学習玩具は今まで見過ごされていた分野です。またこの学習法は、子供に孤立しながら学習させるのではなく、親子のつながりを学びによって強めていく効果もあります。そこでコミュニケーション学習法という新しい分野を立ち上げる可能性も考えられるでしょう。

【バックグラウンド】

私がこのクッシュボールの事業性について調べました背景には、自分の子供と同じような問題を抱えているご家庭が非常に多いことを知ったからです。最近はテレビゲームや携帯電話などさまざまな誘惑があり、それがきっかけで勉強習慣がつかないだけではなく、親子のコミュニケーションも犠牲になっています。私たちの家庭の経験を踏まえて、このような問題に本質的な解決に繋がる事業ができないだろうかと、その市場性とポテンシャルを探ってみました。

【プルーフ】

これからのプレゼンテーションでは、私がクッシュボールの事業性を、市場規模、顧客ターゲットの優先順位、今後の事業拡張性の三つの点から説明します。

1. （ここで市場規模、および競合を含めた代替商品について論じます。※詳細は省きます）
2. （ここで顧客ターゲットの優先順位を論じます。※詳細は省きます）
3. （ここで今後の事業拡張性について論じます。※詳細は省きます）

【コンクルージョン】

結論といたしましては、学習習慣をつける年代である子供を持つご家庭を対象に、このクッシュボール事業を始めることにより、将来的には、社会人教育を含めた教育全般に対する拡張性がある事業を運営できると考えています。

勉強ぎらいと思われていた子供たちが、身体を使って勉強してもいいとわかった途端に、突然、運動も勉強もできるようになることがあります。思い出してください。あなたがはじめて机に向かったときのことを。すぐに勉強に集中できたでしょうか？今の子供たちは誘惑が多く、昔よりも困難な環境にいます。この事業が、そうした新しい環境の中で、勉強の習慣をつけるひとつの、しかし貴重なきっかけになることを信じています。

⁂

この例は、あくまでもスピーチを前提としてつくっているので、プレゼンとしては「やりすぎ」の点があることはご了承願いたい。後ほど、より客観的にプレゼンするための基本的なロジックを説明するので、それがわかれば、「やりすぎ」の部分を取り除くことができる。その結果、このスピーチを、典型的なビジネスの会議でのプレゼンにふさわしくすることは、とても簡単な作業である。

ここで理解していただきたい点は、スピーチの結晶を使えば、はじめから最後まで、つかえることなく流れるように話を把握できるようになることである。一度、その仕組みを飲み込んでしまえば、あなたもスムーズにスピーチをつくれるようになれる。

そこで、スピーチの結晶を構成する六つの要素を詳しく説明しておこう。それぞれのパートの時間の目安を示すために、スピーチ全体の時間は約六〇分を想定しているが、より長くなっても短くなっても、「型」自体は同じである。

【オープニング】

聞き手に安心感を与え、これから話す内容について関心をとらえるための、つかみの部分である。聴衆に感謝を述べたり、冗談で笑いをとったり、またはその日に関連するようなエピソードを語ったりすることが多い。時間としては、一〜二分。

オープニングで使われる具体的な方法としては、イエスセットと呼ばれる方法もある。どんな聞き手であっても、「うん、うん」とうなずけるようなメッセージを、スピーチのはじめに繰り返す。たとえば、「今日は、大変お忙しい中、皆様、さまざまなところから、いらっしゃっています」。このようなメッセージに対しては、誰も否定できない。そして次も肯定できる内容を話す。「今日のテーマを事前にご覧になって、この会場にいらっしゃる方もあれば、何も知らされずにお越しになった方もあるでしょう」。このように誰もがイエスとうなずける内容を繰り返すことによって、次第にあなたの話に聞き手を引き込んでいく。

この部分は、ロジカル思考には関係がないように思える。しかし理解していただくという目的にとっては、非常に重要な部分である。なぜなら前章で説明したとおり、論理をつかさどる「人間脳」が機能するためには、その前提として、危険でないことを知らせる「爬虫類脳」を安心させ、その後、さらに好き嫌いを判断する「哺乳類脳」を満足させなければならないからだ。つまりあなたが、聞き手にとって危険な存在であったり、また好ましくないと判断されたりする印象を冒頭に与えてしまうと、その後、どんなに正しい提案をしても、内容を理解するまでにいたらないからである。

そこで、オープニングでは、安心と信頼できる場をつくることによって、聞き手側が論理的な話を処理する準備を整えられるようにするのである。

【テーマ】

「今日の、テーマは○○です」と明確に述べる。時間としてはほんの一分弱である。テーマを冒頭ではっきりと述べる理由は、焦点を絞り込んだ話をするためである。このようにテーマをはっきり定めないと、まったく要点がはっきりしないまま、だらだらと話しつづけてしまう。終わりのほうになって、ようやく何をしゃべっているのか自分でもわかりはじめ、「私が言いたかったことは……」とオチをつける場合がある。

これでは相手は、最後まで何について話したいのかわからないまま、聞きつづけることになる。テーマを明確にすることは、スピーチの最終着地点を明確にすることだ。ゴールを共有することにより、お互いの理解が進む。

【プレミス】

「私の意見では、○○です」とテーマに関する主張を述べる。プレミスとは、趣旨という意味である。この部分で自分の主張をはっきりと打ち出す。意見を明確にするだけだから、時間はさほど必要がない。ほんの一～二分となる。

テーマに関して、あなたがどんな意見を持っているのかわからないままに話が続いてしまうと、聞き手はどのようなスタンスで聞いていいのかわからないために、途中で集中力を失ってしまいがちだ。また自分自身も、思っていることを思っているままに話し出すと、途中で意見が矛盾してきてしまうこともある。自分では意見をしっかり持っているように思っていても、きちんと言語化しておかない限り、意見は揺らいでしまうのである。

プレミスを考えるコツは、「要するに言いたいことは……」「ズバリ、言いたいことは……」の後に続く文章を埋めてみることである。まさにこれは聞き手にとって、最も聞きたいポイント。このようにスピーチの本論に行く前に、自分の意見を明確に打ち出すことは、ロジカル思考の基本である「結論から先に述べる」という原則に則っている。


【バックグラウンド】

「私が○○という意見を持つにいたった背景は……」というように、プレミスで主張した意見を形成するにいたった背景について話をする。時間的には三分から五分程度。

このように背景を説明することによって、より深く聞き手に理解してもらうことができる。単純に反対・賛成ということではなく、その意見を形成することになったあなた自身の体験や経験、人となりについて情報共有できるからである。

［プルーフ］

根拠という意味である。プレミスで述べた意見の根拠を詳細に説明する箇所だ。スピーチのメインになるところであり、この根拠を述べる長さが、長くなったり短くなったりすることで、スピーチ全体の時間が決まる。言い換えれば、オープニングからバックグラウンドまでの話す時間は、スピーチ全体の時間が長くなっても短くなっても、さほど変わらないのである。短いスピーチであれば、プルーフを簡略にしたり、その数を少なくしたりして時間を調整する。逆に長いスピーチであれば、プルーフを詳細に、またその数も増やしていく。それに従って説得力が増すことになる。

プルーフについて話しはじめるときに最も重要なことは、まず話の見通しを立てることである。例を挙げれば、「三つの観点から説明させていただきます」「私の提案についてのメリット、デメリットを説明します」「この技術をマスターする七つのステップをお話しします」。このように地図で目的地を説明するように、話が向かう先をあらかじめ伝えることによって、聞き手は情報を整理しながら理解できるようになる。

見通しを立てる方法であるが、最も頻繁に使われるのは、三つのポイントを述べる方法だ。「魔法の数字三」と呼ばれている。もちろんポイントの数は、三つでも四つでも、さらにそれ以上でもいいのであるが、数字の三は、議論を推進するためにはうってつけである。その理由は、三点測量法を思い浮かべていただければいい。空間の位置を特定するときに、XYの二点では特定できず、XYZの三点になったときにはじめて特定できる。同じようにあなたの意見についても、二つの根拠では曖昧に聞こえる。三つになったときにはじめて説得力が増す。実務的に考えても、ひとつ二つでは足りないが、四つも五つも聞かされると冗長すぎてしまうので、適切なのは三つということだ。

これは半分冗談として聞いてほしいが、話すことが十分に詰まっていなくても、「理由は三つあります」と言い切ってしまうことは、効果的なテクニックである。会議への席上で「重要なポイントは三つあります」と発言した人も、実際には二つのポイントしか述べなかったり、三つ以上の重要なポイントがありながら、無理やり三つにまとめてしまったりすることは珍しくはない。聞き手側もポイントの数が正しいかどうかをとやかくいう人はいない。むしろ「三つのポイントがあります」と宣言されたほうが、安心して、聞く準備を整えられる。魔法の数字三は、推進力を持つ。あなたがロジカルな人という印象を与えるための、最も簡単な方法なのだ。

［コンクルージョン］

コンクルージョン、すなわち結論では、新しい情報を出すことなく、プレミスをそのまま繰り返す程度で十分である。それゆえ時間は、二～三分、長くても四～五分となる。

スピーチを終える際に、ちょっとした感動を呼ぶヒントを共有しておこう。オープニングに触れたことに関連するような情報に再び触れるのだ。クッシュボールのスピーチの事例をもう一度見ていただきたいが、「子供がはじめて勉強机に向かうときの出来事」について再度触れている。映画やドラマを注意深く見ていても、オープニングとエンディングには、何か共通するシーンが現れることが多い。忘れたころに戻ってくるので「ブーメラン効果」と呼ぶが、過去と未来が一瞬にして繋がり、感動を呼ぶのである。

スピーチをどのように締めくくればいいかについては、悩むことが多い。そこで、オープニングにエンディングを合わせるというちょっとした知恵は、とても役に立つ。ロジカルなだけではなく、同時に感動を生むスピーチが、このスピーチの結晶を使うことによって可能になるのである。

スピーチの結晶の中の、ロジカル思考のエッセンス

なぜスピーチの方法を学ぶことによって、同時にロジカル思考のエッセンスも身につけられるかということは、図表6-15を見ていただくとわかるだろう。

このようにスピーチの結晶をレイアウトしてみると、その主要な部分は、「プレミス（趣旨）」-「複数のプルーフ（根拠）」-「コンクルージョン（結論）」の三層構造になっていることがわかると思う。この構造自体の中に、「全体から部分へ」「見通しを掲げる」というロジカル思考の原則が自然に含まれているのである。

「プルーフ」について、さらに詳細を説明しようとする場合は、その「プルーフ」の

図表6-15 スピーチの結晶と各要素の目的

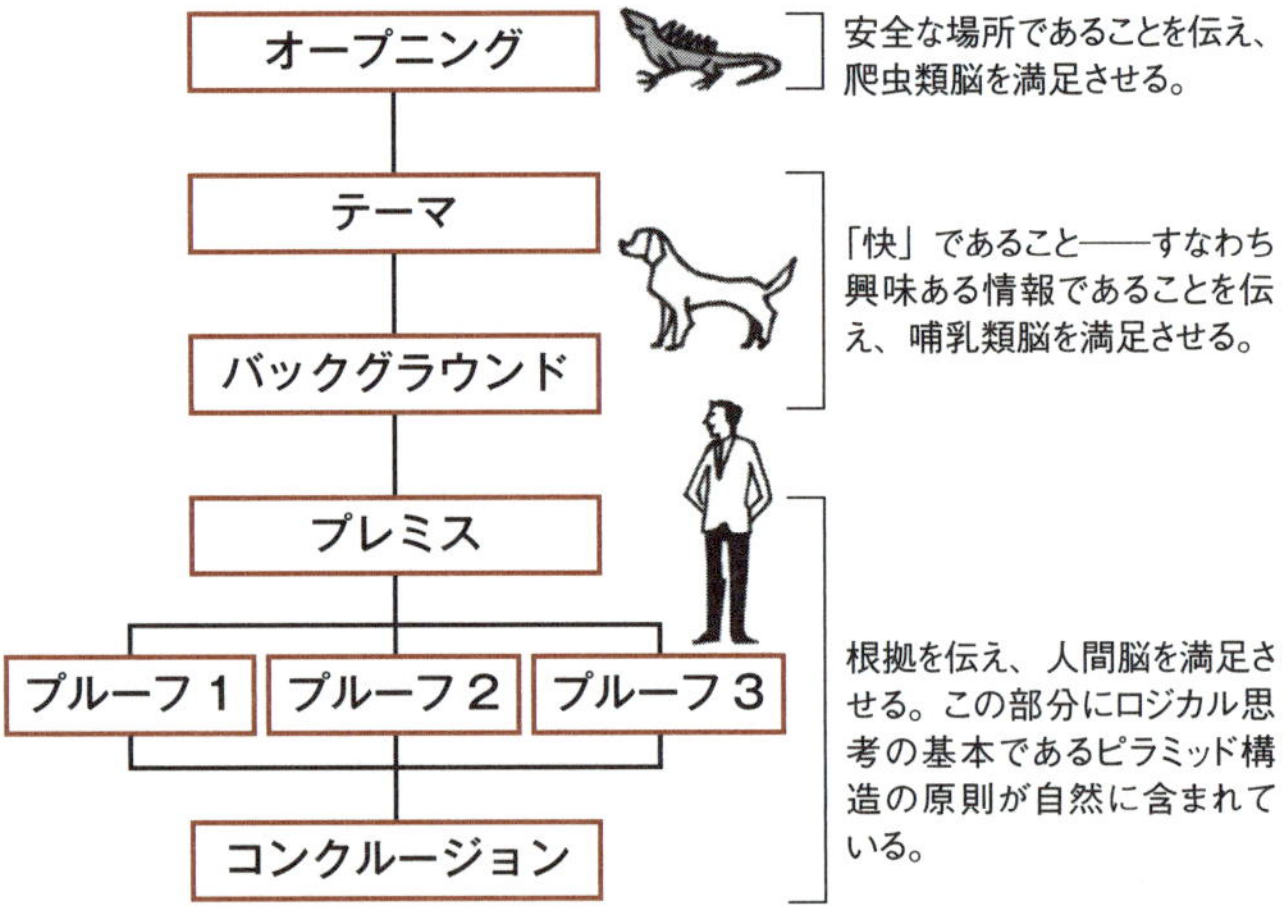
オープニング
テーマ
バックグラウンド
プレミス
プルーフ 1
プルーフ 2
プルーフ 3
コンクルージョン
安全な場所であることを伝え、爬虫類脳を満足させる。
「快」であること――すなわち興味ある情報であることを伝え、哺乳類脳を満足させる。
根拠を伝え、人間脳を満足させる。この部分にロジカル思考の基本であるピラミッド構造の原則が自然に含まれている。

下に、必要な情報を並べていく。根拠に関連する事実を並べていくのである。たとえば、先ほどの事例で、顧客ターゲットの優先順位を「勉強習慣をつける年齢の子供を持った家庭」とするのであれば、その根拠をさらに述べる必要がある。その根拠を探すのに最適な方法は、自分の意見を言った後に、「なぜならば……」と続けて、その後の文章をつくりあげることである。実際に書いてみると、次のようになる。

「最優先と考える顧客ターゲットは、勉強習慣をつける年齢の子供を持った家庭です。なぜならば、他の市場性のある選択肢としまして『学習塾等の教

図表6-16｜スピーチの結晶の発展系

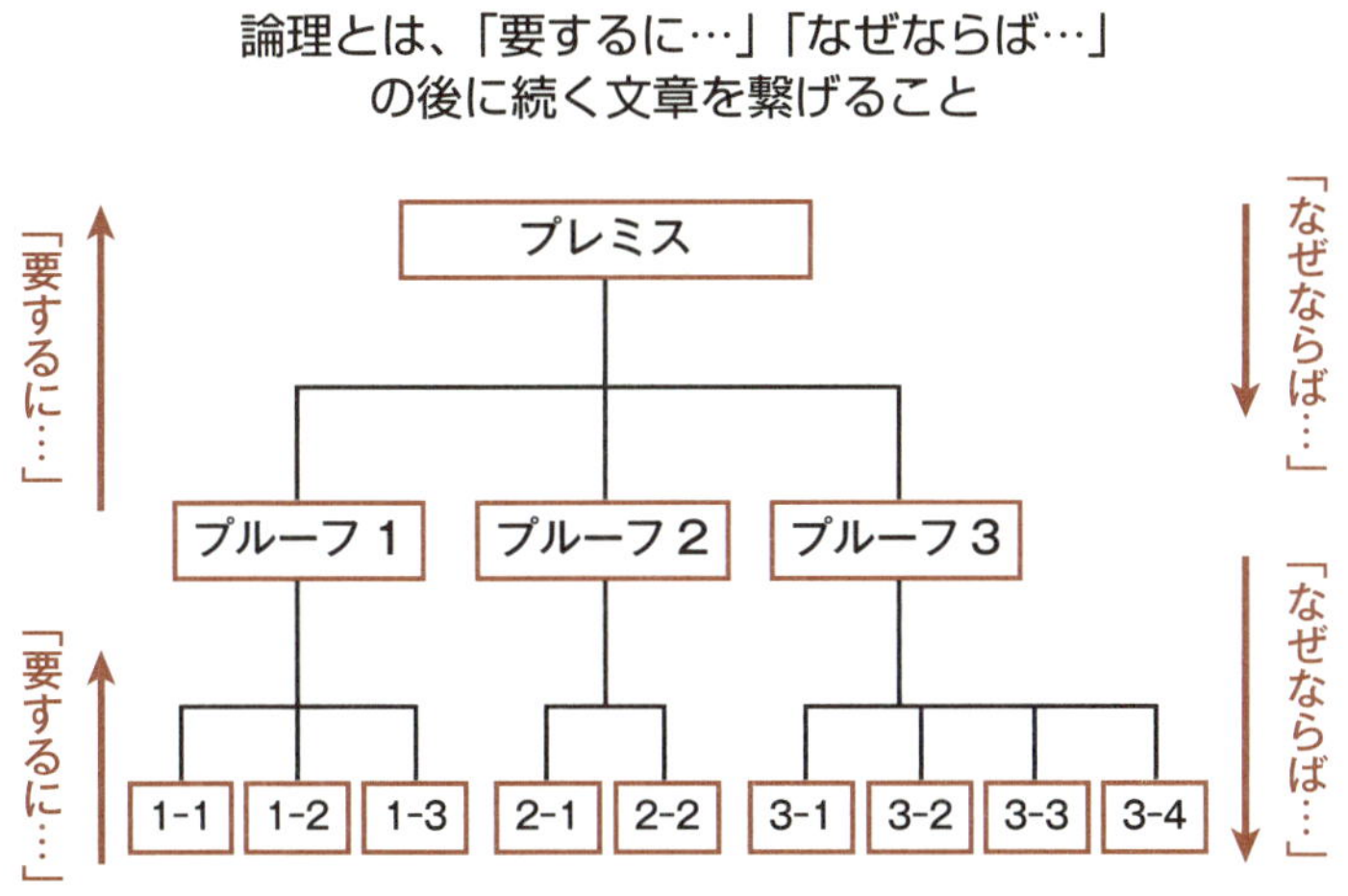

育機関』『企業研修会社』も考えられますが、そのいずれかをターゲットとする前提として、クッシュボールが集中力を上げるのに役立つという説得力のある事例を集めていくためには、学習における成績向上というデータを集めることが有効と考えるからです」

このように「なぜならば……」というキーフレーズを繰り返し使うことによって、根拠の曖昧な意見についての裏づけを十分固めることができる。「なぜならば……」と問いつづけると、先ほどのチャートは、図表6－16のように変わってくる。

これはロジカル思考で言うところの

「ピラミッド構造」という方法論である。自分の意見を明確に宣言し、そのあとに「なぜならば……」という問いによって明らかになった根拠を並べていく。そして根拠をすべて述べた後には、「つまり……」「要するに……」という言葉の後に続ける文章――すなわち「結論」で一連の議論をまとめるのである。

以上の六つの項目で構成するのが、スピーチの結晶である。この方法を学んでしまうと、今まで話をするのが苦手だと思っていた人も、わかりやすく、しかも相手を引き込みやすい話を簡単にまとめられるようになる。私自身が、人前で自分の意見を発表するようになってから、最も頻繁に使っている方法論だ。そもそもこの本自体が、そのスピーチの結晶により構成されていることに、お気づきになるかもしれない。

さてスピーチの結晶を学んだ後に、間違いやすい点がある。それはテーマやプレミス、バックグラウンド等の項目に当てはまる内容を考えるうえでの合図となる文章を、そのまま使ってしまう人が多いのである。たとえば、「本日のテーマは……」「私の意見では……」「私が○○という意見を持つにいたった背景は……」という文章は、あくまでも発想を引き出すための参考文章である。そのまま使ってもなんら差し支えはないのであるが、あまりにも型どおりだと、聞き手にとっては、あなたの言葉ではなく、他人の言葉のように聞こえてしまう。やはり自分で考え、自分の言葉で伝えることが大切だ。実際に話したり書いたりするときには、前後の文脈と考えあわせて、自分なりに文章を調整・修正していただきたい。

また、この型に従って内容を考える場合には、オープニングから始めるのはダメ。気の利いたオープニングを考えようとすると——真っ白い原稿用紙に向かったときと同じように——そこで頭がフリーズしてしまう。最も準備を始めやすいのは、プレミスである。最も伝えたい意見を特定させるところから始めると、スピーチの最終着地点が決まるので、そこにいたるための道筋も見いだしやすくなってくる。

このようにスピーチの型から学んでしまうと、ロジカル思考を感覚的に理解できたのではないだろうか。それは、まさに優れたスピーチの中にロジカル思考の原則が凝縮されているからである。

何かを学ぶ際にも、まず全体像を把握し、その後、部分を学ぶことにより、効率的にスキルが身につくことになる。もちろんロジカル思考には、さらに細かいルールやテクニックもあるのだが、ここであなたに伝えたエッセンスをベースに、改めてロジカル思考の専門書や雑誌の特集記事を読めば、難しいと思った内容がスラスラと理解できることを実感するにちがいない。

行動するロジカル思考③

応援してもらう

正しい論理と応援される論理とでは、あなたはどちらを使えるようになりたいだろうか？

そう問われるとほとんどの方が、少し考えた後、応援される論理と答える。なぜ少し考えるのかと言えば——正しさが必ずしも応援されるわけではないことに、そこではじめて気づくからである。

もちろん正しく事実を積み上げることが、問題の本質的解決策を見いだすうえで重要であることは言うまでもない。しかしながら、それだけで万能かと言えば、現実は違う。

正しさは、人を傷つけるのである。

身近なところから想像してもらえば、わかることだ。男女関係についてよく言われることであるが、女性が男性に悩みを打ち明けたとき、男性はその悩みの解決策を論理的に答える。すると、どうだろう？　男性は正しい解決策を親切に教えてあげたと思うのに対して、女性は気分を害したように口を閉ざしてしまう。その女性は解決策ではなく、共感を求めていたからだ。

さらにビジネスの現場でも、正しい論理によって、問題の本質的な原因を突き止めても、解決策はなかなか実行されない。なぜならば、その原因に関わる人々にとってみれば、懸命に取り組んできた今までの仕事を否定されるかのような印象を受けるからだ。正しい提案は正しいからこそ、感情的な反発の引き金を引いてしまう。

このような現実を直視すれば、目的とする変化を起こしていくためには、周りの人が口を出す隙も与えない正しい論理より、批判されながらも多様な発言を引き出し、グループでよりよいアイデアに昇華させていく人間的な論理のほうが必要なのだ。論理的な人間ではなく、人間的な論理が求められているのである。

そこで「行動するロジック思考」としては、頭の中だけで辻褄を合わせる作業ではなく、実際に人と関わってプロジェクトを推進していく際のメカニズム、すなわち、チーム・ダイナミックスについても考えていかなければならない。人間を知ることによって、はじめて実行性のある論理が組み立てられるのだ。

チーム・ダイナミックスについて学ぶメリットは二つある。ひとつ目は、これからワクワクする仮説を周りに伝えていくうえでの事前準備ができること。あなたの提案に価値があればあるほど、周りへの影響は大きい。必然的に反発も生まれるだろう。そこで提案を実行するプロジェクトを立ち上げていくためには、典型的に起こるネガティブな反応について、事前に想定しておく必要がある。

二つ目は、チーム・ダイナミックスの知識があれば、ネガティブな反応があったとしても、それをポジティブな推進力に変えられるからである。ネガティブな反応や出来事は決して悪いことではなく、それをうまく扱えば、プロジェクトの本来の姿を見いだせるきっかけとなる。

この二つのメリットを得たときの力は大きい。正しい論理を思考するだけでなく、正しい論理を実行するための、パワフルなメカニズムを使いこなせるようになる。

エレベーターの原理

「前向きに一丸となって、目標に突き進む」
「全員ポジティブ思考で、目標を実現する」

多くの企業では、このようなチームを理想と考えることが多い。しかしながら、それが実現してみると、必ずしも理想の状況でないことに気づく。現実を見つめてみれば、一丸となって目標に進んだり、全員ポジティブ思考になったりするのは、ほんの一時的な出来事にすぎない。そして反動も生じるために、超ポジティブな組織を目指すのは、かえって目標を達成するための障害になってしまうことさえある。

あなたがビジネスを通じて変革を起こそうとすると、その変化の大きさに応じた逆風が吹く。正しい戦略を論理的に構築できたとしても、逆風を弱めることはできない。逆風を起こさないようにしたいのであれば、変化が起こらないプロジェクトのみに関わることだ。

目的を達成するまでの道筋を完璧に練れば、逆風はなくすことができるだろうという意見もある。理屈ではそのように思えるが、変化の大きさに応じた逆風がなくなるというわけではない。綿密な計画には、すでに最悪の事態が想定ずみだから、心理的なダメージはたしかに少なくなるだろう。つまり、嵐を想定してそれなりの装備をすれば目的地までたどりつくことはできるが、嵐をなくすことはできないのである。

　正しい論理で、逆風はなくせない。その現実をわかったときから、優れたチームマネジメントができるようになる。一見、不自然に感じるだろうが、決してそうではない。たとえば、エレベーターを考えてみるといい。エレベーターが上に移動するには、同重量のおもりが下に移動しなければならない。物理でいうところの作用と反作用の法則である。この法則がチームマネジメントでも働いている。つまり、ポジティブに物事を変革しようとすれば、等価のネガティブな力が働くのである。

　この作用と反作用の法則は、前章で紹介した数字を読み上げる寸劇においても働いている。よく観察してみると、寸劇を進めるにしたがって、チーム六人の中で役割が分化してくる。元気よく数字を読み上げる人と、逆に小さな声で細々と読み上げる人が分かれてくるのである。そしてチーム全体がポジティブに傾きすぎると、振り子を戻すようにネガティブになり、ネガティブに傾きすぎると、今度はポジティブになっていく。チームメンバーはまったく打ち合わせをしていないにもかかわらず、彼らがつくる全体の場のトーンは、ポジティブとネガティブの間を揺れ動くのである。

チーム・ダイナミックスにおける「桃太郎理論」

プロジェクトが進行する過程での、チームメンバーの行動をさらに細かく観察すると、そこにはポジティブあるいはネガティブという役割以上に特徴的な四つの役割が生じていることに気づく。その四つの役割を理解するためには、昔話の『桃太郎』になぞらえるとわかりやすい。

実は、プロジェクトが進行する過程で、チームメンバーに宿る役割は、桃太郎に登場する「桃太郎」「イヌ」「サル」「キジ」の四つのキャラクターの特徴をそのまま表している。言い換えれば、桃太郎の四つのキャラクターを理解すれば、あなたは、プロジェクトを進める過程で生じるさまざまな課題に適切に対処できるようになる。『桃太郎』は、マネジメントの最適な教科書なのだ。

そこで、まず『桃太郎』に登場する四つのキャラクターのビジネスにおける意味を明らかにしながら、紹介しよう。

桃太郎は、鬼が島に鬼を退治しにいくことを決意し、旗を掲げる。ビジネスに置き換えてみると、桃太郎は長期的なヴィジョンを持ったリーダーである。世の中を変革する「起業家」の象徴とも言える。

桃太郎が旗を掲げていると、「キビ団子をひとつください。お供しましょう」と最初に現れるのが、イヌである。イヌは「実務家」の象徴だ。目標を実現するために現実的なプランを策定し、実行していく能力に長けている。桃太郎だけだと「鬼を倒す」というヴィジョンも旗を掲げるだけで終わってしまうのだが、そこにイヌが加わると、その夢の実現のために、「今何をやればいいのか」ということを明確にしはじめる。企業で言えば、リーダーの右腕的存在だ。

次に現れるのが、サルである。サルは知恵に秀でていて、企業における「管理者」を象徴する。実務家であるイヌが立てた計画に穴はないか、もっと規則正しく、効率よくできる方法はないかと考える。繰り返し起こる出来事については、システム化しようと、精力を傾ける。会社の中では、経理やシステム担当者が、この位置づけである。

最後に現れるのがキジであるが、この役割を理解するために、「桃太郎」「イヌ」「サル」の関係性について、もう少し説明を加えておこう。

桃太郎、イヌ、サルは、それぞれが秀でた能力を持っているが、その能力を適切なタイミングおよび適切なバランスで使うことができると、プロジェクトは問題なくスムーズに実現に向かっていく。しかし、そのように能力をコントロールするのが、非常に難しい。なぜならば、それぞれの能力がぶつかり合ってしまうからである。

まず対立が顕在化しやすいのが、桃太郎とサルとの間である。桃太郎は、常に変革を求めている。安定してしまうと、自分の成長が止まってしまうのではないかと不安で仕方なくなり、さらに新しいことを起こそうとする。同じ毎日の繰り返しには耐えられない。

一方、サルは変化よりも安定を重視する。規則正しく、予定されたとおりに仕事が進んでいくことに安心する。突発的な残業や予測できない事態を何よりも嫌う。このように桃太郎とサルは真逆の性格のために、ことあるごとにぶつかり合う。

ここで、お互いの資質について理解し合っていないと、大きな問題に発展していく。サルは、桃太郎が新しいことを始めようとするたびに、「NO」とストップをかける。それに対して桃太郎は、サルにストップをかけられたことに再び手を出すために、サルを組織から離脱させるのである。多くのベンチャー企業において管理部のトップであるＣＦＯや財務・経理部長がころころ変わるのは、このせいである。

しかしながら、管理者であるサルがいないと、事業はいつまでたってもシステム化されないので、成長軌道に乗ることができない。強力なマネジメント・チームが生まれることなく、桃太郎の体力が尽きたところで、事業規模は一気に縮小する。会社はいつまでたっても家業の段階にとどまり、企業にはなれない。

桃太郎とイヌは、お互い鬼が島に行くことを目的としているので、当初は意気投合しているが、イヌがどんなに具体的な計画を立てて実現してみせたところで、桃太郎は、次から次へと新しい課題を持ってくる。そこでイヌは、時間が経つにつれて疲弊しきってしまい、桃太郎との関係にも亀裂が入る。

イヌとサルは、お互い「明日ではなく、今日、何をすべきか」ということについて共通の興味があるので、当初はうまくやっていける。しかし時間が経つにつれて、サルが官僚的になり、融通が利かなくなってくるので、ぶつかり合う。

登場人物に象徴されるさまざまな能力がバランスよく使われているうちは問題ないが、プロジェクトの進行に応じて、そのバランスも微妙に変わってくる。まさに『桃太郎』の物語に登場してくる順番で、その能力を生かしていくことが、プロジェクトを成功に導くコツである。まずプロジェクトを立ち上げるためには、ヴィジョンを掲げる桃太郎と、計画を練り上げるイヌが活躍しなければならない。その後、プロジェクトを安定軌道に乗せるためには、計画を実現するイヌと業務をシステム化するサルが、仕事を引き継ぐのである。

このようにプロジェクトが進行していくに際して、刻々と、活用すべき能力のバランスが変わっていくのである。いつ対立が起こってもおかしくない異質な才能同士を、絶妙なバランスで組み合わせながらコントロールしていくのは、至難の技である。それぞれ別の方向に向かっていこうとするタイヤを方向づけながら、時速三〇〇キロで走ろうとするレーシングカーのようなもので、いつ空中分解が起きてもおかしくない。

この対立する才能同士を、まとめていくために必要とされるのが、キジである。キジは、いわゆる政治家タイプ。プロジェクトの進行を長期的な視野から効率化することができる。チームメンバーが対立する前に、それぞれの立場を立てて、うまくまとめ上げたり、根回しをしたりすることに秀でている。

この役割を一般の企業の部署で考えるのは難しいが、あえていうなら人事・総務部といったところだろう。個別の社員で言えば、キジの役割を果たしているのが、宴会要員である。実務能力も管理能力も低いが、宴会になると一躍活躍する。会議では、あまり発言することがないが、誰よりも周りの人物、そして人間関係を観察している。そのため宴会になると、人の物真似が非常にうまかったりする。

最近ではどこの企業でも、宴会要員がいなくなりつつある。そこで、どんな人物が、現実的にキジの役割を担っているかと言えば、最も組織に敏感で、周囲に気遣いができる社員である。ときには必要以上にミスを繰り返したり、また精神面・身体面で病気になったりする。そのようなネガティブな行動によって、プロジェクト全体の進行をスローダウンさせ、空中分解を避けることを無意識に行っている。

このように人間関係に細かい配慮ができるキジであるが、このキジにもぶつかり合う才能がある。それは、イヌである。なぜならイヌは、計画に従って、今日できることは今日しようとする。それに対してキジは、人間関係が不安定になることは、かえって組織運営が非効率になるので避けたい。「今日にでも変化を起こしたい」イヌと、「今日は変化を起こしたくない」キジは、お互いにソリが合わない存在なのである。

以上の四つの役割を、マトリックスにまとめると、図表6-17のようになる。

図表6-17｜マネジメントの桃太郎理論

チームを立ち上げれば、そこには必ず四つのタイプが…

魔法のように起業家の夢を現実化する。現実に結果を出すことを重視。日常的に業務をスムーズに回すことに専心しているので、統合者とは宿敵同士。起業家とは気が合うが、ときとして謀反を起こす。

混乱が大嫌い。すべては規則どおりに動き、予測できる日常をこよなく愛す。数字に細かい。休日は絶対にとり、定時に出勤、定時に帰る。起業家とは水と油の関係。

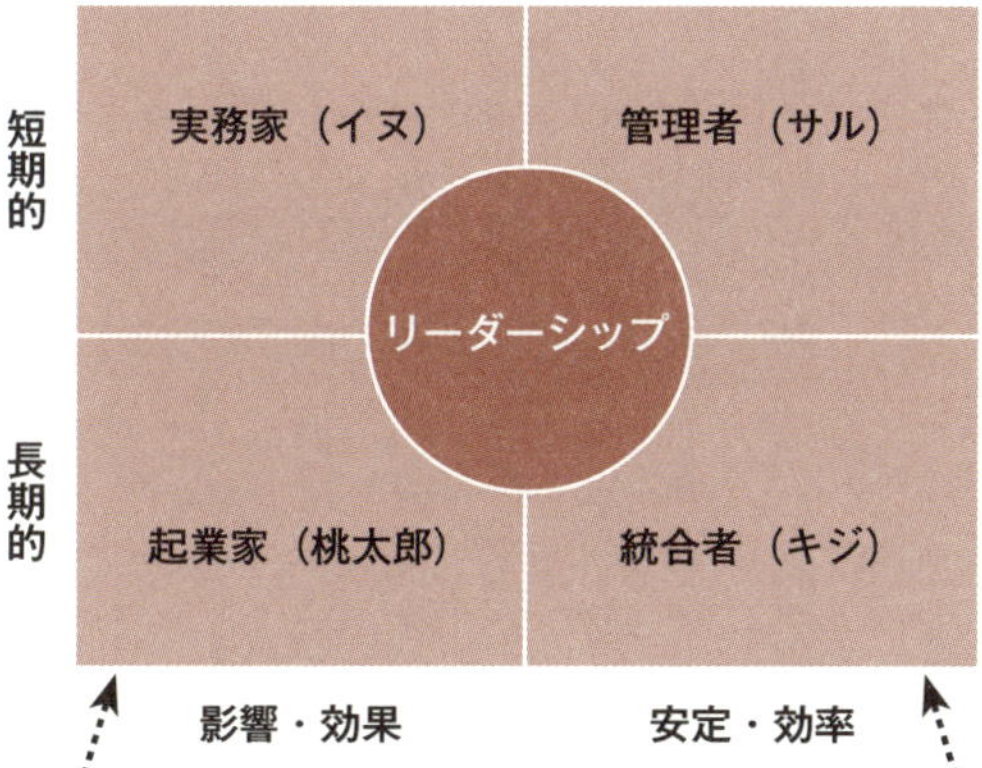

とにかくアイデアを出しまくる。人の意見を聞かずに、しゃべりつづける。言うことがコロコロ変わる。混乱が大好きで、一度できたものを引っくり返す。星一徹型人間。ドリーマー。典型的ワーカホリック。

簡単に言えば政治家タイプ。根回しをして、誰もが納得することを行う。社内では目立たないように見える。しかし、この人がいないと社内は分裂。

同じヴィジョンを実現するという目的のために集まったもの同士であっても、別々の役割に分化して、それぞれの強みをプロジェクトの進行に合わせて調整していかなければ、バランスが崩れる。結局、共通のものであったはずのヴィジョンは実現しないのである。

全員ポジティブになればいいと思いがちだが、それは、まさに桃太郎のような人だけで鬼が島に鬼を退治に行くようなもので、掛け声ばかりが威勢よく、何ごとも具体的には前に進まない。そのうちに、お互いの諍いが避けられなくなる。鬼が島に行く前から、「俺が倒す」「俺が倒す」と仲間同士で切り合ってしまうような状況が生まれるのである。もちろん、プロジェクトを推進していくためにはポジティブになることは必要なのだが、しかしそれが行きすぎてネガティブなフィードバックが生かされなくなってくると、その間に問題が鬱積し、成長の勢いが衰えた途端、深刻な問題が次から次へと勃発する。

プロジェクトを推進させるためには、その発展段階に応じて、四つの役割が持つ異なる能力を必要なタイミングで活性化していく必要がある。具体的に言えば、

- 導入期には、事業を離陸させるために、起業家（桃太郎）が活躍する。
- 成長期前半には、事業を軌道に乗せるために、実務家（イヌ）が活躍し、起業家（桃太郎）がサポートする。
- 成長期後半には、事業を安定化するために、管理者（サル）が活躍し、実務家（イヌ）がサポートする。
- 成熟期には、次の成長サイクルをつくり出す人材を育てるため、統合者（キジ）が活躍し、管理者（サル）がサポートする。

以上のプロセスを図表6－18でまとめてみよう。

この四つの役割を、ポジティブとネガティブに二分してみることもできる。変化に対してポジティブなのは、桃太郎（起業家）とイヌ（実務家）。変化に対してネガティブなのが、サル（管理者）とキジ（統合者）ということになる。

また、その特徴は、男性性・女性性を象徴するものとも考えることができる。一般的に言えば、桃太郎およびサルは男性的な資質、イヌおよびキジは女性的な資質を持

図表6-18｜事業のライフサイクル理論——事業の時期と典型的症状

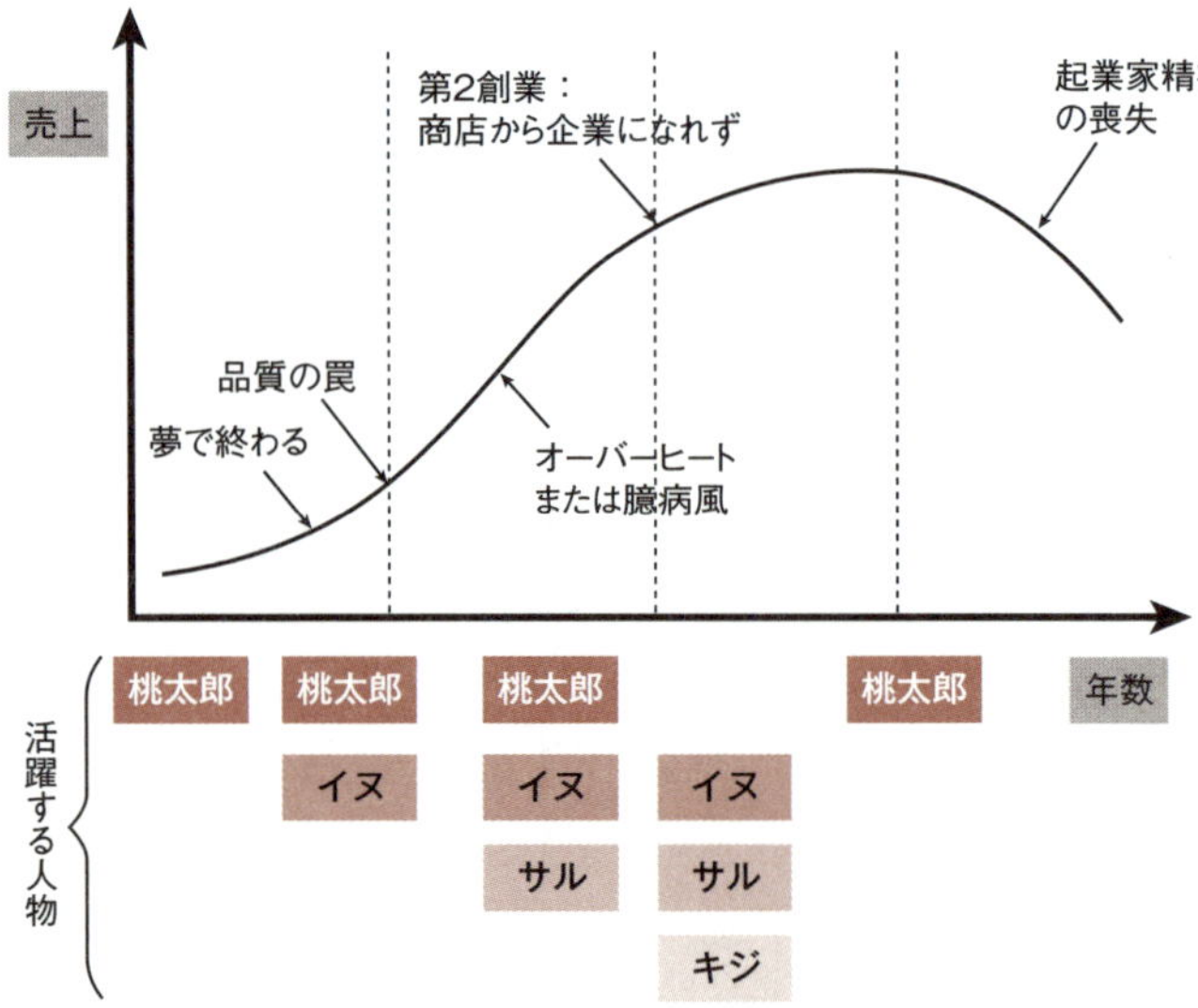

っていると考えられる。もちろん人物によって能力は異なるので、肉体的に男性だから起業家、管理者にふさわしく、女性だから実務家、統合者にふさわしいのではない。

しかしながら、あえて男性性、女性性を持ち出して説明する理由は、伝統的に見られる価値観のように、男性性だけでプロジェクトが推進できるかと言えば、決してそうではないことを強調するためだ。結果を生み出す組織とは、男性性と女性性が有す

図表6-19｜事業を成長させる男性性、女性性の力のバランス

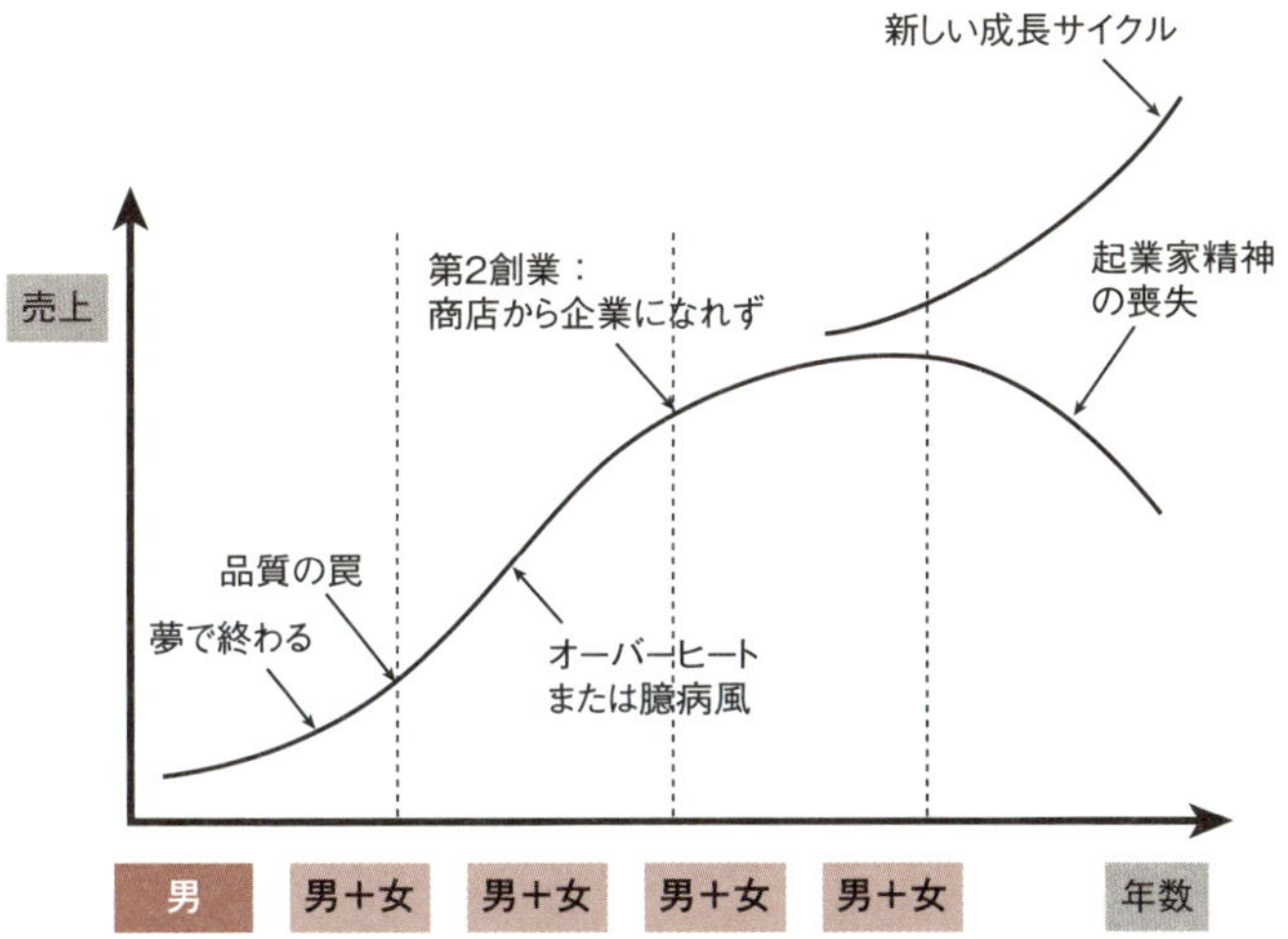

男性性の力：新しく始める力、推進力（決定・判断）、一極に集中する力
女性性の力：育む力、調整力（関係性の強化）、全体を見る力

る優れた才能を適切なタイミング、適切なバランスで活性化できる組織と言えるのである（図表6－19参照）。

面白いのは、メンバーが担う役割は、必ずしもそのメンバーの性格によって固定しているものではないことだ。誰がどんな役割を演じるかというのは、そのチームが形成している場によって決まってくる。

たとえば、普段は強いリーダーシップを発揮する「桃太郎」が、別のプロジェクトに属した場合、そのチームに相応しい

「桃太郎」がすでに存在しているために、「イヌ」や「キジ」の役割を担うことがある。また普段は、プロジェクトに穴がないかチェックしている「サル」が、別のプロジェクトに属すると、今度はヴィジョンを掲げてプロジェクトを推進しなければならない「桃太郎」の役割を担うこともある。このように健全な組織とは、メンバーそれぞれがチームで形成された場を感じながら、自分の最適な役割を果たすことができる組織といえよう。

このようにプロジェクトを立ち上げ、結果を出していくためには、ポジティブ一辺倒になることを理想とするのではなく、ネガティブな状況から機会をとらえ、ネガティブなメンバーから能力を引き出すことが、成功の鍵なのである。

現実を見れば、価値あるプロジェクトを推進しようと思えば、どんなに均質なメンバーを集めた組織でも、そこに多様性《ダイバーシティ》が生じる。ひとつの価値観で一枚岩になるのではなく、すでに現実に存在している多様性を認め、その異なる視点をより高い視点で統合できることが、まさにプロジェクトの成否を決するのであり、新時代のリーダーに求められているのである。

ネガティブな出来事は、すべて質問である

さて、チーム・ダイナミックスのメカニズムがわかったところで、いったいこの知識を、プロジェクト実行の際にどのように活用すればいいのだろうか。

強調したいのが、この知識を得ただけで、あなたのリーダーとしての器はすでに大きくなっているということだ。前に伝えたとおり、あなたが価値ある変化を起こそうとする場合には、変化を止めるような動きが起こる。それを予期できるかどうかで、ずいぶん心のゆとりが違うであろう。

単純にそのネガティブな出来事により、プロジェクトの進行が押し止められるのではなく、一段階上の視点からプロジェクト全体を見渡すことができるようになる。あなたは落胆するどころか、その出来事を通じて、より高いレベルでプロジェクトを推進していくヒントが得られるのである。

たとえば、クッシュボール事業であれば、あなたは「勉強習慣をつけさせたい子供を持った家庭を対象にする」というワクワクした仮説を持っている。しかし、その仮説を実行する段階になると、さまざまな批判があがってくる。対象顧客にアプローチ

するデータベースがない。クッシュボールが集中力に効果があるという科学的なデータがない。財務的な裏づけが曖昧である。参入障壁が低いので、どんな企業も参入できる。ヒットしたとしても、一時的なブームに終わってしまうにちがいない。あなたの意欲に水を差すようなことをいう人たちが、目の前に多数、現れる。

しかし、そうした提案に対するネガティブなコメントは、あなたに対する批判ではなく、すべて質問なのである。「対象顧客にアプローチするデータベースがない」というコメントは、「対象顧客にアプローチする別の方法はないか?」という質問。「科学的なデータがない」というコメントは、「科学的データを最短で集めるベストな方法は何か?」という質問。「一時的なブームに終わってしまうにちがいない」というコメントは、「継続的に顧客と関係を深めるためのビジネスモデルは何か?」という質問に置き換えることができる。

このようにすべての批判やネガティブな出来事は、質問に変えることにより、プロジェクトを推進するための貴重なヒントになったり、より大きな視野でプロジェクトの定義を再構築するきっかけを与えてくれたりするのである。ネガティブは、振り子のようにポジティブに変わっていく。そのためには動きを止めてしまうのではなく、

図表6-20｜四つの役割と関心事項

チーム内の役割によって関心は変わる

役割	視点	関心事項
起業家（桃太郎）	長期的に、結果をあげること（影響力を及ぼすこと）	【WHY】 ✓何のためにするのか？ ✓目的は何か？ ✓ビジョンは何か？ ✓市場での位置づけは？
実務家（イヌ）	短期的に、結果をあげること	【WHAT】 ✓具体的に何をするのか？ ✓どのぐらいの資金がかかる？ ✓計画・スケジュールは？ ✓誰がやる？
管理者（サル）	短期的に、効率をあげること	【HOW】 ✓どのように処理するのか？ ✓どのぐらいの作業が発生するか？ ✓既存システム・パターンで処理できるか？ ✓法的リスクは？
統合者（キジ）	長期的に、効率をあげること	【WHO】 ✓人間関係にどのような影響があるか？ ✓決定実施により、誰がどのように感じるか？ ✓どのようなコミュニケーションをとればいいか？ ✓どのような配属にすればいいのか？

ネガティブな意味をより大きなシナリオの中で問いつづけることが必要となる。

もちろんネガティブなコメントは、事前に周到な準備をすることによって和らげることはできる。あらかじめプロジェクトに関連する事項を四つの視点から検討し、提案の中に含ませておくのである。それぞれの役割の関心事項は、具体的には図表6−20のとおりである。


あなた自身の企画であれば、あなたと対極の視点を持つ立場の人については、とくに丁寧に考えることが必要だ。桃太郎であればサルの視点。イヌであればキジの視点というように、対極の視点を意識することで、重層的で多面的な提案ができ、結果的に全員から応援されやすい提案ができることになる。

しかしそうは言っても、四つの視点を完璧に踏まえたうえで、プロジェクトを設計できる人は極めて少ないだろう。それができる人は、スーパーマンと言ってもいい。だからこそ、むしろ大事なのは、ひとりで正しい論理を構築できるスキルではなく、チーム・ダイナミックスのメカニズムを十分に理解し、多様な視点をメンバーから引き出すスキル。それを一貫した行動計画にまで統合できるスキルである。そのように応援されるロジックがつくられたとき、頭の中の想像が、いよいよ実現に向かって飛躍しはじめるのである。

さて本章では、通常であれば、何冊もの本が必要となるほどの広範なスキル――自分なりのオリジナル・マトリックスをつくり、スピーチの達人になり、そして多様な人々を束ねるリーダーとなる方法――を一気に説明した。これで、あなたのワクワクする仮説を、「理解してもらい」「納得してもらい」、そして「応援してもらう」ための、必要な知識が得られたことになる。

「こんなことがすべてできる人は、特別な人だ」と感じたり、「長年の経験を積まなければダメだ」と思ったりする人もいるかもしれない。こんなに多くのスキルを、短期間に、誰もが身につけられるはずがない、というのが常識だろう。

しかし、私には、急がなければならない理由がある。

あてもない漂流から抜け出して、知識社会に確実に着地するためには、これから数年の短期間で、社会的に価値あるプロジェクトが多数立ち上がらなければならない。そのために、リーダーとなるべき人材を育てるのに何年もかける余裕はないのである。

しかも、行動を起こすために必要なことの多くを、すでにわれわれは知っている。部屋を整理することができるように、われわれは頭の中の情報を整理し、周りの人にわかりやすく伝えることができる。桃太郎の物語を語れるように、われわれは掲げたヴィジョンを実現するために、どのような協力関係を人と結べばいいのかを知っている。こうした貴重な知恵を、われわれはすでに授かっているのである。

ある不動産会社に、CSR部を立ち上げた新入社員がいる。彼は、学生のときから環境問題に関心を持ち、CSRの仕事を行うことがライフワークであると考えていた。そのため入社直後から、社内で環境問題の勉強会を立ち上げ、自ら主宰。その後、会社の創設三〇年の新規事業コンペにおいて、CSR部を設立する企画を提案し、最優秀賞を受賞。実際にCSR部を立ち上げて、自らその部の課長に就任した。

こうした価値あるプロジェクトを大量に、短期間に立ち上げなければならない。

知識社会とは、周りの人を一二〇%HAPPYにするプロジェクトであれば、いまだかつてないスピードで実現する世の中である。そして、それはあなたが、自分自身さえも驚くようなワクワクした仮説を持つことから始まるのである。

8　世界中の洞窟の壁画を研究してきた文化人類学者、アンジェレス・アライエン女史によれば、人類が原初から描いてきた図形を大別すると、△（三角）、□（四角）、○（丸）、◎（らせん）、そして＋（クロス）の五パターンになる。それぞれ象徴的な意味を持ち、見るものに特別な印象を与えるという。たとえば△は、それを見るものに「目標」や「推進」といった印象を与える。□は「安定」「管理」、○は「完成」「調和」、◎は「飛躍」「成長」そして＋は「関係性」に関する印象を与えるそうだ。
　このように各図形が意味を持つことを考えると、ロジカル思考で用いる図形は、その形により異なる印象を与えると言ってもいい。たとえば議論を推進したい場合には、△をベースとした図形を使い、議論を安定化（収束）したい場合には、□をベースとした図形を使って説明すればいい。こういった観点から、論理構成がよく詰められているビジネス書を眺めてみると、本のはじめのほうには△の図形が並び、中盤には□の図形、そして終盤には、それまでに解説してきたすべての要素の関係性を解説する◎や＋を組み合わされた図表が並ぶことが多いことに気づく。
　これは単に印象にとどまるかのように思えるが、実際には図形をベースに、ビジネスモデルを発展的に考えることができる。たとえばビジネスモデルを発想するときに、はじめは目標を設定するためにシンプルに△を描く。ビジネスモデルが市場性を持つかどうかを客観視する際には、□。その後、組織や既存の事業との相乗効果を考える際には、＋と◎を組み合わせた結果として☆の図形を描きながら、ビジネスモデルを発想することもできる。図形はエネルギーを持っていて、それは発想を刺激するのである。参考文献：Angeles Arrien, *Signs of Life: The Five Universal Shapes and How to Use Them*, Tarcher

9　拙著『60分間・企業ダントツ化プロジェクト』（ダイヤモンド社）に詳しい。

第7章
行き詰まりを突破する
CPS《クリエイティブ・プロブレム・ソルビング》

ジです」

高校生を交えての週末ミーティング

「見えたイメージは、大きな星です。それはきらきらしている星というよりも、携帯会社のコマーシャルに出てくるような、どちらかと言えば、つくられたようなイメージです」

二〇〇七年一〇月二〇日、土曜日。

この日は、ブザン教育協会にとって、歴史的な日となった。マインドマップを教育機関に普及するブザン教育協会は、公益社団法人化を目指していた。そのための設立趣意書を草案する会議を行っていたのである。

現在、教育が直面するさまざまな困難。それを本質的に解消し、かつ五〇年、六〇年と通用するような、これからの時代を見据えた理念を打ち立てなければ……。協会メンバーには、まさに憲法を草案するような責任感・緊張感がみなぎっていた。

教育に関する理念をつくりあげる作業は、本来、教育界の高度な知識と経験を持った者でなければできない。しかし当時の協会メンバーは、公立高校のベテラン教師がひとりいたものの、残りはすべて民間ビジネスパーソン。もちろん、この会議で発案された理念は、のちほど有識者とのたび重なる議論を経て決定していくものである。しかし、そのためのたたき台がなければ、何ごとも始まらない。そこで草案づくりは協会のメンバーに委ねられていたのである。

教育現場にいない者たちで、教育の歴史を踏まえながら、教育の品格ある未来を見いだしていかなければならない……。困難な課題だが、彼らは、外部の人間だからこそ見える視点で貢献したいと考えた。そのため多様なメンバーで対話の機会を持つことを企画し、誰もが時間が自由になる土曜日に会議を開くことを決めたのであった。

午前一〇時から始まった会議には、現役高校生、元中学・高校教師、主婦、会社員、そして経営者というばらばらなメンバー八名が集まった。多様性《ダイバーシティ》を持った集団は、知識社会における競争力の源泉。だから、この年齢も立場も異なる八名が協力すれば、優れた創造性を発揮するはずである。

理屈としてはわかる。だが、現実にはどうすればいい？

教育理念という極めて抽象的な概念を、具体的な言葉につくりあげるという課題。お互い使う言葉は異なる。初対面の者も多い。しかも時間は、たった半日。そんな状況で、どうやって心を通わし、難題をやり遂げればいいのか？　参加者がそれぞれの意見を述べて、司会がうまくまとめるという通常の会議方式では、意味ある結論は出ないことは明らかだった。

そこで、参加メンバーがとった方法は、まったく新しい問題解決法だった。解決策を、一見、関連のないイメージの中から探ろうとするアプローチである。思い浮かべたイメージを、解決策を象徴するものとして、言葉で解釈していく。すると既成概念にとらわれない、枠を超えた発想が生み出せるという。

イメージだから――高校生であろうと経営者であろうと――言語体系は同じである。コミュニケーションがとれないという危惧は知らぬ間に消え去って、参加メンバーは、溢れるままにイメージを共有しはじめた。だが、そのイメージから、どのように教育理念が形になっていくのかわからない。「いったい、このお遊びがどこに向かうのか？」との不安に、誰もが目を合わせることを避けはじめていた。

ブレイクスルーは、女子高生が見たイメージを口にしたときに訪れた。

「見えたイメージは、大きな星です。それはきらきらしている星というよりも、携帯会社のコマーシャルに出てくるような、どちらかと言えば、つくられたようなイメージです」

彼女が思い浮かべたイメージも、教育理念との関連性は何も見いだせなかったが、参加メンバーであった彼女の父親は、そこに深いものを感じとって解釈を始めた。

「つくられた星か……。それって虚像ってことじゃないかな？」

刺激を受けて、メンバーたちも、それぞれの考えを話しはじめた。

「携帯電話が出てきたってことは、ＩＴに関連すること？」

「たぶんネット情報の、虚と実を見分けなければならないということだよ」

このような対話を経て、彼らは――ネットへの依存がますます進行する社会に生きる子供たちにとって――情報の虚と実を見分けるスキルは、早急に学ばなければならない切実なスキルであることに気づいたのである。

当初、彼らは協会の設立のきっかけが、教育機関にマインドマップを普及することであったために、趣意書の中でＩＴ教育について触れるとは思いもよらなかった。しかし考えてみれば、マインドマップの大きなメリットのひとつは、情報整理力である。

虚実を見分けるスキルを養ううえでマインドマップをどう活用すればいいのかについては、いくつもの具体策をすぐに考えつくことができた。

このイメージを使った問題解決法により、ほかにも当初は言葉にできなかった、いくつもの大切にすべき視点が、言葉に置き換えられはじめた。当初、抽象的なイメージであったとは、とても想像できない具体的な言葉が次々と生まれた。一例を挙げれば、次のとおりである。

- 地球規模で自然や環境、食育をとらえ、青少年が成長していく教育基盤を整備
- 何も与えられなくても「つくる」力を発揮できる子供の育成
- 正しい歴史認識とバランスのとれた教育観にもとづき、お互いがよりよいネットワークを築き、自浄作用を持った組織を構築
- 楽しく「気づき」と「やる気」を誘発する学習方法の調査・探究
- 子供も教師も自らの可能性を最大限に発揮する教育機関の整備

このプロセスを経て、彼らは自分たちの理念に誇りを持った。なぜなら、それは数

人の専門家が密室でつくったものではなく、教育に深い情熱を抱く、年齢も立場も経験もばらばらな人たちの多様な視点が統合されてつくられたもの——まさに未来の教育を象徴——であったからである。*10

未来を生み出す現場

経営課題に対するまったく新しいアプローチとして、活用するごとに驚くような結果を生み出しているのが、今紹介したCPS（Creative Problem Solving Method）と呼ばれる、創造的問題解決手法である。*11

CPSは、教育心理学者であり、世界的なベストセラーになった『頭脳の果て』の著作で知られるウィン・ウェンガー博士が考案した。ウェンガー博士は、科学・技術・経済といった幅広い分野において、一見、解決不可能に思えるような問題の解決に取り組むことが、人々の才能を真に開花させると考えた。そのために具体的な問題解決メソッドを開発することを目的として、一九九五年から「プロジェクト・ルネサンス」を開始。その結果、ここで紹介したイメージによる問題解決法をはじめとした、さまざまな学習・教育メソッドを開発してきた。

このメソッドを個人において活用することは、ときとして肩書きすらも変えてしまうほどのインパクトを持つ。私の例で恐縮だが、経営コンサルタントだった私は、突如として、小説を書きはじめ、ミュージカルのプロデューサーをこなし、作詞を行い、さらにはテレビの企画まで手がけるようになった。その結果、「経営コンサルタント」という肩書きは、「経営コンサルタント・作家」に変わることになった。

「以前からクリエイティブな仕事に関心があったのですか？」と、あちこちで尋ねられるのだが、いずれの仕事に関しても、そんなことは夢にも思っていなかった。そもその発端は、CPSをビジネスに使っているうちに、質の高いアイデアを楽しみながら得られるようになったことである。ならば専門分野以外の、アーティストが手掛けるような仕事はどうかと応用してみたところ――今まで生まれ変わらない限り、できるはずがないと信じていた創作活動ができるようになってしまったのである。

CPSはまた、ブザン教育協会の事例のように、グループで活用することもできる。この問題解決手法が素晴らしいのは、議論する分野の門外漢とされる人々からも、非常に豊かなヒントを引き出せることである。専門的知識を共有しない者同士が、イメージという共通言語をベースにダイアローグを積み重ねることができるので、多様性を統合した貴重なアイデアを生み出すことができる。

さらにCPSは、全脳思考モデルと組み合わせて活用できる。「顧客ターゲットを誰にするか」「クライマックスの出来事は何か」等の、全脳思考モデルで聞かれる質問において行き詰まってしまった場合や、質問には答えたものの、さらに自分自身を驚かせるような意外性のあるアイデアを得たい場合、CPSを使えばブレイクスルーが得られる。その結果、枠を超えた発想が、全脳思考モデルによってロジックに裏づけされ、行動シナリオへと組み立てられるようになる。

働く意味が曖昧になっている時代だからこそ、CPSは非常に有効である。なぜならCPSにより――仕事のやりがいを会社から与えられることを待つのではなく――自分の内面から見いだせるようになるからだ。その結果、仕事を通じて自己実現できる。さらにその社員の成長を通じて、会社も成長する。まさに知的社会において求められる理想の企業のカタチが、全脳思考モデルとCPSによって実現に向かいはじめると私は考えている。

そこで本章では、まずCPSによる問題解決の原則を共有すると同時に、この方法によって、どこまでビジネス上の問題解決ができるのか？　その可能性と限界について考えてみよう。

そして次に、全脳思考モデルにおけるＣＰＳの応用法について説明したい。全脳思考モデルをさらに完成させるために、ＣＰＳをどのように応用すればいいのか。具体的事例を挙げながら、イメージをきっかけとして、結果を生み出すプロセスをご紹介したい。

言語ではなく、イメージで思考する効果

ＣＰＳのアプローチを極めて簡単に説明すれば、質問に対してイメージで答える方法である。なぜ言葉でなくイメージで答えるのかと言えば、思い込みによる思考から自由になるためである。質問から答えを導き出すプロセスを振り返ってみると明らかなのだが、われわれは通常、質問を思い浮かべたとたん、その答えを即座に言葉を使って考えはじめる。しかし、そのとき思い浮かぶ言葉は、多くの場合、今までの思考パターンに沿った、馴染みのあるものばかりだ。

脳科学者の池谷裕二氏によれば、「先入観や思い込みによって、脳は次々に入ってくる情報を素早く処理している」[*12]と言う。つまり質問を前にすると、意識しない限り、われわれは既成概念の延長で答えを効率的に弾き出してしまう。自動的に過去の模範解答を切り貼《コピペ》りして、正解した気分になっているのである。

さらに問題なのは、解答しなければならない分野について深い経験を有していればいるほど、なじみの情報をたくさん持っているために、いくらでもコピペができてしまうことである。結局、経験を積めば積むほど、新しい発想を生み出せなくなるというジレンマが起こる。そのジレンマを解消するために、脳の編集機能《コピペ》をバイパスし、言葉の代わりにイメージを使って答えを見いだそうという試みが、CPSである。

ウェンガー博士によると、本質的な答えは、実は、言葉の中にあるのではなく、言葉にならないモヤモヤしているもの、すなわちイメージの中にあるというのである。

通常、ビジネスでは、このモヤモヤは忌むべきものとされる。まさに早く解決しなければならない混乱状態であり、強引に言葉にしようとしてしまう。言葉にすればすっきりするので、混乱状態は解消するのであるが、その際、脳は今までの馴染みの言葉を引き出してしまう。そのため、モヤモヤの中にあった新しい発想、新しい視点については捨て去られてしまうことになる。

そこでＣＰＳでは、新しい視点が捨てられてしまう前に、モヤモヤを丁寧に描きとめておくのである。そして、そのモヤモヤから新しい視点を拾い上げ、新しい言語にまとめあげる。ここに、既成概念に影響されないゼロベースの仮説を組み立てるメカニズムがある。

ところで、イメージを思い浮かべたからといって、実際には、それと質問との間にはほとんど関連性が見いだせないはずだ。ブザン教育協会の事例において、「つくり物の星」が設立趣意書に含まれる重要なコンセプトのひとつであると言われても、首をかしげるばかりである。

しかし実際にやってみると、その作業はストレスを感じさせない。まさにそれは、仕事というよりもクイズ番組の参加者のような気分である。クイズを解くときと同様、答えを見いだせるまでは、時間を忘れて、脳がフル回転する。そして、そのモヤモヤに深くハマればハマるほど、正解を見いだしたときの喜びは大きい。

このようにＣＰＳにより脳がフル回転するメカニズムを別の言葉によって説明すれ

ば、それは偶有性ということになろう。偶有性とは「半ば規則的で半ば偶然の出来事」である。「完全に予測することはできないけれど、ある程度は予想がつく」状態とも言える。ソニーコンピューターサイエンス研究所シニアリサーチャーの茂木健一郎氏によれば、人間の脳にとって「偶有性こそが何よりの『栄養』だ」[*13]と言う。

偶有性の例を挙げれば、それはサスペンスや時代劇といったドラマだと言えよう。そのシナリオは、予測できるところもあり、また偶然にも満ちている。結末までには犯人は逮捕されるし、悪者は成敗されるはず。しかし、途中でどんなどんでん返しがあるかわからない。何もかもが予想できる物語は面白くない。しかし、まったく予想もできない物語では、人は興味も湧いてこない。このような偶有性に接したとき、脳は魅了され、並々ならぬ集中力を発揮する。

偶有性が、思考の中でこれまで重視されてこなかったのかと言うと、そんなことはない。実際、偶有性によって素晴らしい歴史的なアイデアは生み出されている。ニュートンは、木から落ちるりんごを見て、重力に関する最初の発想を得た。アインシュタインは、光に乗って宇宙旅行をすることを想像することで相対性理論を、そしてドイツの化学者ケクレは、暖炉の上で二匹のヘビが踊るイメージを夢に見て、ベンゼン環の分子構造を発見した。このように偶然のイメージに論理による検証が加わったときに、価値あるひらめきが起こった事例は、いくらでも挙げられる。

われわれの日常を振り返ってみても、偶有性がひらめきをもたらすことは、誰もが経験することだろう。車を運転しているときに、眺めていた光景から突然アイデアが湧いてきたり、友人と飲んでいるときに予想外の方向に話がいき、ふいに探し求めていた答えが見つかったり、ということが頻繁にあるだろう。

論理的な思考では、どうしても情報を整理することが主目的になるために、偶有性は発揮されにくい。それに対して、ＣＰＳはそのプロセスの中に偶有性を組み込んでいる。それは脳にとっては一番の栄養であるために、脳は惹きつけられ、時間を忘れて質問に対する答えを探し求めるのである。


ＣＰＳは、コンセプトメイキングに使えるだけではなく、ビジネスにおけるあらゆる問題解決に有効だ。困難な問題に対する答えは考えられなくても、質問だけであれば、われわれはいくらでも思いつくことができる。そして、とにかく質問さえ思いつけば、偶有性により脳は集中・フル回転し、解決への一歩を踏み出せるからである。

ビジネスに使える質問の例を挙げてみよう。

- 半年以内に収益を倍にするための、見落としてしまっている意外な方法は何か？
- 既存事業と相乗効果が高く、新たな柱として高い成長率を持つ事業のコンセプトは？
- 既存の営業努力の延長で苦労せず開拓できる、意外な顧客ターゲットとは？
- 検索したくなり、つい口コミ・ネットコミしたくなる、耳にこびりつくネーミングは？
- 見落としてしまっている事業戦略上の、リスクは何か？
- 問題を解決するために、今なすべきベストな質問は何か？
- 計画がスムーズに実現するための、はじめの一歩とは？

このようなビジネス上の、非常に都合のいい質問について考えてしまえば、脳は自発的にイメージを通して、われわれに答えを提供するのである。

今までであれば、詳細な調査や分析を行ったあとではじめて、その解決法について考えはじめるのが通常の流れだろう。しかし、そのためには膨大な時間、そしてその調査分析を行うためのスキルを身につける必要があった。CPSは、分析や調査に時間をかける代わりに、都合のよい質問を考えることに注力する。そのため、解決不能と思える問題であったり、通常であれば考えること自体を放棄してしまうような困難な問題であったりするほど、画期的な成果をあげることができる。

CPSに慣れてしまえば、「自分に能力がないから正しい答えを導き出せないのではないか」という不安は消えてなくなる。そして、そのプロセスを行った数十分後には解決の糸口が見つかるため、行動の選択肢が増えていることになる。混沌の後に、思いもよらなかった解決策を手にするのは、鳥肌が立つほどの快感だ。それを体験してしまえば、以前はなぜ、能力の低い自分に満足していたのか、その理由すら想像できなくなってしまう。

【ビジネス事例】 どんなことに活用できるのか?

あなたのビジネスでもCPSを使いこなすことができるだろうか? 本当にあなた

を驚かせる発想は生まれるのだろうか？　その答えについては、のちに、あなた向けのエクササイズを用意しているので、自分で確かめ実感してもらうのが一番だ。

しかしその前に、ＣＰＳの概要を理解していただきたいので、ビジネスではどのように活用できるか、まずは事例をご紹介しよう。

ＣＰＳは当初、ビジネスで使うことを前提に開発されたものではなかった。科学や教育の分野を中心に導入されていて、ビジネスに応用することに関して世界的に見ても例がなかった。そんな中、私は五年ほど前からビジネスにおける応用法の実験を始めている。次の二つの事例は、ビジネスにおける応用法の実験を始めた初期のものである。

【事例1】　顧客ターゲット層を見極める――出版社における編集会議

私は、ある出版社から起業に関するムック本の監修の依頼を受けた。その際、本の内容をどう構成すべきかについて、編集会議で長時間にわたって議論した。しかし結論が出なかったので、編集会議の席上、ＣＰＳの方法論を使ってヒントを得ることにした。

すると、「本書の理想的なターゲット層は？」という質問に対する答えとして、機動戦士ガンダムのイメージが現れた。いったい、なぜ起業とガンダムが関係するのか？　われわれは首をひねったが、ほどなく会議参加者のひとりが「ガンダムに熱狂した世代が、ターゲット層ということじゃないか？」と発言。

それをきっかけに議論が活性化し、ガンダム世代、すなわち団塊ジュニア層にターゲットを絞ると、本の構成がすっきりと見えてくるようになった。本の装丁にもさりげなく、ガンダムを象徴する図柄が盛り込まれた結果、本書は累計一七万部を超える大ヒットとなった。

【事例2】　比較優位を明確化する――人材派遣会社における営業会議

クライアントの人材派遣会社が、「会社を次のステージに引き上げる意外な方法とは？」という質問に対してCPSを行った。答えとして現れたイメージは、「スーパーマーケットでレジを打つ人」「バッタ」、そして「フリーター」。

三つのイメージにはまったく共通点が見いだせなかったが、議論を重ねるうちに、会議参加者のひとりが「バッタは跳躍力があるから、非常に成果をあげた派遣社員の象徴ではないか?」と発言。それを受けるように、ほかの参加者から、「フリーターは、経験のない社員の象徴。だから、今まで経験のなかった人材でも、うちの会社から派遣された社員は能力を発揮するという意味では?」「そう言えば、スーパーマーケットに派遣している人材の中に、成果をあげている派遣社員がいるかもしれない」という発言が飛び出した。

結論として、このクライアント企業は社員研修にかなり力を入れているにもかかわらず、その事実が派遣先企業に伝わっていないという問題点が表面化した。そこで営業マンが、派遣社員をインタビューして、期待以上の成果があがっている人材を掘り起こし、その結果を派遣先に報告してみようということになった。

以上のように、イメージを土台としてダイアローグを交わすことで、全員がすっきりとする解決策がいとも簡単に得られたのである。これらの事例をはじめとして、私は数年間にわたって、ビジネスにおけるCPSの応用を慎重に行ってきた。その結果、教育や科学の分野だけでなく、ビジネスにおいてもCPSは十分に応用可能であることを実感するにいたった。

ＣＰＳのアプローチは、通常のビジネス上の問題解決とはまったく異なる。そのために当初、私は、参加者は懐疑心と抵抗感を持つのではないかと予想した。ところが実際にやってみると、そんな心配はいらなかった。きちんと趣旨を説明すれば、どんな論理的な人であっても、非常に面白がって取り組んでくれる。

実際に、イメージを解釈する段階に入れば、誰もがその謎解きに熱中する。そして解決の糸口を見つけた瞬間から、議論がひとつの方向に向かって激流のように流れ出す。もやもやしていたものが、はっきりと見えてきて、腹に落ちるという「ＡＨＡ！体験」をすることになる。

もちろん、浮かんだイメージを常に正しいものだと判断することは間違いだ。あくまでも仮説である。しかし、その仮説は全脳思考モデルによって、ロジカルに検証され、行動シナリオにまで落とし込まれる。この一連のプロセスには、企業が創造性を発揮するためのエッセンスが、すべて織り込まれている。

ＣＰＳの具体的ステップ

それでは、実際にあなたの課題に対してＣＰＳを応用できるように、具体的にその方法論を説明していくことにする。

ＣＰＳにはいくつもの多様な方法があるが、まずは活用範囲が広く、仕事に役立ち、クイズとしても楽しめる「ハイシンクタンク」と呼ばれるメソッドを説明しよう。本章の冒頭で紹介したブザン教育協会の事例は、このハイシンクタンクを使って解決を試みたものである。

【ステップ１】：質問を六つ以上用意し、紙にひとつずつ書いて折りたたむ。質問の数だけ、紙片ができるようになる。紙を折りたたむ際には、質問が書かれた面が内側にくるように。その結果、どんな質問が書かれているのかわからないようにする。

【ステップ２】：折りたたんだ紙を封筒に入れ、よく混ぜてからひとつを取り出す。

この段階では、質問が内側に折り込まれているために、自分がどんな質問を引いたのかわからない。

【ステップ3】：**リラックスした状態の中で目を閉じ、三つのイメージを思い浮かべる。**イメージを声に出して、詳しく描写する。聞き手がいる場合には、イメージをノートに写し取ってもらう。いない場合には、レコーダーに声を録音後、改めて自分で聴きながら、イメージをノートに写し取る。イメージは、カラーマーカー等を使って、色彩豊かに描くと効果的。

【ステップ4】：**三つのイメージの共通点を見つける。**三つのイメージの共通点や、特徴、話の流れ、奇妙なイメージなどに着目しておく。このステップは、後にイメージを解釈する際に役立つ。

【ステップ5】：**質問を書いた紙を開いてみる。**ようやく紙に書かれた質問を目にすることになる。この質問の答えが、ステップ3で思い浮かべたイメージなのである。つまり質問の答えは、言葉でなく、イメージによって表されている。

【ステップ6】：**答えとして提示されたイメージを言語に翻訳する。**描かれたイメージを見ながら、なぜ質問の答えがこのようなイメージになって表れたのか、考える。そして質問とイメージを意味づける言葉を、思い浮かぶままにメモしていく。つじつまを合わせることではなく直感が大事なので、手が動くままに、浮かんできた言葉を次から次へと書きとめるようにする。

その際、イメージは、まずはあくまでも「象徴」であると考えよう。たとえば、「今後、会社の業績を大幅にアップする商品コンセプトは何か?」という質問に、自動車のイメージが出てきたとすれば、答えは「自動車を製造せよ」ということではない。自動車はあくまでも象徴と考えて、自動車の「便利さ」「スピード」が、商品開発のひとつのヒントではないかと推論していくのである。こうして質問に対して腹に落ちる回答を見いだしていく。

以上のステップを読んでみて、おそらくあなたは混乱したことと思う。

「質問を知る前に、質問の答えをイメージで思い浮かべろ!」と言われているのだから……。

「質問がわからないにもかかわらず、答えが出せるはずがない!」

「そんなの無理に決まっている!」

そんな疑問が沸き起こるのは、当然だ。ウェンガー博士によれば、「質問内容がわからないように感じるが、潜在意識レベルでは、紙の折り目、ペンの筆圧等で、どの質問なのかは十分に推測できている。しかし、顕在意識ではそれを言語化できないので、その結果、思い込みを排除した発想ができるようになる」とのことである。たしかに実際にやってみると、答えであるイメージと、あとから判明した質問内容が、偶然とは思えないほど関連していることがある。

ただ私はむしろ、CPSの効果を、潜在意識レベルで質問内容が推測できた結果というよりも、偶有性を取り入れた結果であると考えている。質問と関係ないイメージを起点として考えることにより、思考のコピーペースト機能が一時的に中断される。自分が考えてもみなかった視点で、脳がフル回転する結果、新しい解決策を思いつくのだろう。

重要なことは、「なぜ、このイメージが、質問に対する答えなのか⁉」という驚きを得ることである。驚きは脳を惹きつけ、集中力を高め、短時間でさまざまな選択肢を発想しはじめる。つまりイメージは脳を活性化させるきっかけであって、おそらくどんなイメージを持ってきたとしても、ある程度の効果はあげてしまうのである。

実験――CPSを体験してみよう

理屈はわかったが、こんな意外な方法で本当に答えが導き出せるのだろうか？ 考え込む前に、まずは習うよりも慣れろで、実際にどこまで発想を得ることができるのか、クイズ感覚で取り組んでみよう。

「ハイシンクタンク」では、最初に六つ以上の質問が必要になるので、私があらかじめ七つの質問をすでに用意しておいた。質問内容はのちほど明らかにするので、まずは1～7の数字でパッと思い浮かぶ数字を選んでほしい。

次に、選んだ質問（まだ内容はわからない）に対する答えを、イメージでひとつ描いてみてほしい。先ほど説明したように、本来は三つのイメージを思い浮かべる。多くのイメージを得てその共通点を探ったほうが、豊かな解釈ができるからである。しかし、まずは慣れてもらうことが大事なので、ここではひとつのイメージだけでやってみよう。

１～７までの数字のうち、１つの数字を直感で選んで、空欄に記入してください

イメージを思い浮かべるのは、簡単だ。

目を閉じて、数回深く呼吸をする。そして、とても気持ちのよい、きれいな光景の中にいることを想像する。呼吸するたびに身体の力が抜けていくことを感じよう。このように深くリラックスすることにより、イメージが湧きやすくなる。

落ち着いた呼吸を続けながら、想像上の光景の中で、空を眺めてみよう。

すると、突然！

天から風呂敷包みが落ちてきた。

〈その風呂敷を開いてほしい。いったい何が入っているだろう？〉

頭で考えることなく、直感的に思い浮かんだものを、イメージで答えよう。答えたら、目を開けて、そのイメージを、ここに描きとめておこう。

天から降ってきた風呂敷の中にあるものを、
ここに描いてください

それでは、これからあなたが選んだ質問を明らかにする。408ページを開いて、自分が前もって選んでいた数字の質問を見てほしい。先ほどあなたが描いた風呂敷包みの中身は、質問に対する答えをイメージで象徴したものだ。それを解釈するには、直感的に感じたことを、イメージから言語に翻訳していく。

コツは頭で考えないことだ。むしろ手に考えさせると思って、浮かんできた言葉を次から次へと書きとめてみる。行き詰まったと思ったら、ペンを左手に持ち替えてみよう。ギクシャクしながら書いているうちに、自分が考えもしなかった言葉を書き出すかもしれない。それでも疑問を差し挟むことなく、書きつづけよう。そうするうちに「ＡＨＡ！」という気づきが生まれてくることがよくある。

方法論について、少し説明を加えておこう。

まず、「なぜ風呂敷なのか？」という疑問を持たれたと思うが、それは風呂敷でもギフトボックスでも、ドラえもんのポケットでも、なんでもかまわない。また天から落ちてくるのでも、突然目の前に現れるのでもどちらでもいい。重要なことは、今までの思考の延長で答えを想定しはじめないようにすることなので、イメージを遮断できるのであれば、どのようなものでも、どのような方法でもいい。要は、思い込みが取り除かれるのであればいいのである。

次に、イメージの解釈についてであるが、おそらくはじめは「まったく答えの見当がつかない」と思うことがほとんどだろう。落ち込んだり、フラストレーションを感じたりするだろうが、それでも第一歩としては大成功だ。

どんなにCPSに慣れた人でも、「まったくわからない」という言葉から、解釈が始まるケースがほとんどである。考えてみれば、簡単にわかってしまうイメージであれば、逆に、予想された答えがイメージとなっただけであるから、CPSを行う価値はない。「わからない」という段階を辛抱強く、持ちこたえることがコツなのだ。

わからなくてかまわないので、「あえて、考えてみれば……」という具合に、こじつけで意味を解釈しはじめよう。答えとも思えない答えをひとつひとつ書き出すことによって、突然、ヒントが思い浮かぶことがある。そのヒントをきっかけに、もう一度イメージを詳しく見ていくと、「AHA!」と声を挙げてしまうような瞬間が訪れるのである。

応用編——企業戦略をイメージで考える実験と、その解釈プロセス

ビジネス戦略の仮説構築には、どこまでCPSを活用できるのだろう。戦略立案という極めて論理的にアプローチしなければならない分野においては、やはり事実を詳細に分析しなければ、仮説は見いだせないのであろうか。それともCPSにより、イメージを使って、ある程度までの仮説を構築することはできるのか。

この問いに答えるべく、私は実験を行った。戦略コンサルティングファームに勤める敏腕コンサルタント四人と、架空のケースにもとづき、CPSを活用した企業戦略構築に取り組んでみたのである。

このケースを通して、具体的な課題に対して得られたイメージをどのように解釈していけばいいのか、そのコツを呑み込んでいただけると思う。

【企業戦略立案ケース】 どうすれば株式公開後も成長を維持できるのか？

※本事例は、あくまでも演習のための創作であり、現存する企業とは一切関係ありません。

高気密・高品質のパッキングを製造するメーカー。一九九八年に創業した技術系ベンチャー。独自開発した素材で、環境に優しくリサイクル可能な極小部品もつくれるために、急成長。今まではニッチ市場をほぼ独占していたため、高収益を確保していたが、この一年でライバル企業の参入が相次ぎ、利益率がかげってきている。

経営陣の悩みは、「株式公開の予定があるが、公開後も成長を持続するために現在、何をすべきか？」ということである。

おそらく多くの読者は、このケースを一読しただけでは、あまりにも情報が少ないために、解決に向けて何から考えはじめていいのか、わからなかったのではないだろうか。

このように解決の糸口すら、にわかには見いだせない問題こそ、ＣＰＳの演習としては最適のケースである。論理的な分析法では、手をつけることすら難しいからだ。このように、論理的な思考プロセスを活用することに無理がある場合にも、ＣＰＳは適切な質問さえ思い浮かべれば、発想を広げはじめることができる。

このケースに対して、前述した「ハイシンクタンク」の原則に基づき、六つの質問を書き出した。そのうち三つの質問に対する答え（イメージ）と、その解釈を紹介しよう。

【Q1】 利益倍増に向けて、社員のモチベーションをあげるには、どうしたらいいか？

図表７－１のイメージを言葉に翻訳していくのであるが、その解釈のプロセスをよりよく理解していただくために、コンサルタントたちとのダイアローグをそのまま書き起こしておこう。以下、Ｃはコンサルタント、Ｋは神田による発言である。

Ｃ「……なるほど、質問に対する答えが、このイメージだというんですね」

Ｋ「そうです。そのイメージを見ても、なんのことやらわからないでしょうから、こ

図表7-1 | 答えのイメージ

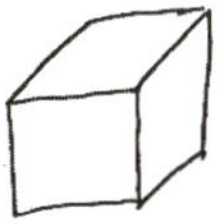
「立方体」

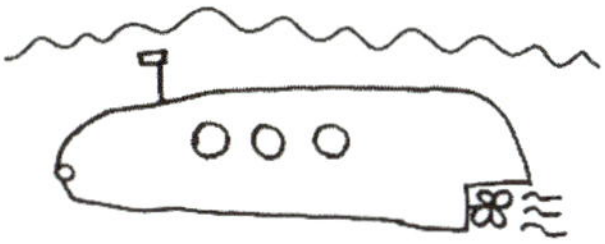
「潜水艦」

「南の島」

れからイメージを言語に翻訳する作業を行います。イメージを見ながら、パッと思い浮かんでくる言葉を、絵の横に書いてください」

C「このイメージは『潜水艦』だから、『潜水艦』と書けばいいのですか?」

K「いいえ、『潜水艦』はあくまでも象徴なので、『潜水艦』が象徴するような、ビジネスに関連する言葉を書きます。はじめは難しいように感じますけど、ひとつの言葉をきっかけに連想を広げてください。頭ではなく、手に考えさせるようにして、できるだけ早くメモをとるといいですよ」

C「なるほど、頭だけで考えないように、身体感覚を優先するのですね」
K「そのとおりです。どうです？　翻訳できそうですか？」
C「うーん、どうビジネスに関連づけていいものやら……」
K「三つのイメージの共通点はあった？」
C「ええ、はじめに出てきた立方体のイメージ。それと潜水艦。この二つのイメージの共通点は、閉ざされた空間。だから人事評価が、狭い世界で決まっていると連想したんだけど……」
K「なるほど」
C「それから潜水艦の窓が丸くて、さらに太陽や島も丸いイメージ。これは逆に、外を見通せたり、開放的だったりするから、透明性のある多面的評価が必要だということかなぁ？」
K「逆に、三つのイメージの中で、異質なものは？」
C「異質なもの？」
K「ええ、言い換えれば、なんでこんなものが見えたんだろうって、不思議に思うものかな？」

C「潜水艦のセンサーかな」
K「なぜセンサーが見えたんだろう?」
C「……尖ったもの……尖った、市場のセンサーになるような技術。つまり、今はビジネスにならない先端技術の開発をしている担当者がいれば、水面上にあげて、積極的に評価しなくちゃならないということですよ」

以上のように、イメージを言語に翻訳していく際には、共通点、または逆に異質なものに注意する。また三つのイメージが浮かんでくる順番にも注意してみよう。そして、それらがどのような意味を持つのか、直感的に思い浮かぶ言葉を書きとめていくのだ。この際に、「論理的におかしい」と考えはじめると、思考がストップしてしまうので、頭を使うよりも、手が動くままに字を書きとめていくようにするのが大切だ。

このようなダイアローグの結果、答えとして提示された「立方体」「潜水艦」「南の島」というイメージが、「閉鎖的な人事評価」「多面的評価」「最先端技術の再評価」というビジネス用語に翻訳されていった。今回のイメージ演習から、このコンサルタントが得られた解決策をまとめてみると、次の三つになる。

イメージの解釈1

・社員の評価が、閉鎖的な場所で決まってしまっている。

・多面的評価を検討し、透明性の高いものにしていく。

・最先端技術を開発している社員には、その技術が、たとえ現在、利益が出ていなくても正当に評価する。

事例で示された情報は、簡単な会社紹介でしかないために、ほとんど情報がない。にもかかわらず、ほんの十数分間のディスカッションで、ある程度、具体的な解決の糸口を見つけることができた。

同様のプロセスで、われわれは他のコンサルタントが引き当てた質問に関しても、浮かんできたイメージを翻訳していった。

【Q2】 今後、どんな商品を開発していったらいいのか?

イメージの解釈2

・新しい技術を追うのではなく、高い視点から市場を見ることによって、既存技術

図表7-2｜答えのイメージ

「山の頂上で太陽を見る」

「空飛ぶ紙ヒコーキと太陽光発電パネル」

「ゴルフでボールを強く打つ」

や生産設備を有効活用していくことが重要。

- 今までのニッチな商品だけではなく、一般消費者にわかりやすい商品を持つことで、ブランド力を上げていく。
- 環境に配慮したエコ商品。空気のように軽い商品。衝撃に強い商品等々。

【Q3】 どんなコンセプトの商品を、どんな地域、ルートで販売していけばいいか？

イメージの解釈3

- 製品の気密性をさらに高めることで、今まで考えつかなかった市場に一気に広がる。
- 農業・酪農が盛んな国、もしくは忘れられがちな市場から、製品の問い合わせがあるかどうか社内で探ってみる。
- 化粧品・美容器具・コンタクトレンズ等の消費財に利用可能な既存技術があるか、発想を広げて考えてみる。

以上の三つの演習に要した時間は一時間弱。当初、浮かんできたイメージには、ビジネスを連想できる要素はまったくなかったが、さすが経験豊富なコンサルタントたちは、すばやくコツを呑み込んだ。今までの戦略立案方法とは、まったく異なるプロセスで思考を進めたにもかかわらず、イメージを解釈することにより、技術系ベンチャーの成長を持続させるための企業戦略の全体像を、仮説として導き出すことができ

図表7-3 | 答えのイメージ

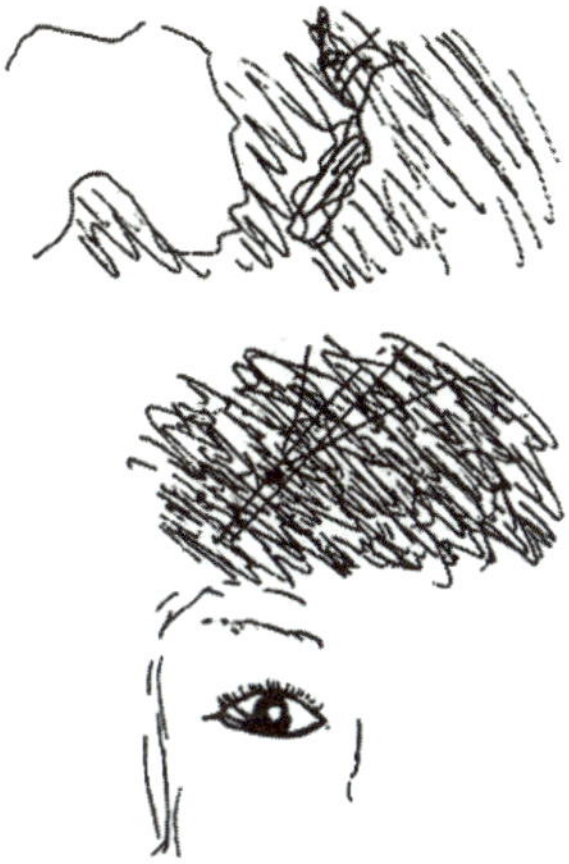

「ニュージーランド」

「液晶、クリスタル、高純度」

「吸い込まれそうな眼」

たのだ。

〈CPSにより導き出した仮説〉

公開後も高収益を維持していくためには、一般消費者にもわかりやすいブランドの確立が必要。ただその際に注意すべきことは、とくに新製品を開発するに当たっては、新設備を投入したり、新技術を開発したりするのではなく、当面、既存設備・既存技術の有効活用を考えるべき。とくに衝撃に強い、超軽量の製品が開発できれば、市場を拡大する突破口になる可能性がある。
　こうした急激な会社の変化の過程において、社員のモチベーションを保つためには、人事評価の透明性を高めること、そして埋もれがちな新技術についても公正な評価ができるような、多面的な評価システムを構築していくことが重要である。

　以上のとおり、ＣＰＳを活用した思考プロセスを行うことによって、短時間で、非常にわかりやすい議論の方向性を導き出すことができた。こうした仮説は、経験豊富な有能なコンサルタントの場合、突如として飛び出すものであることが多く、そのプロセスはまさにブラックボックスだった。しかし、ＣＰＳを使うことにより、誰もがそのブラックボックスの中に入り込み、もやもやから霧を晴らしていく過程に参加できるようになったのである。

拡散思考と収束思考の統合——シームレスな戦略策定プログラム

　もちろん忘れてはいけないのは、ＣＰＳの結果はあくまでも仮説であって、この仮

図表7-4 | CPS vs. ロジカル思考

CPSによってアイデアが広がり、ロジカル思考によって結論が導かれる

	論理的・分析的思考（ロジカル思考）	ＣＰＳ（イメージ思考）
本質的な役割	• 収束思考 様々なアイデアの中から、現実的な問題/解決策を見いだすのに有効。	• 拡散思考 現実的かどうかを問わず、さまざまなアイデアを出す際に有効。
メリット	• ＭＥＣＥ、ピラミッド・ストラクチャー等により、物事の構造化や因果関係の整理には役立つ。 • ビジネス分野で手法が確立されていて、安定的な成果を生みやすい。 • 背景の異なる他人に、納得性・信頼性が高いメッセージを伝えることができるので、コンサルティングをはじめとして、説明責任を果たさなければならない場合には必須。	• ゼロから考える場合、イメージをたたき台に、発想が膨らむ。 • 頭の中でもやもやしている問題の種をイメージとして吐き出すことができるので、実務上、行き詰まった議論の突破口を見いだすきっかけになる。 • 自分が潜在的に感じ取っていたが、もやもやとしていた本質的な解決策について、言語化するきっかけを与えてくれる。 • イメージに訴えるフレーズが思いつきやすくなり、クライアントに印象的な言葉を伝えられる。
デメリット	• 分析するためには、十分な情報が必要となり、情報収集のために多大な労力と時間が必要となる。 • ゼロから何かを生み出さなければならない場合、答えの見つからないなか、考えに考えつくさなければならず、精神的なストレスが高い。 • ロジカル思考だけでは、斬新な発想を制限するリスクを伴う。	• 背景を知りすぎていると、既存情報をイメージと結びつけ、こじつけになる傾向が強くなる。 • 今回の取り組みだけでは、ビジネスの場ですぐに役立つとは言いがたい。安定的な結果を生むためにも手法のトレーニングは必要。 • 正しい答えが得られたのか、イメージ思考だけではわかりにくい。 • 個人的なイメージなので、他人が納得できるように説明できない。

※コンサルタントたちからの、実験に対するフィードバックをもとに作成。

説が問題解決の方向性として適切かどうかは検証しなければならないということである。つまり、ＣＰＳによってアイデアが拡散し、ロジカル思考によって、広がったアイデアが結論へと収束していく。その結果、ロジカル思考とＣＰＳの長所・短所を組み合わせることによって、仮説と検証のプロセスは非常に効果的となる。

図表７－４でわかったように、ロジカル思考とＣＰＳ（イメージ思考）には、それぞれ長所も短所もある。それら両方を踏まえた問題解決アプローチは、従来のロジカル思考のみにもとづくアプローチと、どのような違いが出てくるのだろう。それについても、図表７－５にまとめてみた。

図表７－５でわかることは、従来のロジカル思考だけでは、新しいものをつくり出すには限界があるということだ。しかし、ＣＰＳも取り入れることで、ステップ１の仮説出しの段階から、思い込みを排除できる。今までとは違った角度で、問題に光を当てられるようになるのである。

ただし、ステップ２、ステップ３においてはロジカル思考が必須になっている。ＣＰＳで生み出したアイデアを、ロジカル思考で徹底して検証するステップである。

図表7-5｜シームレス・アプローチ

ロジカル思考とイメージ思考を統合することで、問題解決はよりスムーズに

	ロジカル思考にもとづく、一般的な問題解決アプローチ	CPSの可能性を踏まえた問題解決アプローチ
ステップ1 仮説の着想	ビジネス概要を把握したうえで、どこに問題がありそうか仮説を立てる。	初期仮説出しのブレーンストーミングにおいて、イメージ思考により、アイデア出しを行う。
ステップ2 調査設計	仮説を検証するために、必要な情報をMECE的な視点でもれなく収集できるように調査を設計。	出されたアイデアに、モレがないか、ロジカルに確認。
ステップ3 情報収集	統計等の定量データ、ヒアリング等の定性データの収集	ロジカル思考に徹して、情報を分析。
ステップ4 情報整理・分析	「本質的な問題はどこなのか？」と考えに考え抜いた末、ふと、「これだ！」というものが浮かぶ。	固定概念にとらわれない問題解決のために、イメージを足がかりにアイデア出しを行う。
ステップ5 仮説の検証	「これだ！」という問題が、たしかに本質的な問題なのか、分析から裏づけ、とりまとめる。必要に応じてステップ2、ステップ3を再度、繰り返す。	イメージから得られたアイデアが本質的な問題を示した場合、ロジカルなデータから裏づけし、誰が聞いても納得する形にストーリーを構築。かつ、誰もがそのエッセンスを直感的に把握できるように、イメージをヒントに象徴的なタイトルやネーミングを考える。

※コンサルタントたちからの、実験に対するフィードバックをもとに作成。

ステップ4から最後のステップ5にかけては、CPSの活用が効果的である。本質的な解決策を見いださなければならないが、ロジカル思考だけでは、既成概念を排除することが難しい。そこでCPSを取り入れれば、問題をゼロベースで眺めることができるので、誰もが考えてもみなかったソリューションを見いだすきっかけを与えてくれるだろう。

全脳思考モデルで、どのようにCPSを活用するのか?

結論から言おう。全脳思考モデルにおいて、CPSは次の四つのポイントで活用することができる。

1. 本当にワクワクできる、ベストな事業・商品を探す。
2. 本当にワクワクできる、顧客を探す。
3. 顧客の未来と現在における、予想外の状況や感情を理解する。
4. 「クライマックス(なるほど)」「へぇ」「ほう」のアイデア出しが行き詰まった

際に、突破口を得る。

この四つのポイントをＣＰＳでカバーすることによって、全脳思考モデルが行き詰まった際にも、突破口を見いだせるようになる。以下、それぞれのポイントについて説明する。

1．本当にワクワクできる、ベストな事業・商品を探す

全脳思考モデルで企画・提案を考えようとする際、そもそも扱う商品は決まっていることが前提となっている。たとえば、クッシュボールの事業企画を考えるのであれば、クッシュボールを商品とすることに、疑問を持つ人はあまり多くはない。つまり、「何を売るか？」ではなく、「目の前のものを、どう売るか？」にとらわれてしまいがちなのである。

この問題は、全脳思考モデルに限られず、多くのビジネスの方法論につきまとう問題である。なぜならば、「誰に」「何を」販売するかが決まっていない状態は、空中で、手すりも足場もなく歩きまわろうとするもので、極めて不安定だからだ。思考を展開

していくためには、少なくともひとつは決まったものがなくてはならない。そこで具体性があり、一番取り組みやすいのが、商品から発想することになるのである。

しかし、失敗するビジネスにおいて、よく見受けられるのが、そもそも参入すべき事業、取り扱うべき商品を間違えてしまうというケースだ。たとえば、どんな経営の天才をもってしても、今の時代にインターネット上で、書籍通販のポータルショップや、総合ショッピングモールを開業するのは、すでにガリバー企業が存在するために、かなりの困難を味わうことになろう。

このように極端なわかりやすい例であれば、誰もそんな無謀なことはしない。しかし現実には、わかりにくい事業や商品が溢れている。一見、とても魅力的な商品に思えても、よくよく調べてみると、市場があまりにも小さかったり、販売しても十分な粗利を確保できなかったりという理由で、ビジネスが成立しにくいのである。こうしたケースではいかに全脳思考モデルを使ってみたところで、効果は期待できない。

私は、こうした事業に取り組むことを、「下りのエスカレーター」に乗り込むと表現している。下に向かって降りていくエスカレーターを必死で駆け上がっているようなものだからだ。はじめは運よく利益が出たとしても、新規参入による価格下落、予期せぬトラブル、利益を出したために生じる税金支払いなどを考えると、毎年、前年を上回るスピードで駆け上がる努力をしつづけなければならない。そして、駆け上がるスピードを緩めたとたん、事業は瞬く間に底まで落ちてしまうのである。

一方、適切な事業・商品・サービスに取り組んだ場合には、業界が大きくなると同時に、自社の市場も大きくなっていく。これを私は「上りのエスカレーター」に乗り込むと呼んでいる。アマゾンや楽天のように、ネットが大きくなるにしたがって、地位を盤石にしていくようなモデルである。

実際には、下りのエスカレーターの商品でも、上りのエスカレーターに、ある程度は変えることができる。[14] たとえば、ネットにおいて食材の通販をこれから行うのは、下りのエスカレーターに乗り込むことが多いだろうが、その食材のコーディネーターの資格・検定制度を行う協会を設立して、その後に、自社の食材を販売するというモデルならば「下り」を「上り」に変更することができる。コンピュータ・ソフトウェアにしても、パッケージ販売は利益を出しにくい環境になってきているので、「下りのエスカレーター」に乗り込むことになろうが、今後成長が期待されているSaaS[15]方式での販売は、適切なタイミングで参入することにより、「上りのエスカレーター」に乗り込むことができよう。

このような商品コンセプトの変更は、全脳思考モデルを使っても、ある程度は対応可能である。たとえば、クッシュボール事業についても、クッシュボールを単品で売るのではなく、「ビリーズ・ブートキャンプ」のようにエンターテインメント教材にするというアイデアが生まれている。

それでは「全脳思考モデルだけで十分アイデアが生まれる場合」と「CPSを組み合わせたほうがスムーズな場合」とは、どのように区別・判断できるのであろうか。

直感的にその事業・商品に関わりたいとワクワクするのであれば、全脳思考モデルから取り組みはじめても、コンセプトの改善アイデアは、ある程度スムーズに見いだせるだろう。

しかしながら、「そもそも何を売っていいのかわからない」「どんなビジネスについて考えていいのかわからない」「この事業・商品でいいのか、今ひとつ自信が持てない」という場合には、まずはCPSを使うことが効果的である。なぜなら、事業・商品にワクワクではなくモヤモヤを感じる場合には、モヤモヤについてどんなに考えたところで、道に迷いやすい。そこで、CPSによりそのモヤモヤをすっきりさせた後に、全脳思考モデルを活用すれば、スムーズに仮説および行動シナリオを明確にできるのである。

あなたは、自分が取り組んでいる事業・商品にワクワクしているだろうか。自信がないなら、次の質問を使ってCPSをやってみよう。

「自分が誇りを持てる、そして才能を生かすことができる、今取り組むべきベストな事業あるいは商品コンセプトは何か？」

思い浮かんだイメージが解釈できないとしても、それを頭の隅に置いておこう。すると、イメージにより喚起された偶有性により、時間が経つにつれ、目の前の事業・商品が新しい視点で見えはじめ、新たなコンセプトとして生まれ変わらせることができるようになるだろう。

2. 本当にワクワクできる、顧客を探す

「一二〇％HAPPYにする顧客」を誰にするかは、全脳思考モデルにおいて非常に重要なステップである。その際の選択基準は――利益をあげるターゲットとしての顧客ではなく、考えただけでワクワクする顧客かどうか？　つまり、情熱が持てる対象

について考えることが、優れたアイデアを引き出すために効果的なことは、すでに説明したとおりである。

しかしながら、まったく顧客が想像できない場合もある。思い浮かんだとしても、その顧客をHAPPYにすることに対して、熱が入らないという場合もあろう。そんなときにCPSを使うことで、思いもよらなかった顧客がイメージされて、それをきっかけに突破口が開かれることがある。例を挙げよう。

ある大手通信会社の女性管理職に全脳思考モデルを試してもらったときのことだ。彼女は新規事業を探るべく、全脳思考モデルに取り組んでみたものの、一二〇%HAPPYになった顧客の顔がまったく浮かばない。「私、想像力ないのかなあ」と、演習を続けるのを諦めそうになってしまった。

そこで、私はCPSを取り入れてもらうことにした。一枚の架空のドアを用意して、そのドアが開いた向こうに誰が立っているかイメージしてもらったのである。すると彼女は、即座にイメージを思い浮かべはじめた。

「離れ小島に、おばあさんがいます。バナナを手に持っています……」

バナナを持ったおばあさん？　おおよそ顧客対象にはなりにくい。しかし発想を広げていくと、そのおばあさんは、昔よくバナナをくれた自分のおばあちゃんであることを思い出した。そしてそれは、将来の自分自身であるとも気づいたのである。

「将来の自分自身がお客か……」

このように考えていった結果、彼女は「将来の自分自身が喜ぶＩＴシステム」をつくることこそ素晴らしい事業なのではないかと考えはじめた。すなわち遠隔地にいる人々や高齢者などにとって不利益にならないＩＴインフラを整備するという——彼女にとってはライフワークになると言ってもいいほどの——大きなプロジェクトが突然、浮かび上がったのである。

熱意の持てる顧客対象を見いだすことができれば、熱意の持てる仕事が現れることになる。そして、自分自身がコミットできる仕事の未来《ヴィジョン》を見てしまえば、それを表出させた方法論が、全脳思考モデルであろうと、競争戦略の立案フレームワークであろうと、ブルーオーシャン戦略であろうと、どうでもよくなってしまう。大事なのは、方法論が世の中に受け入れられているかどうかではなく、自分が、生まれたヴィジョンを受け入れられるかどうかなのである。

未来の顧客に対してワクワクしないときには、ＣＰＳをやってみよう。その数分間で、仕事を通じて自己実現していくスイッチがオンになることを感じるにちがいない。

3. 顧客の未来と現在における、予想外の状況や感情を理解する

未来にＨＡＰＰＹにしたい顧客は浮かんだのだけれど……、
その人がどのように喜び、誰にどんな言葉を口にするのかまでは想像がつかない。

また、現在における顧客の満たされない状況についても、いまひとつＶＡＫＦＭが描写できないという場合があるだろう。

そんなときには、ＣＰＳの中の、もうひとつの方法である「天才を借りるテクニック」が有効だ。このテクニックを試してみることにより、本当の意味で、顧客視点を体感することができる。やり方は、簡単。あなたが喜ばせようと考えている顧客の中に入り込んでしまうのである。

まずは目を閉じ、呼吸を整え、リラックスする。そして顧客の名前や顔を思い浮かべてみよう。もし名前や顔が思い出せなくても、あなたが相応しいと考える顧客をイメージできればＯＫである。

そして、ここからが面白いところだ。

イメージの中で、あなたの身体を空中にフワッと浮かべ、顧客の背中側に移動する。その身体の中に、ゴムスーツをまとうような感覚ですっと入っていく。はじめに足を入れ、腕を通し、最後に顧客の頭をかぶる。

あなたは周りの状況を、顧客の目を使って見て、耳を使って聞き、身体を使って感じてみる。〈そこには何があるのか?〉〈誰がいるのか?〉〈何をしゃべっているのか?〉そして未来の、そして現在の顧客の内面についても探ってみる。〈喜びを、どのように感じているのか?〉〈悩みを、どのように経験しているのか?〉

このように身体感覚を通して感じられたイメージをすべて、スピーディに細かく描写していく。

通常のビジネスの方法論から考えれば、このイメージ演習はあまりにも変わっている。そのために興味を持つよりも、まずは懐疑心が先に立ってしまうかもしれない。私もこの方法論を試すときには勇気が必要だったので、あなたの気持ちはわかる。だが、ぜひ一度、ゲーム感覚でやってみてほしいと思う。

というのは、論理をどんなに駆使しても気づけなかったことが、顧客の身体を借りるという空想をするだけで、ほんの短時間で気づけるからだ。それは小さな気づきなのだが、ビジネスにとっては非常に大きなインパクトを及ぼす。顧客ですら言葉にできない感情（ニーズやウォンツ）のほんのかけらでも、あなたが言葉にできたとき、そのビジネスは、顧客にとって他社とはまったく違う意味を持つ。「自分のことをわかってくれる会社が、ここにある」と共感される会社になるのだ。

自分では気づかない視点を短時間で得られる例として、私の体験をお話ししよう。数人の著者仲間たちと、次作の執筆に向けての構想を考えていたときのことである。ありふれた思考から離れたかったので、「天才を借りるテクニック」を試してみた。まずは未来の読者が一二〇％ＨＡＰＰＹである状況を描写する。思い込みを遮断するために、大きなドアをイメージ。そのドアを突然、開くことによって、意外な人物を思い浮かべることにした。

取っ手をつかんで、思い切り開いたドアの、向こう側に見えたのは……、なぜか、仮面ライダーであった。

「これが、読者？」

いぶかりながらも、私はその意味を探ろうと、仮面ライダーの背中側に立ち、ゴムの衣装のチャックを開いて、身体の中に入っていった。

すると……、世界はまったく違っていた。周辺一帯が赤く染まっている。

理由は、考えてみれば当然だった。仮面ライダーの目は、そもそも赤いのだ。

しかし私は、それ以上にショッキングなことに気づいた。

赤いフィルターを通して見ると、さっきまで楽しくおしゃべりしていた仲間が、なんだかとても人相が悪い。みんな敵に見えるのだ。

「そうか、正義の使者には、敵がいなければならない。だからみんな敵にしてしまうんだ」

仮面ライダーは、一瞬一瞬を平穏な気分で過ごしているのかと思ったら、まったくそうではなかった。いつも敵を探しつづけなければならなかったのだ。そしていつも闘争心を燃やしていなければならない。

これが、ひとつの気づきであった。

さらに私は、読者が現在置かれている状況を想像するために、もう一枚、別のドアを開けてみた。すると、そこには怪人が立っていた。

「今度は、怪人かよ……」

私の身体は、固くなった。想像上のこととは言え、怪人の中に入っていくのは、冷酷かつ残忍な性格に影響されてしまうのではないかと、恐れを感じたからである。しかし思い切って怪人の中に入ってみると、その体験も予想とはまったく違った。目の前は、灰色の世界。その内面で感じたのは、悲鳴をあげそうなほどの孤独、そして誰にも理解されない悲しみ。「悪事」を働くのは、人を傷つけるためではなく、孤独と戦い、悲しみを紛らわせるためであった。

ほんの短時間であったものの、深く考えさせられる体験であった。

「善悪は相対的である」ことは、頭では理解していた。しかし「天才を借りるテクニック」により得られたのは、身体での理解だった。内面から見たときの、世界の色。心の中の寒さ。存在を正当化しなければならない焦り。こうした身体感覚をベースにする理解は、今までとは比較にならないリアリティを持つものであった。

私は、仮面ライダーは、これからのビジネスのメタファーであるかもしれないと考えた。正義のビジネスをやるために、われわれは知らぬ間に、周りを敵として見はじめているのかもしれない。ビジネスは影響力があるからこそ、善だと思ってやっていることが、容易に悪にもなる。社会貢献を目的とするビジネスでなければ、成長しない世の中になったときに、社会貢献を謳う身勝手なビジネスと、真に社会貢献できるビジネスを、どう区別していけばいいのか？　善悪が曖昧になる危うい時代の中で、ビジネスパーソンは、何を軸に生きていけばいいのか？　私は、こうした問いに対する答えを探すために、『お金と正義』という小説を書くことにしたのである。

このように「天才を借りるテクニック」は、頭だけに終わっている理解を、より深く感じ取るために非常に優れた手法である。顧客を深く理解することが、ビジネスにおいては極めて重要であることは、誰もが一致している見解である。だが、どうすれば顧客を理解できるようになるのか、教えられたことは、まずないだろう。「顧客視点で考えろ」と繰り返し唱えるばかりで、唱えた三秒後には、再び自分本位の視点に戻ってしまっている。

私の意見では「顧客視点で考えろ」というのが、そもそもの間違い。頭で考えるのではなく、身体で感じることが大事なのだ。

4.「クライマックス（なるほど）」「へぇ」「ほう」のアイデア出しが行き詰まった際に、突破口を得る

ここまで来れば、ＣＰＳを全脳思考モデルに応用する四つ目のポイントは、十分使いこなせるだろう。全脳思考モデルは、顧客を一二〇％ＨＡＰＰＹにする行動シナリ

オをつくるために、何を、どの順番で考えればいいかという質問のセットである。その質問に対する答えに行き詰まってしまった場合には、どのタイミングでも、CPSを使うことができる。

とくにクライマックスは、最もクリエイティブな解決策がほしいところ。CPSの活用が有効だ。「顧客が一二〇%HAPPYという状況に、直接的に影響を与えた出来事は何か?」。このような質問を自分に問いかける。リラックスした環境の中で見上げた空から風呂敷包みかギフトボックスが降ってくるのを想像する。それを開けると、何が入っているだろうか。そこからイメージを膨らませていけばいい。同じ作業は、クライマックス(なるほど)に限らず、「へぇ」「ほお」のすべてのタイミングで行うことができる。クリエイティブなアイデアは、まさに天からのギフトのように与えられるのである。

今までであれば、行き詰まったときの典型的な対処法は、眉間に皺を寄せ、唸りつづけることかもしれない。CPSはそのような苦しみを時代遅れの知的作業にしてしまう。突破口がほしいと思ったらいつでも、目を閉じリラックスして、ほしい解決策を導きだす都合のよい質問をつくり、自分に対して投げかける。そして、瞼の裏に浮かび上がるイメージを描き、直感的に解釈していくのである。このシンプルな作業で、困難な問題解決を、脳を喜ばせるＡＨＡ！体験へと変えてしまうことができる。

空想は知識よりも重要である——このアインシュタインの言葉を引用する人は多い。しかし今まで、誰も空想の仕方を教えてくれることはなかった。学校においても会社においても、空想にふけっていれば、叱られることはあっても、褒められることはなかった。それは空想を、実務に生かす方法が体系化されていなかったからである。

ＣＰＳにより、空想から価値を引き出せるようになる。アインシュタインと同じ知識創造法を誰もが活用できるようになる、夢のような時代の到来である。

（以下、374頁の質問）

1. あなたが本書から学ぶべき、最も重要な知識は何か？
2. 本書を読み終わった後、とるべき第一歩は？
3. 本書内容をより理解するために、今尋ねるべき質問は何か？
4. 読み逃してしまった貴重なアイデアは何か？
5. 本書の知識が最も活用できる、私の夢は何か？
6. 本書の内容について、最高の知的交流ができる相手は誰か？
7. 今抱えているどの仕事に、全脳思考モデルを使うのがいいか？

10 設立趣意書をはじめとしたブザン教育協会に関する情報は、http://www.buzan-edu.jp/に詳しい。

11 CPSには、ここで紹介した「ハイシンクタンク」をはじめとして、「天才を借りるテクニック」「イメージストリーミング」「オーバー・ザ・ウォール」「高度文明ツールビルダー」等のさまざまなテクニックがすでに開発されている。さらに詳しくこのメソッドを学ぶためには、まずはウィン・ウェンガー博士の『頭脳の果て』（きこ書房）をお読みいただくのがいいだろう。そして、この方法論をマスターしたいという方にとっては、ウェンガー博士とポール・シーリー氏が共同開発した自宅学習教材「ジーニアス・コード」が最適である。詳しくは、「ジーニアス・コード」と検索のこと。

12 池谷裕二著『脳はなにかと言い訳する』祥伝社

13 茂木健一郎著『「脳」整理法』ちくま新書

14 「下りのエスカレーター」を「上りのエスカレーター」に変えていくためには、マトリックスを使い論理的にアプローチしながら判断する方法もある。その方法については頁数の関係で解説することができないので、詳細については、拙著『60分間・企業ダントツ化プロジェクト』（ダイヤモンド社）をご参照いただきたい。

15 Software as a Serviceの略。ソフトウェアを、プログラムとして提供するのではなく、インターネット上の「サービス」として提供し、月額使用料というような形で収入を得る事業モデルのこと。

第8章

社会変革のためのマーケティング

瞬間を表現する

オバマ大統領は、大統領就任演説の原稿を作成するに当たって、スピーチライターのジョナサン・ファブロー氏に唯一注文したことがある。それは"Describe the moment"(この瞬間を表現してくれ)ということだった。言葉の力で世界を変えた男が、歴史的な第一歩を踏み出す最も重要な場面でこだわったのは――自らの信条や覚悟、国の理想や課題ではなく――この瞬間を言葉で表現することだったのである。

実は、"Describe the moment"が求めることは、全脳思考モデルを完成させる最後の要素と同じであった。そして、もし私が「マーケティングで最も重要なことは何か?」と聞かれたら、同じ趣旨のことを――後に触れる「出会いの深層背景」という別の言葉で――説明したにちがいない。"Describe the moment"とは、就任演説に集まった二〇〇万人を感動させるだけではなく、新たな市場、そして新たなムーブメントを生み出すために最も本質的かつ効果的な方法なのである。

しかし、これだけ効果が高い方法でありながらも、私は、この本質論について、今まで、大きな声で伝えることができなかった。なぜかと言えば、まず伝えたとしても、たいていの場合、正しく理解されることは期待できない。抽象的すぎて、精神論と思われてしまう。たとえば、「ムーブメントを起こす突破口は、瞬間を表現することである」と解説しはじめたとたん、多くの聞き手は「あっちの世界の話をしているな」と感じてしまい、ビジネスにとって実用的な応用法であるとは思わないだろう。

さらに、実際にムーブメントを起こすこともありえるほどに効果的であるということは、単にテクニックとしてとらえ、群衆をコントロールしようとする不届きな輩が出てこないとは限らない。そのような危険性を最小限にしていくためには、細心の注意を払いながら説明しなければならない。

そこで本書を書き進めながらも私は、「瞬間を表現する」という概念にどこまで踏み込むべきか、ずっと悩んでいた。だが、最終章にいたった今、この概念について詳細に記しておくことにした。なぜなら、知識時代のビジネスの、確かな地平線を早急に見いださなければならないという緊急性を考えれば、おそらく今が、次世代マーケティングの本質について言葉にしておく最適なタイミングだからである。

これからお話しする内容を理解し、それをさまざまな事業に生かすならば、必要な人々が必要なタイミングで自然に集うようになるだろう。その結果、伝えるべき、広げるべきものを持っている人は、明らかに時代の変化を加速できるようになる。とくに、この厚い本を最終章まで読み進めてきた読者は、すでに私の意図を十分把握し、新しい時代のリーダーシップを握っていく人たちであろう。そのようなリーダーにとって、この概念は、おそらく不可欠の知恵になるにちがいない。

そこで本書の結論として、全脳思考モデルの最後の重要なピースである「出会いの深層背景」について解説したい。その結果、完成した全脳思考モデルは、行動と結果を個別に生み出すだけではなく、波及効果を生み、ムーブメントを起こしていくことを見据えたモデルとなる。つまり、データにもとづいた客観的分析（U理論におけるレベル2）と顧客との共感にもとづいたブランディング（レベル3）を経て、社会変革（レベル4）のためのコンセプトを形にするツールへと進化するのである。

表面上は、ビジネスで今まで当たり前のように思えた概念とまったく逆のように見えるので、はじめ読んだときにはピンと来ないかもしれない。そこで、できる限り、迷うことなく本質にたどり着けるように、これから私がお話しする道筋を示しておこう。

まず「出会いの深層背景」の概念について簡単に説明した後、それをマーケティングに応用するとどのような結果が生まれるのか、事例を見ていただきたい。事業に対する極めて微妙な認識の変化が、大きな影響力を起こしていく様を感じとってほしい。

次に、この概念を深く理解するために必要となるので、第5章で説明した物語の構造について、さらに詳しく掘り下げる。物語の構造を深く理解し、その知識をベースに改めて現実を眺めた場合、仕事は生活のための収入を稼ぐだけではなく、人間的な成長にダイレクトに資する最良の活動であることが明らかになるだろう。

そして最後に、「出会いの深層背景」を見極めるために、有効かつ重要な方法として、対極を考慮することについて説明しておこう。そして、対極を統合することが社会にとって何を意味するかについても、私の考えを共有させていただきたい。

力を持つのは言葉ではなく、言葉の裏にある背景である

「この瞬間を表現してくれ」――あなたが大統領からこのような指示を受けたなら、どのような観点から言葉を紡ぎ出すだろうか？

その瞬間、ワシントンDCには二〇〇万人が集まると推定されていた。彼らが期待するのは、米国初の黒人大統領の誕生という歴史的な出来事に立ち会うことだろう。おそらく将来、子供や孫たちに、自分は歴史的な場所にいたということを語り継ぐために、厳寒の中、足を運ぶのだろう。

そのような二〇〇万人を前に、いったい、どんな言葉を投げかければいいのか。群衆が表面的に求める言葉をそのまま与えるとするなら、今まで行ってきた演説と同じように"Yes, We Can."と連呼する、変革への意志を鼓舞するような演説を組み立てればいい。また群衆が、より実質的な政策論を求めているのなら、今後展開していくさまざまな具体策を語ることも可能であった。しかし、そのどちらも大統領の関心事項ではなかった。

大統領は、あくまでも、その瞬間を言葉にすることにこだわったのである。

マーケッターとしての経験から、"Describe the moment"の意図を推測すれば、大統領が求めていたのは一過性の、単なる消費される言葉ではない。痛みを伴う政策を支持してもらうための言葉、そして、そこに集まった人々から、自主的な行動を最大限に引き出すための言葉だ。演説後も、言葉は心に残り、行動へのエネルギーを供給しつづけなければならない。そしてさらに、その場にいた者たちが、周りの人々へもそのエネルギーを伝播することにより、大きなムーブメントを持続させていかなければならないのだ。

このような目的を達成するためには、二〇〇万人の心の中にある、まだ言語化できていないイメージを言語化していく必要がある。

「なんと表現していいのか、わからないんだけど……」「うまく表現できないんだけど……」。

こうした苛立ち、じれったさが、明確な言葉により出口を見つけたとたん、今までの曇った光景が、突然、澄み渡り、新たな一歩を踏み出せるようになる。それは自分たちの心の中に押し込められていたエネルギーが、言葉という光の針により風穴を開けられ、行動への衝動に転嫁していくようでもある。

これは哲学的に聞こえるかもしれないが、難しい話ではない。誰もが日常経験していることだ。

たとえば、友人同士で、食事にいくことを想像してみよう。

「何を食べようか?」と、友人が問いかける。あなたは、食べたいものはたしかにあるのだが、言葉にならない。〈どちらかと言えば、しっかり食べられて……満足できる……中華でもないし……ステーキでもないし……〉。そう心の中で考えていたとき、友人が「焼肉はどうかな?」と提案。その言葉を聞いたとたん、「いいね! それが食べたかったんだ!」と目が輝く。そうして迷うことなく、焼肉屋に直行するという行動がとれるのである。このように心のうちにある言葉で表現できない何かが言葉によって表現されたとき、人は思考から行動へとスイッチが切り替わる。

それでは、いったいどうやって二〇〇万人の心の中から、生まれたがっている言葉を見つければいいのだろうか。このように意識化されていない言葉を突きとめるためには、人を中心として考えるのではなく、その周り、すなわち、背景から考えた方が見つけやすい。人から視点をずらし、背景を眺めるのだ。

ここが最も重要なところだ。

人が集まる場には、そもそも場が持ったテーマがあり、そのテーマに共鳴した人たちが自然に集まってくると考えるのである。二〇〇万人が集まる空間にこそ意味がある。二〇〇万人は自分の意志で集まったように見えるが、意志があるのは、その瞬間に出現する空間、すなわち場であり、二〇〇万人は、ただその場に、単に引き寄せられたと考えるのである。

磁石を想像してみれば、わかりやすいだろう。砂鉄が集まったときに、砂鉄は自らの意志で集まったのではない。その中心に磁場が形成されていたから、自然に吸い寄せられたのである。砂鉄のひと粒ひと粒を集めようとした場合、それは不可能ではないだろう。しかし、途方もない時間と労力がかかる。それが、そこに磁場を形成したとたん、こちらから働きかけなくても、砂鉄は自然に集まる。砂鉄にとらわれていては、いつになっても大きな磁場の存在に気づくことはないのである。

このように人の意志にフォーカスするというよりも、その深層に潜み、その中心に構え、そして、その場をつくる背景には何があるのかと推測していったほうが、その本質に近づきやすくなる。そして、本質に近づくにつれて、砂鉄だけを集めようとしていては決して見えない言葉が見えてくる。「瞬間を表現せよ」とは、二〇〇万人が集まるその瞬間に生じる空間の、唯一の意味を把握せよという指示なのである。

ムーブメントは囁きから、生まれる

こうした人と人が出会う空間の意味を――私は、出会いの深層背景と呼んでいる。人の出会いとは、当人の意志というよりも、それぞれが人間的な成長を成し遂げるのにふさわしい背景を持った空間に自然に引き寄せられたものだ。言い換えれば、お互い成長するに最適なもの同士が、最適な場面で出会うのである。

成長するために無意識に出会うという考え方は、精神論的なメッセージに聞こえるかもしれない。心理カウンセリングの世界では、人は意識的に出会いを選択しているというよりも、過去の心の傷を癒すために、無意識的に出会いを選択しているという考え方が、常識である。それを前提としなければ、もはや治療ができないほどである。

しかしながら、それをビジネス、すなわち販売者と顧客との出会いに当てはめることについては、大きな飛躍と感じられることは十分承知している。実証主義的な立場からは、さまざまなケースを分析したうえで、結論を下す必要があろう。そうした制約を前提としながらも、うまくいくマーケティング・コンセプトの共通パターンを探っていくと、この出会いの深層背景が、最も重要な要素として浮かび上がってくるのである。

出会いの深層背景を、マーケティング・メッセージの中にさりげなく織り込んでいった場合、単純に顧客からの反応がよくなるばかりではなく、波及効果を生んでいく。つまり、無理なくスムーズに、必要な顧客が必要なタイミングで集まり、未来に予定されていることが現実に展開されはじめる。誰か特定の者のみが得するのではなく、その場に集まったすべての人々が、集まった意味を享受できるスムーズな展開が可能なのだ。

私が「スムーズな展開」をことさらに強調するのは、短期的に見れば、意図的なテクニックの組み合わせにより、強制的に顧客を集めることはできるからである。その結果、事業を急成長させることはできるのだが、そのような強制的な成長は、後々、歪みを生じることが多い。ライブドア・ショック以前であれば、急激な成長に伴う痛みを感じたとしても、それはビジネスパーソンにとって現実を学ぶうえでの貴重な体験となりえた。だが、これからわれわれが進んで行こうとする時代においては、そのような軋轢をわざわざ感じることなく、スムーズに展開するタイミングに合わせていったほうが、成長軌道にかえって早く乗れると考えるのである。

出会いの深層背景を考慮したうえでのマーケティングは、今までのマーケティングにおけるパラダイム——顧客ニーズを分析し、顧客ニーズを満たすものを与えれば、顧客は購入するというパラダイム——を根底からひっくり返すように見えるかもしれない。しかし実際に応用してみた場合には、両者は矛盾し合うことなく、実にスムーズに溶け込み合うのである。両者の間は、表面的にはほとんど認識されないほどの、ほんの微妙な違いしかない。次に挙げる事例を見ることにより、その微妙な違いを実感していただけるであろう。

【事例】ムーブメントを起こした一通の手紙

〈レセプションに、今までなんのコネクションもない八〇名以上のVIPクラスを集めなければならない。しかも期限は三週間〉

二年前の、ある日。このような無理難題が、私に降ってきた。

マインドマップの普及を行う世界組織であるブザンセンターの設立に合わせ、トニー・ブザン氏が日本に来日するという。設立レセプションのために、たまたま英国大使館内の会場を使えることになったので、そのアレンジを私がすることになったのだ。レセプションには、今まで何もコネクションがなかったＶＩＰクラスを八〇名近く集めなければならない。しかも、その作業に割ける人数は、私を含めて二人であった。

私は上場企業の経営者クラスに参加いただくことを想定したが、八〇名もの企業トップを集めるのであれば、数ヵ月前から有力者とアポをとり、人脈をたどって、趣旨を説明しに行くというのが定石であろう。そのために必要な時間や人手は一切ない。非常に難易度の高い課題だった。

「奇跡を起こすような、妙案はないものか？」

数時間の思考の結果、つくり上げた文書が、次頁の一通の手紙である。

結論から言えば、この手紙を上場企業三〇〇〇社にファクスで送った結果、当日会場には八三社の上場企業の幹部が集まった。その中には、数万人の社員を抱える企業の経営者や、名前を口にすれば誰もが驚くような著名経営者が何人も含まれていた。三〇〇〇社に送ったのだから、八三社を集めるのは、十分可能であると考えるのはる国際企業が研修で採用しているわけですから、画期的なビジネス・ツールとして認知されています。しかしながら、そのインパクトは、単なるビジネスに役立つツールという範疇にとどまりません。私どもの目的は、マインドマップという　—　これから創造性《クリエイティビティ》が競争力を生むという時代に　—　必須の知的ツールを、子供たちに届けていくことです。マインドマップは、子供たちの可能性を飛躍的に広げます。いままで勉強に苦手意識をもっていた子供たちが、マインドマップを学んだとたん、勉強は楽しいと笑顔で語りはじめるのです。

出会いの「深層背景」を提示。

ですから、来日レセプションは、企業人が、教育についてもリーダーシップを発揮するための、きっかけづくりを目的としています。これから日本企業は、収益の追求だけではなく、教育問題についてもリーダーシップを発揮することができるのではないか、そしてそれは企業ブランティングにとっても今後重要になってくるのではないかとお考えの経営トップの皆様に、是非、ご臨席を賜りたいと存じます。

記

次世代教育に関心のある経営者が集い始める、貴重なきっかけとなると信じています。会場にてお目にかかれることを楽しみにしております。

教育に関心のない経営者は……？

ブザン・ワールドワイド・ジャパン株式会社
代表取締役

神田昌典

「未来」への後押し。

追伸、なおご参加に関しましては、会場の都合上、８０名と限りますので、先着となりますこと、あらかじめご了承いただきますよう、お願い申し上げます。またご臨席いただけます方には、『ザ・マインドマップ』をご参考図書として、宅配便にてお送りさせていただきます。

××株式会社
代表取締役　社長
×××様

要　社長回覧

平成18年10月27日

英国大使館にて、英国大使ご出席のもと
『7つの習慣』のスティーブン・R・コヴィーに並ぶ、知の巨匠
マインドマップ®の創始者、トニー・ブザン氏の
来日レセプションが開催されます。

まず信頼性の提供を通じて爬虫類脳を満足させる。

１０年後の日本を見据えて、次世代教育に関心のある企業経営者、幹部社員の皆様に、是非、ご臨席賜りますよう、お願い申し上げます。

120%HAPPYにする対象。

この度は特別なお知らせがあり、ご連絡いたしました。

興味をひいて、哺乳類脳を満足させる。

『7つの習慣』のスティーブン・R・コヴィーに並ぶ、知の巨匠であるトニー・ブザン氏の来日が決定。教育関係者、政府関係者、および企業経営トップを対象とする来日レセプションを、１１月２１日（火）英国大使館にて、開催することになりました。

世界レベルの人脈と交流できる「未来」を提示。

トニー・ブザン氏は、英国放送協会でも特集番組が組まれる教育界のヒーローです。
マハティール首相をはじめとする国家首脳とも親交が深く、メキシコでは世界初のブザン・スクールがこの度、開講。中国では北京オリンピックまでに国民が英語を話せるようになるためにマインドマップがそのツールとして使われはじめています。
３０年以上前に開発されたマインドマップは、いまや全世界２億５０００万人以上のユーザーがいます。脳に自然な情報処理法であり、とくに企画力・発想力・表現力を引き出す画期的な方法論です。日本においては、マインドマップを使い、日本女子バスケットボールチームがアトランタオリンピックで世界八強になったことで著名になりましたが、停滞した思考に突破口をあけ、顕著な結果を生みだすツールです。

本レセプションは、企業研修をセールスするための、レセプションではありません。もちろんマインドマップはGM、ウォルトディズニー、ＢＰ、ＩＢＭと名だた

安心感の提供。爬虫類脳を満足させる。

早急である。少し考えてみるとわかるのだが、なんのコネクションもないなか、この手紙を送れる先は、『会社四季報』等で公開されているファクス番号を利用するしかない。つまり行き先は、人事課や総務課。しかも、手紙を最初に取り上げるのは、ほとんどのファクスをそのままごみ箱に入れることが求められている、新入社員であろう。どこから来たのかわからないファクスで上司を煩わせるには、相当な理由を考えなければならないのだ。

そのような状況で、社長にまで手紙が届けられるためには、まずファクスを受け取った人物が夢中になって、その文章を読み、ごみ箱に捨てることができないほど重要な内容だと判断し、上司に持っていかなければならない。さらにその上司が、経営トップにとって重要な内容だと判断し、社長室に持っていかなければならない。このような何重もの関門を通り抜けて、ようやく社長のもとに届けられるのである。

この手紙は、全脳思考モデルを使ってつくり上げたコンセプトにもとづいて書かれている。どのように活用しているかについては、ポイントを記しておいた。本書の内容を復習するのに、最適なポイントと言えよう。しかし、今、あなたに伝えたいことは、そのポイントの先にある最強ピース——出会いの深層背景なのである。

それは、四角で囲った部分。ほんの一、二行であるが、これがあるかないで、手紙の意味が大きく変わってくる。

この文章がなければ、この手紙は、単に「レセプションに集まってください」という普通の案内文だ。トニー・ブザン氏による講演会があるので、その情報を受け取ることが参加する価値。つまり貴重な時間を差し出す対価として、世界的講演者の話が聞けるというギブ・アンド・テイクの関係である。このような案内文を受け取ったときの反応は明らかで、なんとか理由を見つけて断ることに注力しはじめる。とくに、なんのコネクションもないところからの案内文については、返事すらも出す必要がないというのが典型的な反応だ。

ところが、出会いの深層背景を示唆した文章が入ることによって、このレセプションへの案内はまったく違った意味を持ちはじめる。私は八三名の企業トップが集まる背景には、「未来の子供たちに最適な教育を提供していくために、財界が教育界に対して何ができるか、グローバルに考えていくためのきっかけづくり」があると推測した。この見えない背景をどのように推測したのかについては、後ほど説明するが、もしこの推測が正しかったとすれば、その場所・時間には、ふさわしい人材がふさわしい数だけ集まるはずと考えるのだ。

手紙の受け取り手にとってみれば、この出会いの深層背景が自分の人生の方向性と共振するものなら、引き寄せられるようにレセプションに参加することになる。そして、忙しいスケジュールの中、その日だけぽっかりと空いているという偶然が起こる。もちろん厳密に調べてみれば、スケジュールが空いている確率は、どの日でもさほど変わらないのであるが、人が自分の成長にとって意味ある出来事を見いだしたときというのは、今まで目に入らなかったものが、突如として意識上に現れるために、あたかも偶然に、その日だけ空いていたと認識されるのである。そのような共時性が、会場に足を運ぶインセンティブにもなっているのであろう。

主催者側としては、この出会いの深層背景を含んだ手紙を送ることで、すでに目的の大半は実現できたことになる。というのは、「英国の教育者が日本の教育を真剣に考え、英国からわざわざ日本を訪れている」という事実を、影響力を持つ方々の頭の片隅に置いていただくだけで十分な社会的インパクトがあるからだし、さらには、八三名が参加するまでに何百人もの社員が、出会いの深層背景に触れ、それに共感し、レセプションの実現のために動いてくれたからだ。実際に、ファクスを選別していた、ひとりのお子さんがいらっしゃるある女性社員からは、「私は経営者でも幹部でもないけれども、趣旨に感銘を受けたので、ぜひこの場に参加させていただきたい」というご連絡をいただいた。

顧客は集められるのではなく、顧客が自ら必要とする場を見つけて、そこに自然に集う——こうした概念を表現した「出会いの深層背景」が、本当に存在するかどうかは、今の時点では、誰にも確かめようがない。しかしながらひとつ確実に言えるのは、出会いの深層背景が存在するという前提で、ビジネスを組み立てた場合には、単純に、結果がよくなるというだけではなく、そのプロセスにおいても、より高次の視点からビジネスを眺められるようになるということだ。そして、その場に集うようにとあげた声は、見えないところで反響を繰り返し、予想を超えた出会いを生んでいく。

実際に、この手紙から二年経って、マインドマップは教育界における、ひとつのムーブメントとなっている。全国の一〇〇〇名を超える小学校の先生方が集い、マインドマップを研修し、教育の現場では、非常に熱心な先生方がマインドマップを使った効果的な授業を始めている。その実体験を通じて、マインドマップにより整理力、読解力が短期間で引き上げられることがわかり、「マインドマップ検定」がほどなく、全国の小学生を対象に開始される。まさに信じられないほど急速な、しかし、急ぎすぎない変化が起こっている。

もちろん出会いの深層背景は、短絡的なテクニックではない。つまり、単純に出会いの深層背景を、文章に組み込めば反応率があがり、事業が好循環に入るということではない。むしろ、テクニックとして使うのであれば、逆効果になることも多いだろう。

最も浅はかな勘違いは、このように挙げた文例のポイントを真似して、同じような効果が得られると期待することだ。残念ながら、本質に近づけば近づくほど、自分に対して正直であることが必要で、本心で思っていないことを言葉で繕ったとしても、顧客は簡単に、その嘘を見透かしてしまう。

その点に注意しつつ、出会いの深層背景が意味する本質をしっかり理解し、真摯かつ謙虚に事業に取り組むならば、この概念をベースに発想することは、知識社会におけるビジネスだけでなく、公的なさまざまなプロジェクト、NPOをはじめとした非営利事業を軌道に乗せるうえでの、非常に有効な手法となるだろう。

集まらないことにも、その理由がある

出会いの深層背景は、集客にとってふさわしいメッセージを考え出すためだけに使える概念ではない。人と人とが集うその瞬間を、出会いの深層背景という新しいフィルターを通して眺めることによって、そこで生まれる事業が成功するためには、何を必要とするのかを類推することもできる。

たとえば、通常であれば、営業活動を行った後に集客が十分ではなかった場合には、それは営業活動の工夫、もしくは努力が足りなかったと判断される。しかし、出会いの深層背景という概念を前提にすれば、そこには、十分な数の顧客と販売主が出会う必然性がなかったということになるのである。その結果、より本質的なソリューションを見いだすきっかけとなる。

具体的事例で、説明しよう。

クライアントの会計事務所から相談があった。新規分野におけるサービスを展開するために、翌週に説明会をはじめて開催するのだが、十分な集客がないという。三〇

名入る会場を押さえたにもかかわらず、今のところ六人しか申し込みがない。なんとか残席を埋めるだけの集客ができないかという相談である。

もちろんマーケティング的なテクニックを使うことによって、集客をプッシュできるのであるが、それ以前に検討することがある。集客できないのは不十分な営業活動が問題ではなく、たまたま六名しか集まらないというのは、出会いの深層背景がそこにあるからではないかと考えなければならないのだ。

そこで私は尋ねてみた。三〇名が集まってしまったら、どうなるのかと。

質問を受けて、クライアントはハッと気づいた後に、言いにくそうに答えた。実際に満席になってしまうと、今回は初めての説明会なので、十分なクオリティのプレゼンテーションができない危険性がある。しかし三〇名の会場を押さえてしまったので、キャンセル料が発生するからなんとか集客したかったという。

私は、むしろその六名を大切にし、新規事業に対するフィードバックを参加者からしっかり得る機会にすべきだとアドバイスした。出会いの深層背景を前提とすれば、そこで出会う人々は、互いの成長をサポートし合う無意識の契約を結んでいる。つまり参加者は、クライアントから情報を得るだけではなく、クライアントに情報を提供することで、彼らもまた成長できるはずなのである。

クライアントの方針は定まった。参加人数が少ないことを生かし、六名の参加者一人ひとりと十分なコミュニケーションをとりながら、新規事業の内容をブラッシュアップすることを心がけたのである。その結果、六名とは表面的なビジネスを超えた良好な人間関係が築け、新規サービスを推薦していただくこともでき、次回開催の説明会からは順調に集客できるようになっていったのである。

「顧客ターゲット」「顧客囲い込み」という言葉が当たり前のように使われていることからわかるように、ビジネスにおいては、顧客はあたかも狩りの対象のように扱われている。たしかに競争戦略の事業下においては、顧客はターゲットにしたり、ライバル会社に先んじて囲い込んだりすべき対象であっただろう。しかし、この常識は現段階でも当てはまるだろうか。

知識社会におけるマーケティングにおいて重要になるのは、いかに自分たちのヴィジョンを実現するのにふさわしい顧客と、ふさわしいタイミングで出会うことができるかという問いである。つまり顧客とは、企業が提供する商品を消費させる対象ではなく、互いの成長のために、新しい価値をともにつくり出していくパートナー——単なる言葉の綾ではなく、そのような新しいパラダイムに真に切り換えられるかどうかが、営業テクニックで市場シェアを抑えるのではなく、営業しなくても顧客が自然に集う事業をつくれるかどうかの分岐点なのである。

深層背景を見極める方法

それでは、このように効果的だが、なんともとらえにくい出会いの深層背景を、どうすれば見つけることができるのか？

まず注目していただきたいのは、今までの文章で、意図的に傍点を付けたところである。

たまたま英国大使館内の会場を使えることになったので（423頁）

たまたま六名しか集まらない（432頁）

このように意図したことではなく、意図せず起こったことのほうに注目する。偶然を必然だと考えた場合に、それはどういう理由で必然となるのか想像していくのである。

たとえば、先ほどのレセプションにおける深層背景を考える際には、次のような類推をしていった。

- 大使館の敷地内でレセプションが開かれるということは、その格にふさわしいゲストが集うはずだ。
- すでに八〇名に十分な空間は用意されている。そこには、初対面の八〇名が集まることになっている。もしその人たちの出会いが偶然ではなく必然と考えるならば、その場にはなんらかの意味があるはずである。その意味はなんだろう?
- トニー・ブザンという教育分野のヒーローが引き寄せられているということは、参加者もまた教育についてなんらかの関心を抱いている人たちであるはずだ。
- しかも、その舞台設定が英国大使館であるということは、それは日本国内に限られた教育ということではなく、世界レベルでの新しい教育を財界人たちが考えていくという場にちがいない。

このように八〇名が参加していることが当然に起こっている未来から類推していって、八〇名を引き寄せている背景があるとすれば、それは何なのかと問いつづけていくのである。その際、答えを「……ことになっている」「……するはず」「……にちがいない」という言葉で表現するたびに、より明確に未来を感じられるようになるので、出会いの深層背景も浮かび上がってきやすいだろう。

会計事務所による説明会の場合は、会場のほうが意図的に決められていたので、偶然性があるのは、むしろはじめに集まった六人の方である。すると、その六人が、どのような意味を持っているのかを類推していく。私が実際に考えたプロセスは、次のとおりである。

- クライアントが書いた案内文は、決して悪い案内文ではない。打ち出したい新規サービスの説明も、顧客に対するベネフィットも明らかである。
- にもかかわらず集まらないということは、むしろ集まらないことにこそ、意味があるのかもしれない。それは、どのような意味だろうか？

・私の経験上、新規事業を始める際に、はじめのクライアントになったり、はじめの社員になったりするのは、六人から始まるというケースが非常に多い。*16

・ということは、この六人は顧客というよりも、むしろ新規事業を助けるためのサポーター役なのかもしれない。

このように偶然を必然的に引き寄せている背景には、何があるのかと想像していくことで、今までよりも状況を、高い視点、広い視野で見ることができる。その結果、背景が見えてくる。

ジグソーパズルでたとえてみると、わかりやすいだろう。

一片一片のピースは——それがひとつの絵になるということを知らなければ——単なる意味のない紙片だ。しかしながら、一片のピースは、より大きな絵の中で意味あるものであると考えた途端、視点は高くなり、視野は広くなり、周辺一帯を眺めはじめる。すると、意味がなかったピースとピースが繋がりはじめ、絵の全体が浮かび上がってくるのだ。

絵全体が想像できるようになれば、今まで見えてこなかったピースも探しやすくなる。レセプションの例に戻れば、「財界が教育界に対して何ができるか、考えはじめるきっかけ」という背景が見えはじめれば、その背景に組み込まれるべき他の要素も見えやすくなるのである。

集う人に、どんな情報を提供すればいいのか。そのために、どのような順番で何を話すべきなのか。来場前に、どのような情報を伝えるべきか。来場後には、どのようなフォローをしていくべきか等々……。

こういったレセプションを運営する具体的な方向性も、一気に見えてくる。それは、あたかもジグソーパズルを組み立てるプロセスのようだ。ある程度、全体像が見えるところまで組み立てられると、必要なピースをパッと見分けられるようになる。さらには、意味を持たなかったピースが意味を持つようになり、繋がらなかったピース同士が急速に繋がりはじめる。

もちろん、このように見いだした出会いの深層背景は、あくまでも想像であるから、正答ではない。しかし、同時に、誤答もないのである。

出会いの深層背景が持つ本当の価値は、その背景は具体的に何なのかということを突き詰めることではなく、答えを探求するプロセスそのものにある。その結果、視点が高くなり、視野が広がり、あなたの持っている世界観が広がることなのである。

洞察力の高め方

以上のように偶然を利用して出会いの深層背景を類推することができるのだが、いったん深層背景をイメージできたなら、全体像を把握しているので、他の人には無意味な、ちょっとした小さな出来事からでも、その意味がピンとわかるようになってくる。

こうした洞察力を身につけるために、ぜひ知っておきたいのが、図表8－1である。

第5章で取り上げた物語の構造であるが、今までは主人公が描いた軌跡《アーク》だけであったのに対し、複数の軌跡が描かれている。理由は、物語を通して成長するのは、主人公だけでなく、すべての登場人物であるからだ。とくに物語がよくできていればいるほど、登場人物同士がさまざまな場面で関わり合い、葛藤し、障害を乗り越えていくことで、終幕までに全員が見事に成長し、新しい自分に生まれ変わるといったシナリオ構造になっている。このように複数の登場人物を絡み合わせることによって、観客

図表8-1　出会いの深層背景

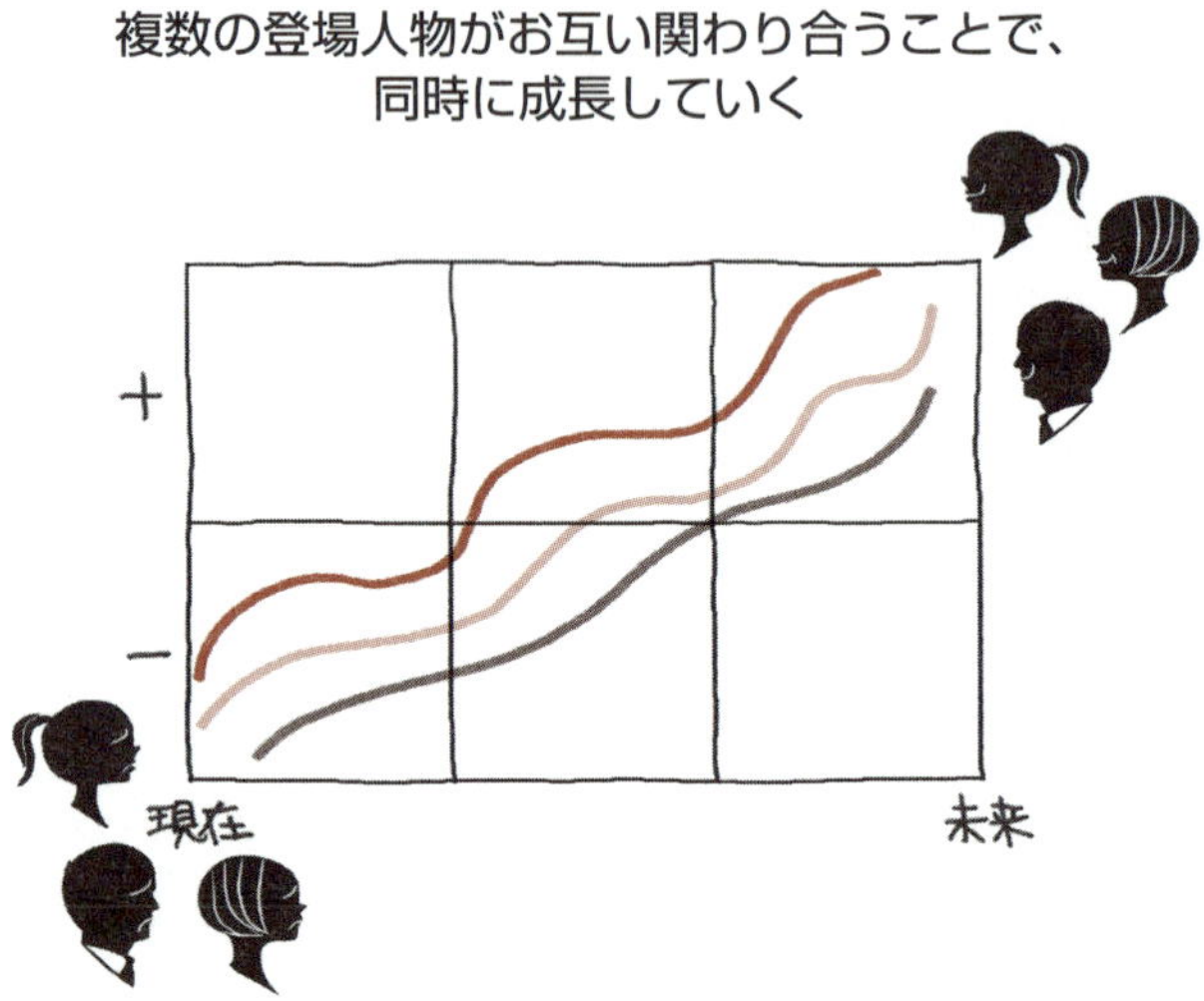
複数の登場人物がお互い関わり合うことで、
同時に成長していく
＋
－
現在
未来

はたとえ主人公に自分を重ね合わせることができなくても、他の登場人物の誰かには自分を重ね合わせてみることができるので、その物語に没入できるようになる。

このような複線的な物語の構造を学ぶうえで、最適な映画は『Shall we ダンス?』である。この映画は、周防正行監督が一九九六年に制作したダンス教室を舞台にしたコメディ。二〇〇四年には、ハリウッドでリメイク（リチャード・ギア主演）され、全世界的に大ヒットした。あらすじを追ってみよう。

主人公・杉山は、真面目でこれといった趣味もない経理マン。会社帰りにいつものように電車の窓からぼんやり外を見ていると、ダンス教室が目に入る。そこには寂しげな美しい女性、舞が立っていた。舞に声をかけようと、杉山は思い切って、家族には内緒でダンス教室に通いはじめる。しかし、杉山はダンスが上達しないばかりか、舞とも接点が持てない。

そんなある日、偶然、会社の同僚であり、薄毛にコンプレックスを抱える青木が、同じダンス教室に通っていることが判明。杉山は、ダンスに打ち込む青木、そして未亡人のダンスパートナーの豊子に影響され、次第にダンスにのめり込むようになっていった。

杉山の妻・昌子は、夫の行動のおかしさに浮気を疑い、探偵を雇う。探偵は、ダンスに懸命に取り組む杉山に親近感を感じ、杉山が登場するダンス大会に、妻と娘が来るように仕向けてしまう。そしていよいよ杉山が豊子と踊り出したとき、予想外のハプニングが……。

ほんの十数行、話の流れを追っただけでも、主人公の杉山を中心に、すべての登場人物が絶妙に絡み合っていることがわかる。全員が不安や混乱という葛藤を抱えながらもそれを乗り越えて、最後には主人公の成長に合わせて、一人ひとりが新しい世界に到達し、新しい自分になっていくのである。

このような物語の構造を知ることで、現実に役立つことが、三つある。*17

ひとつ目は、物語同様、よくできた事業モデルにおいては、出会いの深層背景を共有する者同士は全員が曲線を描きながら、最終的に同じゴールにたどり着く。ということは、出会いの深層背景に集まる誰かひとりを深く理解し、そのひとりがＨＡＰＰＹにいたる軌跡を描けるようになれば、他の多数の人々をＨＡＰＰＹにする軌跡も描きやすくなるということである。

仮に、あなたの会社の業績を伸ばす方法について、全脳思考モデルに沿って考えているとしよう。ところが、誰をＨＡＰＰＹにすればいいのかわからない。会社には、あまりにも数多くの事業部があって、それぞれの利害は矛盾し合っている。あなたは間接部門にいるので、未来の顧客をイメージしろと言われても、思い浮かべることができない。

そんなときは、あなた自身をHAPPYにすることを考えることからスタートすればいい。まず自分が喜んでいる状況を考え、その状況で顧客も同様に喜んでいるとしたら、それはいったいどういう状況かと問うことによって、発想が広がり出す。自分を喜ばせる軌跡が見えはじめれば、周りの同僚、関係者、そして顧客を喜ばせる軌跡も同様に、見えやすくなってくるのである。

それはあなたが一度通った道を、他の人に教えるのが楽になるのと同じようなものであると考えていただきたい。つまり、自分視点でも、顧客視点でも、はたまた第三者の視点でも、思考の深化は始められるのである。

二つ目に、現実に役立つことは、プロジェクト進行中に生じる不安や葛藤を、ネガティブな出来事として消極的に受け止めるのではなく、深層背景をとらえたり、最終到達地点を見直したりするきっかけとして、むしろ積極的に受け止められるようになるということだ。言い換えれば、不安や葛藤をきっかけに、ネガティブなエネルギーを成長に向けたポジティブなエネルギーに転化できるのである。

たとえば、『Shall we ダンス?』に戻れば、杉山は、生きがいを失いかけていたとき、ふと美しいダンス教師を見かけてしまうというアクシデントをきっかけに、仕事と家庭以外の、人生の情熱を取り戻しはじめる。青木は踊っている最中に、カツラが床に落ちてしまうというアクシデントをきっかけに、薄毛コンプレックスを断ち切ることになり、見事なラテンダンサーに生まれ変わる。

このように不安になり、傷つき、葛藤する瞬間は、成長するための、絶好のタイミングなのである。こうしたネガティブな事象がまったくなければ、プロジェクトを進めるにあたっても、今までやってきた延長線上で、計画が達成されるだけ。それでは、自分が想定できる実力・能力の範囲内で、直線的な未来が起こっただけなのである。もちろん、このようにスムーズに未来が展開していくことも望ましいことではある。しかしながら、現実は異なる。ネガティブな事象が起こらないことは、まずない。

障害を乗り越えられるのだろうかと不安になり、実力のなさに打ちひしがれ、試行錯誤しながら障害を乗り越えていく。このように葛藤があるからこそ、自分の実力の限界と可能性を感じ、現実に合わせて実力を高め、目標を修正していく。その過程を通して、当初は思いもよらなかった本質的なテーマや自分らしさが浮かび上がってくるのである。

第5章で説明したサッカーの名将は、ゲームの最中、予想外のトラブルがあったとしても、なぜそのトラブルが勝利に必要なのかについて考える。それはどのように選手の成長に繋がるのか？　どのように感動的なフィナーレに向かうのか？

トラブルは、成長を加速させるためのきっかけにすぎない。すべてのトラブルが意味を持つ、大きな出会いの深層背景を描けるからこそ、勝敗だけが意味を持つのではなく、メンバーが人間として成長する。そしてそこには、ともに成長し、ともに感動を分かち合いたいと考える大勢の人々が集い、自然に応援しはじめるのである。

アノマリーが、ムーブメントを引き起こす

現実に役立てられることの三つ目は、普段見過ごしがちなアノマリー《anomaly》な人――中心グループから外れた人物――を考慮の対象に取り込むことで、発想の世界観を大きくできることだ。通常のビジネスであれば、主要顧客ターゲット以外は、どちらかと言えば考慮の対象になりにくい。しかし、この複数の軌道を描く全脳思考モデルのチャートは、逆に、アノマリーを積極的に考慮することにより、ムーブメントに繋がっていくような高い視点、広い視野のアイデアを得られるようになる。

アノマリーな存在を『Shall we ダンス?』から挙げれば、探偵である。探偵は、杉山の妻以外の登場人物とはほとんど接点を持たない。他の登場人物とは、明らかに違った視点で物語に参加し、物理的にも離れたところにいつもいる。ところが、そのような辺境にいる人物が、映画のクライマックスにおいて、重要な役割を果たす。探偵は、杉山と妻の関係を修復しようと、杉山がダンス大会に参加することを妻と娘に教え、さらには本人自身も会場に向かう。その結果、物語を予想外の方向に展開させてしまうのである。

このようなアノマリーの存在を私が重視するのは、現実世界においてもアノマリーは、物事の展開に大きく影響を与えるからだ。私が今までマーケティング上の観察をしてきたところによれば、ムーブメントが起こる際には、アノマリーがきっかけになることが多いのである。

松井久子という映画監督がいる。松井監督は、アルツハイマーを題材とした『ユキエ』を一九九七年に制作。処女作ながら、全国で一〇〇万人もの観客を動員するというムーブメントを起こした人物である。当時は無名、しかも邦画界としては例外的な女性監督ということで、配給会社は映画館への配給に二の足を踏んでいた。業界関係者のみの試写会が開かれたときも、反応は今ひとつ。

しかしそのとき、会場でひとりの女性が立ち上がった。大粒の涙を流しながら、「自分の義母がアルツハイマーであること」「介護の苦労を誰にもわかってもらえないこと」、そして最後に、「いかに、この映画が素晴らしいか」を熱く語りはじめたのである。配給会社の責任者は、女性の話に感動し、『ユキエ』の全国映画館への配給を決定した。後ほどわかったことだが、彼女はたまたま会場に紛れ込んでしまった一般の主婦だった。

『ユキエ』は通常の映画館での上映終了後も、感動した観客らが中心となり、全国各地で自主上映会を開催。結果的に、一〇〇万人を超える観客を動員するメガヒット映画になったのである。

このようにムーブメントは、意図するものが起こしていくというよりも、意図しないものが関わることで起こる。アノマリーが、ムーブメントの引き金を引くのだ。

これはビジネスの発想を広げていくうえでも非常に有効な手法である。すなわち、本来そこにあるべきではないものを考慮に入れていくのである。たとえば、全脳思考モデルでは、ひとりの顧客をＨＡＰＰＹにすることから発想するが、もしその顧客から十分な発想が生まれない場合には、その段階で思考が停滞してしまう。そんな場合には、**商品とは対極の、ありえない顧客を想定**する。最も買いそうもない顧客を想定するのだ。すると、必ずと言ってもいいほど、突破口となるアイデアが生まれてくる。

例を挙げよう。

私がホストとなって、インタビュー番組をつくるという企画がCSテレビ局であがった。視聴者のターゲットは三〇代から四〇代のビジネスパーソン。大人の知的な番組をつくりたいという局の方針もあって、ベストセラービジネス書の著者をゲストに迎える番組をつくろうという趣旨であった。

早速、制作スタッフとのミーティングを持った。だが、初回打ち合わせの空気は沈んでいた。ベテラン連中だったから、単なるインタビュー番組なのであれば、打ち合わせをするまでもなかったからだ。そこで私は考えた。もし出会いの深層背景があるなら――すなわち、お互い成長し合うことを目的に出会っているとするならば――そこには、ベテラン制作担当者も成長できる企画があるはずである。

そこで、この番組を大きなムーブメントにしようという大胆な目標を掲げ、視聴者の対象に加えたのが、アノマリーの存在。すなわち、ビジネス書読者がターゲットなのであれば、それと対極の人物を、テレビの画面の前に座らせようと考えたのである。
具体的には、ランドセルを背負った、小学三年生の女の子をＨＡＰＰＹにしなければならない。子供でも楽しめるビジネス番組をつくるためにはどうすればいいか。われわれは頭をひねった。全脳思考モデルでひとしきり議論したあとに降ってきたアイデアは、自分たちが子供のころ、ＮＨＫで放映していた『はたらくおじさん』の現代版。

昔は、「消防士」「野球選手」「パイロット」といった誰でもわかる職業に自分の未来を当てはめていくことが当然であった。だが、現代は「バース・コーディネイター」「サウンド・ブランディング・アーティスト」「ソーシャル・アントレプレナー」といった新しい仕事が数多く生まれている。まさに人の数だけ職業があると言ってもいいほどだ。そこで新しい職種をつくり出した人にフォーカスする番組を考えたのである。

番組タイトルは、『はたらくげんき』。制作スタッフのモチベーションは最高潮となった。さすがにムーブメントと呼べるものにはならなかったが、放映期間中、番組は高視聴率を獲得し、その内容は、局側でも非常に高い評価を得ることになった。

図表8-2｜アノマリーを取り込むことで広がる世界観

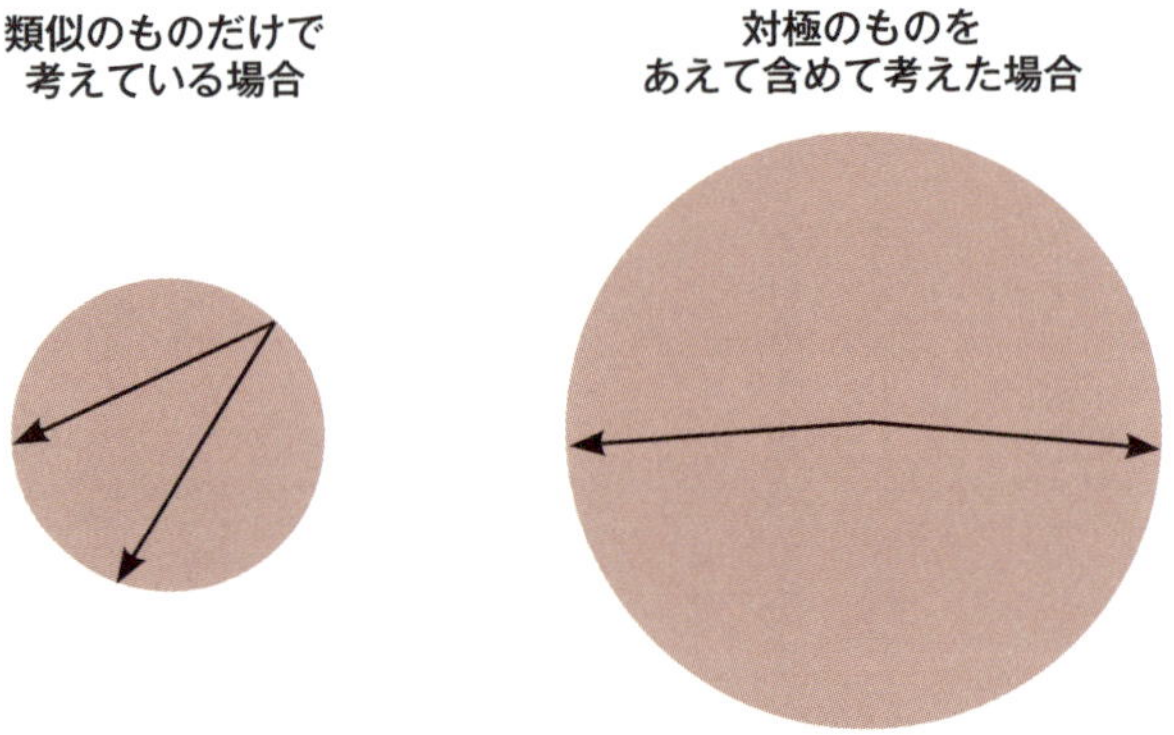

類似の概念だけで考えている場合（左図）は、世界観が狭くなるのに対し、大局の概念を含めた場合（右図）は、世界観が大きくなり、より大きな市場を創造することができる。

アイデアが思い浮かばないというのは、今までの思考の枠の範囲内には、問題の解決策はないということだ。そこでアノマリーを想定して、枠を広げれば、関わり合うものすべてが成長できるワクワクするアイデアに出会えるようになるのだ。

アノマリーを想定することによって、思考の枠が広がることを図で表現すると図表８－２のようになる。

アノマリーを取り込むことで、より高い視点、より広い視野を得る結果、より広い世界観を描くことができる。その結果、本当により広い世界が未来に出現する。

このようなメカニズムをひとつの企画や事業ではなく、社会全体に当てはめた場合、どうなるであろうか。

社会においてメインストリームから離れた存在と言えば、それは健常者というよりは障がい者であり、働き盛りのビジネスパーソンというよりは、ひきこもりの中高生である。日本人というよりは外国人であり、異性愛者というよりは同性愛者であろう。

このように、今までメインストリームではなかった存在を中心に据えることにより、思考の枠が広がり、今まで考えつかなかったことが不思議なぐらい簡単な、しかも効果的な解決策を生み出すことができるようになるのではないか。

私はこうした考えから、いくつかの社会福祉法人を訪れたことがある。知的障がい者の自立や社会参画や、精神障がい者の一般企業就職のための就業訓練をサポートする団体だ。

そこで衝撃を受けたことのひとつは、社会福祉法人の経営者は、通常ビジネスで名経営者と言われている人の、何倍も優秀であることだった。障がい者のための作業所を設立するために、もらった賞与はすべて寄付してきた元教師。何年も街頭で募金を呼びかけ、バザーを開催してきた元ＯＬ。かかる金額は、数億円の単位である。そうした困難などものともせず、なすべきことを実行し、必要なことを実現していた。発想力、そして行動力に溢れた大変魅力的な人たちであった。

共同作業所で働く障がい者の平均給与は、月給一万円程度なのだが、その中で、月五万円、七万円と給与を支払えるように大変な工夫をしている。それは通常の企業の社長であれば、新入社員に一五〇万円、二〇〇万円もの給料を払うことと同じである。正直、不況だとあえいでいる通常のビジネスが、ぬるま湯につかっているとしか思えないほどのショックを受けた。

アノマリーは、発想の泉だ。そして、とてつもない行動力を生み出す。

それをなぜかわれわれは、長い間忘れてしまってきた。

社会全体の成長を考えた場合、停滞を抜け出すためには、今まで辺境においやってきたアノマリーを積極的に取り込むことが突破口に繋がる。アノマリーを取り入れる発想をしていくからこそ、過去の延長線上を超えた、しかし未来からはダイレクトに繋がっている現実を、今からつくり出すことが可能になる。

これまで出会いの深層背景という概念を説明しながら、現実への応用法を探ってきた。その背景に自然に集う人たちは、お互い関わりながら、不安や葛藤を乗り越え、同時に成長していく存在であることもわかったであろう。

このように多面的・多層的に現実を眺めはじめると、普通の人にとっては、あなたはまさに予言者のようにも見えるであろう。なぜならば、周りで起こっている小さな断片から、全体の大きなテーマを読みとれる。その結果、偶然現れる出来事の意味、人物の役割を的確に表現できるようになるからである。まさに大統領の指示どおり、瞬間を表現できるようになるのだ。

全脳思考モデルを使って、複数の人物の軌跡を描きはじめ、その背景には何があるか考えはじめると、思考レベルは急速に深化しはじめる。自分の見える範囲内だけにあった視点（レベル1）は、自分を客観的に眺められる位置に移動する（レベル2）。顧客との共感を高めることにより、顧客の視点から自分を見られるようになる（レベル3)。さらには、あなたの周りに存在するすべての人々の成長を考慮しはじめることによって、人と人とを隔てていた境界線が曖昧になって、すべてが融合していく(レベル4)。

出会いの深層背景を突き止めていけば、そこに最終的に見いだすのは、新しい世界に繋がった感覚。そして、その新しい世界をつくることになる「自分自身は何者か?」という問いである。すなわち、全脳思考モデルの一連のプロセスは、社会変革を起こす思考プロセスであるU理論そのものなのである。

本書の出会いの深層背景

今まで五〇〇頁近くにわたる知的探究の旅に、あなたにおつき合いいただいた。そして、ようやくわれわれは、最後の問いにたどり着いた。それは、私とあなたが本書を通じて出会った、われわれの深層背景は何かという問いである。

あなたは、本書の内容が仕事に役立つだろうという理由で、書店で手に取ったはずだ。一方、私は、あなたから二〇〇〇円なりの対価をいただく取引のために、本書を書いたということもあろう。しかしそれはあくまでも、この出会いを実現するための言い訳である。われわれが気づいていない、もっと深い理由があるはずなのだ。

本書を書きはじめた当初、私は手軽に手に取ってもらえる、薄くてサクサク読める内容を想定していた。活字離れと言われる今の時代には、そのほうが売れることは常識であるし、なおかつ、書くのに要する時間と労力は少なくてすむ。効率のよい仕事のやり方だ。

しかし、実際に書きはじめてみると、甘い期待は裏切られた。ひとつを丁寧に説明しようと思うならば、他にも説明をしなければならないことが、いくつも増えていった。本来であれば、何冊にも分けて書かなければならない多様な知識を、読み手が混乱しないように整理し、その知識を目の前の仕事に使えるような形にまで落とし込む必要があった。その結果、私の一〇年間の、マーケッターとしての仕事のエッセンスすべてを文字にすることになった。

その意味で、本書は、私にとっては一〇年間の区切りであり、次の一〇年に向かうための決意の書となった。

それでは、あなたにとって、本書はどんな意味があるのか？　そしてお互いにとって、どんな意味があるのか？

前にも話したように、出会いの深層背景には、正答もなければ、誤答もない。将来、私とあなたがそれぞれ成長し、新しい自分になって、再び出会いなおしたときにはじめて、この出会いの、瞬間の意味を表現できるのかもしれない。

ただ、今確かなことがあるとすれば、それは、私が世の中に対して、本書を提供しているのと同様に、あなたにも世界に提供できるものがあるということだ。それは、はじめサクサクと手掛けられるようなものに見えるかもしれない。それに手をかけはじめたとたん、のめり込んでしまい、今までの自分の経験をすべて提供しなければならないもの、そして脱出するときには、新しい自分に向かうという決意を迫られるようなものなのかもしれない。しかし、どのような展開になろうと、こうして出会った意味を感じるならば、あなたが取り組みはじめた仕事は、私がなすべき仕事と繋がり、さらに大きな絵を描くことになるだろう。

最後に、私からあなたにお願いしたいことがある。

われわれが同乗している、この知的蟹工船は、たしかに人類がいまだかつて見たこともない、希望に満ちた、新しい世界に向かっている。しかし変化が激しいがゆえに、旅路は決して楽ではない。

しかもこの航海は、ひとつの選ばれた船だけが新しい世界にたどり着くだけでは十分ではなく、すべての船が同時に目的地にたどりつかなければならない。その際には、絶え間ない嵐や、照りつける太陽といったありとあらゆる困難が、襲ってくるであろう。できるならば、本書の知識をすでに得たあなたには、この急速な変化から生じる犠牲を最小限に抑えるために、周りの方々にとっての、良き導き手になっていただきたい。

今は、荒波だが、決してこのままではない。向かっている先は、一人ひとりが再び、本来の自分自身に戻れる場所であり、新しい自分に出会える場所でもある。

残念ながら、その希望は、言葉では伝えることができない。行動を通じてしか伝わらない。あなたがなすべきことは、目の前の仕事を通して、あなた自身、そして、周りの人々に、愛を注ぎはじめることである。

収益をあげなければならないビジネス書の結論としては、あまりにセンチメンタルだろうか。しかしながら、今まで考察してきたとおり、結果を出すことにフォーカスすれば、成長の原理はあまりにも単純だ。ＨＡＰＰＹな顧客をつくれるかどうか、それと同時に自分自身がＨＡＰＰＹになれるかどうか。

その目的に向かって、思考を深め、議論を交わし、叡智を結集して、行動に向けての一歩を踏み出す。これは、優れた個人、あるいは伝説となっている企業で、ある時期には必ず行われてきた思考形態であり、行動様式である。

それが日本、アジア、そして世界のビジョナリーな企業の経営陣、そして社員の思考習慣として根づいた場合、いったい、どうなるのだろう？

私にも想像がつかないが、あえて想像するならば、資本主義、そして人間という種が新たな段階に入るのではないかという予感がするのである。

16 雑談になるが、私はさまざまな新規事業をクライアントとともに手掛けているうちに、何か新しい物事を始めるときに、自然に集う人数に注目してみたところ、六名であることが多いことに気づいた。そこで、あくまでも経験則にすぎず遊びのようなものであるが、「六人の法則」と呼んでいる。たとえば、著名な武術家は、当初、生徒を集める見込みはまったくない中で、道場と筆書きの看板だけを用意した。そしてひとり稽古を続けていると、ひとりふたりと訪れるようになり、最終的には六名が初期の入門者となった。ある幼稚園の先生は、山奥に理想の教育ができる幼稚園を開校した。手書きのチラシを地域に投げ込んだ。当初はまったく生徒が集まらなかったが、ひとりふたりがたまたま聞きつけ、訪れるようになり、開校から数ヵ月たってみると、六人の生徒が集まっていた。私は六人が集まる理由を、物語に登場する主要登場人物（アーキタイプ）が六人であることとも関連性があるのではないかと推測している。『七人の侍』はその典型である。ちなみにはじめを迎えるときも六人であれば、終わりを迎えるときも六人である。ある葬儀に参列したときに、会場係の人が言った。「これから出棺の準備に入ります。六人の方、お手伝いいただけますでしょうか？」。つまり、棺を持ち上げるのに必要な人数もまた、六人なのである。

17 読者の中には、物語と現実を重ね合わせることについて、フィクションとノンフィクションを混同しているようで違和感を持たれる方があるかもしれない。ただ物語と現実は、想像以上に緊密に関連し合っている。第5章で説明したプロジェクトマネジメントだけでなく、事業成長のSカーブ、エリオット曲線と呼ばれる株価の変動パターンにいたるまで、よく観察してみると、現実のパターンは驚くほど物語の構造に類似している。私はこの類似性に魅了されて、近未来同時進行エンターテインメント小説『お金と正義』を書くまでにいたったが、その解説文として、「物語と共振する現実」と題する文章をまとめているので、本件に関してさらに深く知りたい方は、ぜひお読みいただきたい。『お金と正義（上・下）』ＰＨＰ文庫。

［著者］

神田昌典（かんだ・まさのり）

上智大学外国語学部卒。大学３年次に外交官試験合格。大学４年次より、外務省経済局に勤務。ニューヨーク大学経済学修士（ＭＡ）、ペンシルバニア大学ウォートンスクール経営学修士（ＭＢＡ）取得。その後、米国家電メーカー日本代表を経て、経営コンサルタントに。

多数の成功企業やベストセラー作家を育成し、総合ビジネス誌では「日本一のマーケッター」に選出されている。ビジネス書、小説、翻訳書の執筆に加え、ミュージカル、テレビ番組企画など、多岐にわたる創作活動を行うほか、株式会社ALMACREATIONSの社主を務める。

主な著書に『60分間・企業ダントツ化プロジェクト』『あなたの悩みが世界を救う！』（ダイヤモンド社）、『成功者の告白』『人生の旋律』（講談社）、『非常識な成功法則』（フォレスト出版）、翻訳書に『ザ・マインドマップ』（ダイヤモンド社）、『あなたもいままでの10倍速く本が読める』（フォレスト出版）等、累計出版部数は200万部を超える。

全脳思考――結果と行動を生み出す1枚のチャート

2009年６月11日　第１刷発行
2009年７月３日　第３刷発行

著　者――神田昌典
発行所――ダイヤモンド社
〒150-8409　東京都渋谷区神宮前6-12-17
http://www.diamond.co.jp/
電話／03·5778·7232（編集）03·5778·7240（販売）
装丁――――重原隆
本文イラスト――松原シホ
製作進行――ダイヤモンド・グラフィック社
印刷――――勇進印刷（本文）・加藤文明社（カバー）
製本――――ブックアート
編集担当――中嶋秀喜

ISBN 978-4-478-00836-2